TERAPIA SEXUAL

Título original: *Sex Therapy Today*

© Glenn Wilson e David Nias, 1976

Tradução de Miguel Ribeiro da Fonseca

Capa: Arcângela Marques

Depósito Legal n° 167224/01

ISBN: 972-44-1109-5

Direitos reservados para todos os países de língua portuguesa
por Edições 70

EDIÇÕES 70, Lda.
Rua Luciano Cordeiro, 123 - 2° Esq° - 1069-157 Lisboa / Portugal
Telefs.: 21 3190240
Fax: 21 3190249
e-mail: edi.70@mail.telepac.pt

Esta obra está protegida pela lei. Não pode ser reproduzida,
no todo ou em parte, qualquer que seja o modo utilizado,
incluindo fotocópia e xerocópia, sem prévia autorização do Editor.
Qualquer transgressão à lei dos Direitos de Autor será passível
de procedimento judicial.

Patricia e Richard Gillan

TERAPIA SEXUAL

edições 70

Gostaríamos de expressar o nosso reconhecimento aos filmes que ajudaram a enriquecer as nossas fantasias e a nossa vida sexual, assim como a das outras pessoas. Temos uma dívida especial para com Buñuel, Borowczyk, Leopold Torrenilsson, Makevejev, Ken Russel, von Sternberg, Pasolini, Nagisa Oshima, Bertolucci, Fellini e Falcon Stuart.

I
Introdução

O problema da disfunção sexual

Terapia contra Medicina – terapeutas contra médicos

A moderna terapia sexual é um tratamento dos problemas sexuais baseado em fundamentos científicos. É um tratamento no sentido em que representa uma tentativa de resolver um problema através de meios racionais. Neste caso trata-se de solucionar um problema sexual.

Na terapia sexual o tratamento procura criar uma nova confiança, educar e dar algumas recomendações. O tratamento tem mais pontos em comum com a educação do que com a Medicina. Normalmente considera-se como um tipo de Psicoterapia. Na esfera médica, na sua forma mais simples, o doente que tem um problema, uma perturbação, vai a um médico que pode estar habilitado para recomendar um tratamento que é então administrado ao paciente. Da parte deste apenas se requer e espera um mínimo de cooperação inteligente. Se os princípios do tratamento são explicados, é mais para satisfazer a curiosidade do paciente do que para garantir a eficácia da cura. Os antibióticos funcionarão sempre, mesmo contra a vontade do paciente. No «modelo médico», o bom senso, a autoridade e a sabedoria do médico são um dado de base, aceite tanto por este como pelo doente. Pelo paciente, que oferece a sua cooperação passiva em troca da cura; e pelo médico, que se encontra aliviado da necessidade de lisonjear e persuadir.

Embora este seja, em linhas gerais, o modelo médico, há evidentemente aspectos educativos em muitas situações médicas.

Na verdade, o médico aconselhará o paciente demasiado obeso a emagrecer e reforçará a eficácia do seu conselho dietético com algumas explicações teóricas. O doente cardíaco é aconselhado a deixar de fumar, a fim de aliviar o coração de um peso desnecessário. A receita de emagrecer ou deixar de fumar torna-se mais efectiva com o conselho. Este pode permitir ao doente tomar decisões inteligentes para cobrir contingências imprevisíveis. O conselho pode também satisfazer a necessidade da pessoa em sentir que está a contribuir para a resolução da perturbação. Assim, parte da «glória» pela melhoria da sua saúde é-lhe devida. Note-se que o paciente deve trabalhar para a sua própria cura.

Na terapia das perturbações de carácter sexual não há cura sem trabalho. O terapeuta sexual oferece-se como educador: uma pessoa que está preparada para se sentar com o doente e trabalhar para uma solução que só será eficaz quando for entendida e aceite. Não se pede ao paciente que assuma a sua cura antecipadamente, mas apenas que tente certas recomendações, cujo possível valor foi anteriormente explicado.

O terapeuta sexual, portanto, dedicará grande parte do tempo à discussão, uma discussão em que a contribuição do paciente tem a mesma importância que a do terapeuta. Num certo quadro teórico, o terapeuta sexual ajusta as recomendações à personalidade e atitudes do paciente. Para sublinhar este intercâmbio, isto é, a necessária responsabilidade e cooperação mútua, a terapia decorre normalmente num sitio confortável que não destaque a autoridade do terapeuta, e o próprio terapeuta nem usa bata branca nem se senta atrás de uma secretária.

Disfunção sexual – um problema e não uma doença

Este livro trata de problemas sexuais e não de doenças do sexo. A queixa mais comum dos pacientes é que a sua actividade sexual anda longe de ser ideal, como, por exemplo, por impotência; pode também ser que o seu prazer seja insuficiente. Ambos os problemas são sexuais: um que radica nas funções mentais e físicas, e outro que se refere, principalmente, a uma atitude. No que diz respeito ao prazer e à actividade sexual, acreditar que se tem um problema já é um problema. Do mesmo modo, no domínio do apetite, pensar que se tem uma carência é já tê-la de facto. Do que os olhos não vêem não se lamenta o coração.

Alguns problemas podem ser solucionados rapidamente com uma curta discussão. Tais problemas são, na maior parte das vezes, uma questão de ignorância. A pergunta «a masturbação faz mal à saúde?» pode ser imediatamente satisfeita. A ideia de que a vagina possa ser excessivamente pequena ou de que o pénis seja demasiado grande, são crenças que se transformam em fontes de preocupações e problemas para certas mulheres, mas ainda aqui tais questões podem ser resolvidas com o simples acto de fornecer informação. Porém, quando o paciente recusa essa tranquilidade, surge um novo problema.

Um problema é um problema, fora de qualquer consideração respeitante à sua intensidade. Não há nenhuma divisão natural entre pequenos problemas e problemas mais sérios. Os terapeutas sexuais encontram-se frequentemente a tratar de problemas muito bem definidos, de que a impotência constitui um exemplo bastante conhecido. Mas um problema sem nome, como a incapacidade para gozar o sexo de maneira suficiente ou na medida em que se deseja, ilustra perfeitamente a ideia de que uma coisa só se torna um problema quando se chega à fase de dizer: «esta situação é errada ou insatisfatória para mim», «esta situação é um problema que deve ter uma solução». Por outro lado, haverá muita gente para quem uma situação similar não constitui problema algum. Uma pessoa que não sinta um grande prazer com o sexo pode dizer: «sou assim e não posso mudar», ou até nem dizer nada. Porém, o paciente, o que sofre a situação, deseja mudá-la. Tem um certo objectivo em mente: tornar-se potente, por exemplo, ou desfrutar mais do sexo.

Problemas sexuais – soluções pessoais

A resposta natural à ideia de um problema é procurar uma solução. Ninguém que tenha um problema sexual vai imediatamente a uma terapeuta sexual. Isto deve-se parcialmente ao facto de que os problemas sexuais começam muitas vezes insidiosamente; mas também, e isso é mais importante, a que o paciente tentará primeiro ajudar-se a si mesmo, a seguir pedir conselho aos amigos, e depois solicitar a opinião de um médico de clínica geral não especializado em questões sexuais. Tentar aplicar todas as recomendações potenciais leva tempo. Ele poderia ser distraído do problema por algum novo acontecimento na sua vida, uma nova profissão ou uma nova casa. Falhanços repetidos levam à formação de um estado mental muito semelhante à derrota, no qual o problema é encarado como insolúvel. A sua vida sexual pode arrastar-se sob a forma de um hábito penoso. Nesta situação é normalmente um acontecimento exterior que precipita a terapia. A esposa, que aparentemente não tem problema algum, insiste numa consulta.

Uma maneira triste de desviar um problema sexual pode ser classificá-lo como psicossomático ou então encobri-lo parcialmente. O paciente começará a sentir outros sintomas que podem ser uma expressão do descontentamento sexual, quer ele esteja ou não consciente de tais factos. Vagas dores nas costas ou na parte inferior do abdómen são fenómenos típicos, embora evidentemente haja também outras causas. Numa situação menos extrema é a pessoa que é incapaz de falar francamente do problema, quer porque se sente embaraçada, quer porque teme o ridículo ou a repulsa. Este é o material de trabalho de muitos especialistas que, mesmo quando se apercebem de tal repressão ou timidez, preferem manter uma conspiração de silêncio para enfrentar um problema que eles vêem como potencialmente embaraçante ou insolúvel.

Emoções

O papel educativo e persuasivo do terapeuta para com o paciente não encerra, de modo algum, o quadro da terapia como solução de problemas. Os problemas sexuais são acompanhados por emoções difíceis de controlar. Uma pessoa que tem um problema sexual prefere, a maior parte das vezes, escondê-lo quando o sente como uma coisa vergonhosa de admitir. O problema revela-o como um indivíduo com menos êxito do que aquele que ele gostaria de deixar transparecer. Acreditará que as pessoas o tratarão com menos respeito, quando souberem da sua inadequação sexual.

Muita gente, que nunca discutiu abertamente sexo, acha extremamente embaraçoso discutir pormenores íntimos da sua vida sexual – os seus hábitos de masturbação, por exemplo. Um cônjuge pode querer esconder certos factos do outro. Pode ser um segredo «culposo». O segredo pode-se referir a um comportamento que é claramente pouco usual. O sentimento de culpa pode encher toda a sexualidade de determinadas pessoas, especialmente aquelas que cresceram num meio infantil caracterizado pela repressão sexual e pelo desconforto quanto ao tema sexo.

O terapeuta sexual, ao contrário do médico, tem de respeitar tais ansiedades, não por delicadeza, mas pela crença em que a redução da ansiedade, a diminuição da culpa, da vergonha e do embaraço é uma meta do tratamento. Sem isso, o tratamento falhará. Estas perturbadoras emoções estão quase sempre presentes em qualquer grau nos problemas sexuais, ainda que quando o problema se tenha arrastado por algum tempo as emoções possam estar principalmente em último plano e só aparecer quando uma sexualidade adequada se tornar uma possibilidade.

O terapeuta sexual, portanto, pretende remover estas emoções e substituí-las por emoções de prazer, calma e excitação sexual, o que permitirá florescer o comportamento sexual.

Novas atitudes o novos comportamentos

Sociedade e indivíduos

Ao tentar tal mudança, o terapeuta está a trabalhar em direcção aos mesmos objectivos que são considerados desejáveis pela própria sociedade. Existe hoje em dia a expectativa muito difundida de que o sexo deve ser uma fonte de prazer. As atitudes furtivas e repressivas do passado foram identificadas e condenadas. Procura-se, ao contrário, a felicidade sexual e a criatividade nesta esfera. Actualmente, a imaginação está a ser libertada do peso do fardo puritano com que se viu carregada desde há tanto tempo. As pessoas agora perguntam-se se não estão a «perder» certas possibilidades. Sentem-se chamadas para o interior de uma terra anteriormente proibida. Nas gerações anteriores, bastava apenas ter certos pensamentos sexuais para se pensar que tal actividade era má e que deveria ser suprimida imediatamente. Pensamentos que revelavam uma parte da natureza humana que era animal e ordinária. Pensamentos que deviam ser substituídos por ideias mais nobres e menos tolerantes. Isto não quer dizer que as pessoas do passado não tenham gostado das suas atitudes repressivas em matéria de sexo. Elas eram capazes de se espraiar na sua virtude e superioridade numa orgia da mais zelosa rectidão. Pais tacanhos e repressivos dão origem a crianças inibidas e cheias de sentimentos de culpa. São crianças que, ao, longo do tempo, começam a sentir a sua própria sexualidade sem outro modelo para as guiar salvo a atitude furtiva e embaraçada dos seus pais. Naturalmente, a energia sexual e o entusiasmo de muitas pessoas são capazes de superar estas restrições, mas para muitas permanecerá bastante reduzida a dimensão do seu prazer. A ignorância da existência e possibilidades do clítoris ainda se encontra muito espalhada. Que tremenda negligência! Por outro lado, a suficiência de muitos homens faz desaparecer a sexualidade da mulher nas aras dos mitos de uma pureza idealizada.

Nos últimos cem anos, publicistas como Zola e Lawrence começaram a mudar a atitude convencional da sociedade contemporânea, reflectindo a gradual deposição do homem a partir dos tempos pré-darwinianos. Os escritores deste tipo tornaram bastante claro que a paixão física era uma coisa desejável em si mesma e que uma atitude sensual levaria naturalmente a um reforço da sexualidade. E, ao mesmo tempo, a Ciência também se moveu do mundo das coisas e das interacções da matéria para penetrar em áreas antes consideradas como tabu. Esta orientação começa com uma investigação especulativa, mas depois aumenta em vigor, e culmina, em seguida, com os trabalhos pormenorizados de Masters e Johnson, que, pouco satisfeitos com as interrogações, passaram a observar o comportamento sexual complementando esta abordagem com um registo instrumental detalhado. Foi só nos últimos cinquenta anos que as novelas, jornais, filmes e televisão (mais tarde), começaram a influenciar amplamente toda a gente. Previamente não existia nenhum tipo de acesso a novas ideias, excepto através das palavras e do exemplo. As estruturas humanas são muito lentas a mudar, à falta de uma força capaz de obrigar à mutação. Quanto mais controlada estiver a sociedade, tanto mais lento será o processo de mudança e tanto mais fortes se revelarão as normas de passado. A Cristandade colocou um ênfase muito especial na propriedade e na conveniência. A propriedade e os seus valores associados exigem ordem; a sexualidade representa a desordem e era portanto submetida às restrições generosas do código de maneiras sociais, concebida para sublinhar a docilidade e a condescendência da maioria. Atribuía-se um lugar a cada pessoa e esperava-se que ela fosse capaz de o manter. Naturalmente até mesmo nas sociedades mais rígidas e formais apareceram espíritos livres, mas, à falta de meios de comunicação e apoio por parte da maioria, esses exemplos foram facilmente silenciados.

Tudo isto está agora a mudar. Há cada vez menos discursos sobre a moralidade, sobre o que é bom e o que é mau. As pessoas comuns acham que têm o direito de se comportar mais ou menos como querem, especialmente em privado e, obviamente, dentro de certos limites.

O comportamento e a moral públicos estão também a mudar. A constante corrente de novas ideias é tomada pelos espíritos mais arrojados como uma espécie de experiência de viver. Algumas dessas ideias, depois de um curto período, desaparecem. Outras, como por exemplo o *Twist*, têm influências que perduram num novo estilo de dança. Os estilos de comportamento e de sexualidade, tal como a moda, são matéria de experimentação.

Nos últimos cinquenta anos, as relações sexuais pré-matrimoniais tornaram-se a regra e há bastantes pessoas que pensam que esta experiência é essencial para estabelecer uma compatibilidade sexual. O próprio casamento já não é uma instituição inviolada. *Swinging*, ou seja, a prática de trocar de parceiro sexual entre casais, está em moda especialmente em certas partes dos Estados Unidos, embora seja ainda muito cedo para saber se se transformará num comportamento amplamente aceite.

O ritmo a que as novas ideias e experiências são introduzidas e testadas deve bastante à explosão dos meios de comunicação de massa. Os ideais de sexualidade já não são disfarçados. Os meios de comunicação falam abertamente do comportamento sexual e, apesar da censura, a sexualidade invade os filmes e os jornais. Foi apenas nos últimos vinte anos que as relações sexuais foram mostradas em filmes, embora ainda hoje se façam frequentemente cortes nos momentos cruciais. O pénis erecto só raramente se vê, embora a este ritmo de mudança se possa supor que esta comum e excitante parte da condição humana seja aberta ao interesse e admiração que merece. Felizmente, a cautela e os pruridos das gerações anteriores estão a dar lugar a uma nova franqueza.

Ajustamento individual

Felizmente, os que não obtêm prazer nas suas relações sexuais podem agora encarar a ideia de uma terapia. Pode ser difícil e caro obtê-la e podem ter apenas uma vaga ideia do modo como ela os auxiliará, mas a possibilidade está agora aí. O cidadão médio começa a pensar que tem direito ao prazer tal como tem o direito de participar na prosperidade geral. A qualidade de vida tornou-se importante a partir do momento em que deixou de ser uma permanente chatice. E a qualidade das relações humanas principiou a ser relevante, uma vez que apareceu o tempo livre necessário para delas desfrutar. A reivindicação da igualdade por parte da mulher é um fenómeno pelo menos tão importante como estes, já que no passado as suas necessidades e aspirações eram frequentemente ignoradas numa sociedade dominada pelos elementos masculinos.

A harmonia emocional e sexual como meta apenas pode ser alcançada quando os parceiros acreditam que devem contribuir, em partes iguais, inteligente e continuamente para o seu bem-estar. Egoísmo e domínio só podem dar origem à rebelião ou a uma anuência passiva, e nenhuma delas pode levar a uma autêntica harmonia.

O sexo como parte da vida – comportamento sexual contra comportamento normal

Para ser verdadeiramente feliz, e numa perspectiva ideal, o indivíduo deve ter um bom ajustamento noutras áreas da vida, tais como as do trabalho e amizade, e onde estes ajustamentos não forem bons eles têm de ser melhorados. Apesar de tudo, para muita gente, uma relação permanente ou semipermanente com um membro do sexo oposto já é um alto ingrediente de felicidade. Seja qual for a duração da relação, a interacção sexual entre o par será uma importante parte dela; uma parte que ao mesmo tempo reflecte a qualidade do laço e contribui para o manter.

Isoladamente, a interacção sexual e a não sexual entre os parceiros têm igual importância e não se pode falar de uma como sendo a principal. A característica especial do comportamento sexual é que ele exige um certo abandono, uma certa rendição, uma suspensão das nossas inibições normais. É uma actividade em que uma pessoa, para atingir uma autêntica satisfação, distinta do mero alívio orgástico, não tem outra alternativa senão ser sincera. Além disso, o comportamento sexual entre duas pessoas tem lugar numa arena privada, e por causa disto encontra-se liberto, em certa medida, das exigências externas imediatas da sociedade. Nesta intimidade, o abandono torna-se possível.

Como a nossa vida social depende fortemente de uma constante circulação, de um constante ajustamento, de uma contínua vigilância e de uma frequente inibição dos nossos impulsos normais, tornou-se extremamente difícil manter a habilidade para relaxar e pôr de lado as inibições. E como a expressão sexual exige entrega e sinceridade, é particularmente vulnerável aos sentimentos de ansiedade, culpa e hostilidade, que a podem destruir.

A expressão livre do comportamento sexual natural é muitas vezes severamente suprimida na infância e na escola. O resultado disto são as dificuldades que se vêm a encontrar quando a actividade sexual se torna mais urgente e competitiva. Onde as expectativas são muito elevadas, os pequenos falhanços podem parecer grandes desastres. Muita gente que estabeleceu um ajustamento razoável, perdeu-o apenas aos 40-50 anos, depois de a relação já ter durado um bom espaço de tempo. Os terapeutas sexuais descobrem frequentemente, em tais casos, que nunca alcançaram uma adequada expressão sexual. Muita gente espera até ao momento em que o casamento está em perigo para pedir ajuda.

Sexo e relações pessoais

Embora as pessoas que vão a um terapeuta sexual acreditem desde o primeiro momento que têm um problema sexual, elas experimentam também uma certa deterioração nas suas relações pessoais. O facto de estarem ainda juntas apesar destas dificuldades já é significativo. Cada parceiro poderia ter pesado as vantagens de continuarem juntos comparando-as com os perigos de partir. Um novo e agradável parceiro poderia não ser fácil de encontrar. A segurança revela-se de uma importância primordial. As crianças podem entrar na apreciação da situação e o seu bem-estar não pode ser deixado de lado. Muitas pessoas estão conscientes de que a sociedade está a reconsiderar o casamento enquanto instituição, e aqui duas ideias parecem entrar em conflito. A primeira pede que quando uma relação se azeda deve ser abandonada; a segunda, que todo o casal deve maximizar ambos os laços: o sexual e o pessoal. A resolução deste conflito pode encontrar-se ao fazer estas duas perguntas. Primeira: haverá poderosas razões para persistir com a relação? E, em segundo lugar: tentámos sinceramente fazer a nossa relação tão feliz quanto possível no domínio pessoal e no domínio sexual? A resposta pode apontar directamente para um novo recomeço, quiçá com a ajuda de um terapeuta.

É um facto bastante agradável constatar que, apesar de o terapeuta sexual parecer devotar-se exclusivamente às dificuldades sexuais, as relações pessoais também melhoram ao mesmo tempo. Isto não é difícil de entender. Quando o parceiro oferece e está desejoso de dar prazer sexual, quaisquer que sejam as querelas e diferendos existentes, eles tornam-se mais fáceis de esquecer. O novo calor permitirá uma nova atitude de abertura. Os problemas podem ser discutidos com calma e não com rancor. Por causa disto e por causa da simplicidade do método, é que a terapia sexual descrita neste livro tem valor sempre que haja problemas sexuais, estejam ou não presentes outras perturbações nas relações pessoais. Elas desaparecerão se os problemas sexuais forem resolvidos, como efeito do aumento do amor e da afeição libertados pela nova satisfação. Por outro lado, como a terapia é uma situação de aprendizagem, as estratégias que foram sugeridas podem dar origem a uma nova confiança em todas as áreas das relações humanas.

A pessoa que pede ajuda para um problema sexual pode ter ou não um parceiro sexual permanente. O próprio problema sexual pode ter transformado a aquisição de um parceiro sexual permanente num objectivo dúbio. Neste caso, o terapeuta começará a primeira fase do tratamento com uma pessoa solitária. Contudo, ainda nas primeiras fases do tratamento, o paciente terá de estabelecer uma relação no seio da qual o problema possa ser finalmente resolvido. Se o paciente descobre que é impossível estabelecer tal relação, então a terapia sexual já não é a resposta e o problema tem de ser encarado de outro modo.

Tratamento

Análise do problema

Normalmente, o terapeuta trabalha com um casal. O tratamento consiste numa prolongada análise do problema como primeiro passo. A história sexual dos indivíduos é estudada com particular detalhe. O terapeuta desejará, por exemplo, saber quando e como o paciente se começou a masturbar. A masturbação dava prazer ou deixava um sentimento de culpa? A que fantasias se entregava para ajudar o acto? São ainda as fantasias uma grande parte da actividade sexual actual? Como encara essas fantasias? E assim por diante para investigar e discutir íntima e pormenorizadamente as relações sexuais, a sua frequência, as posições, a altura do dia, o comportamento sexual oral, etc. Deste modo, ao formar o seu juízo sobre o tratamento adequado, o terapeuta encontra-se completamente familiarizado com os factos e o paciente sentirá ao mesmo tempo que não há nenhum tema encoberto ou vedado à discussão.

Os pacientes obtêm frequentemente um considerável alívio neste «dar» solitariamente. No caso de parceiros com «segredos culposos», escondidos desde há muito do outro com medo de uma rejeição ou desprezo, o alívio experimentado é aumentado pela calma com que esses «segredos culposos» são aceites. E são aceites facilmente porque muitas vezes também o parceiro tem «segredos», ainda que menos «sinistros». Aceitar o bom e o mau do parceiro implica que o amor e a aceitação não estão condicionados pela perfeição, mas antes por uma determinada mistura de diferentes qualidades que ressaltam em cada relação interindividual. Admitir a fraqueza e os falhanços pode colocar novas cargas na relação, mas também mostra ao outro parceiro quanto ele ou ela é necessário – o que é um ingrediente essencial em qualquer relação humana. Tanto os homens, como as mulheres, escolhem, na maior parte das vezes, parceiros porque sentem que os podem ajudar e complementar num ou noutro aspecto. Em resumo: porque se sentem necessitados.

Enquanto o paciente debita a sua história, o terapeuta está a congeminar ideias sobre o tratamento. Decidindo, por exemplo, que primazia dar a duas linhas de redução da ansiedade e reeducação. Quando trata um casal, o terapeuta pode considerar que cada um tem necessidades diferentes e que o tratamento tem de ser pensado em função desta realidade. À medida que a história sexual avança, as linhas do plano de tratamento vão evoluindo, e depois de terminar a sessão passa a ser reconsiderado com mais detalhe.

Indivíduos e casais

Grande parte deste livro diz respeito aos problemas sexuais de ajustamento entre casais. Contudo, a teoria da terapia de comportamento fornece sugestões gerais e uma orientação que pode ser enquadrada e aplicada também aos problemas das pessoas individuais. Um exemplo destes tipos de problemas é o jovem que sofre de ejaculação prematura e que ainda não escolheu um parceiro fixo. Neste caso tem de se levar a cabo uma série de sessões preliminares antes de tentar obter um parceiro sexual cooperativo, com a colaboração do qual o tratamento pode prosseguir. Embora a frequência das clínicas sexuais seja na sua maior parte de casais, o tratamento pode igualmente aplicar-se a pessoas isoladas, quando o desejem.

O plano de tratamento

Quando se está a trabalhar com um casal, primeiro explica-se o modo de tratar o problema através de uma série graduada de trabalhos. O casal irá então tentar aplicar estes primeiros e fáceis passos e quando voltar passar-se-á à discussão da sua experiência. Onde se registaram dificuldades, elaborar-se-ão novas estratégias que serão incorporadas em novos exercícios. Parte de cada discussão é dedicada a criar uma nova confiança e à reeducação. Educação respeitante à anatomia das partes sexuais, ao mecanismo da resposta sexual, à explicação de alguns princípios e da teoria de comportamento. O terapeuta espera que ao ensinar novas atitudes e novas técnicas se desenvolva grandemente a vida sensual e erótica do casal.

O tratamento progredirá por fases. O casal frequentará a clínica numa média de dez sessões de uma hora cada. Terão de apresentar-se sempre juntos, já que o tratamento é o tratamento de uma dificuldade mútua e de uma relação entre eles. Quando existem também algumas dificuldades nas relações não sexuais, estas podem ser discutidas ao mesmo tempo que o problema sexual.

Ainda que a maior parte do tempo seja gasto sentado e a falar para o terapeuta, deve-se também pedir ao casal para se tocar durante o tratamento, para exemplificar alguns dos exercícios. Contudo, não é necessário que se desenrole qualquer actividade sexual diante do terapeuta, ou mesmo que se dispam.

Terapeutas sexuais – quem são?

A nova terapia sexual foi desenvolvida e promovida fundamentalmente por psicólogos. A orientação médica e psiquiátrica foi a menos frutuosa, talvez porque os médicos estão muito apegados à ideia do tratamento com medicamentos e são muitas vezes temperamentalmente inadequados para as atitudes psicoterapêuticas requeridas pelas mais novas terapias. Além disso, tal como o casal com problemas sexuais está fossilizado, também as carreiras médica e psiquiátrica estavam bloqueadas no passado, com um sentimento de desamparo e frustração engendrado por uma falta de ideias terapêuticas operacionais. Este pessimismo ainda se mantém.

As pessoas mais qualificadas para tomar a seu cargo a tratamento dos problemas sexuais são normalmente psicólogos especializados na terapia de comportamento, ou indivíduos da carreira médica, muitas vezes psiquiatras, que ganharam interesse pelo tratamento dos problemas maritais e sexuais. Estes terapeutas treinaram-se frequentemente lidando com interacções psicoterapêuticas e descobriram durante esse processo se tinham ou não paciência e inclinação para esse tipo de trabalho. A vantagem de um treino especializado em terapia é indubitável, embora haja muitos não-especialistas noutros campos adjacentes que possam ser utilmente integrados numa equipa de terapia sexual.

Uma vez equipado com um conhecimento teórico geral, o terapeuta ideal deverá conduzir tratamentos sob a supervisão de um outro terapeuta mais experiente. Depois de um certo número de casos, ele ou ela podem decidir especializar-se numa forma de terapia, e a partir dai resolverem concentrar-se no tratamento de dificuldades sexuais.

Recrutamento dos terapeutas sexuais

Contudo, o número de psicólogos e médicos competentes e desejosos de oferecer um tratamento para os problemas sexuais é muito limitado. Isto dá como resultado que as possibilidades de um paciente encontrar tal terapia são também muito reduzidas, especialmente quando o paciente não tem a mínima ideia do local onde encontrar ajuda. Por outro lado, a terapia é também, infelizmente, bastante cara.

Contudo, há muitas pessoas que com um pequeno treino extra seriam capazes de encarregar-se deste tipo de terapia. Os conselheiros matrimoniais possuem a maior parte da experiência relevante, assim como muitos psiquiatras e assistentes sociais. Os médicos de família e outros profissionais da carreira sentem--se inibidos neste campo, principalmente por falta de tempo e/ou interesse. Porém, quando a eficácia da nova terapia se tornar mais conhecida, talvez eles a apliquem, principalmente quando estiverem envolvidos problemas dos mais simples.

Em alguns centros europeus e americanos, as enfermeiras são encorajadas a receber um certo treino neste campo. Muitas enfermeiras têm uma habilidade considerável para lidar com as pessoas e com os seus problemas e elas podem utilizar frutuosamente essas capacidades numa actividade mais ampla, se não estiverem imobilizadas pela definição antiga do seu papel social.

As vantagens de introduzir não-especialistas na terapia sexual são óbvias: tal como acontece com a orientação matrimonial, assim também muito mais pessoas podem ser ajudadas. O problema do diagnóstico, a tarefa de separar os que correspondem a uma terapia sexual dos que necessitam de uma terapia diferente, os que estão psiquiatricamente doentes dos que são essencialmente normais, pode ser rapidamente superado, incluindo esses não-especialistas numa equipa dirigida por psiquiatras e psicólogos bem preparados.

Qualidades pessoais

Antes que alguém, qualificado ou não, se encarregue deste tipo de terapia, deve perguntar-se se possui as qualidades exigidas. Evidentemente deve ter experiência em primeira mão de relações pessoais com um adequado ajustamento sexual, pois de outro modo os seus conselhos seriam apenas teóricos. Não poderia verdadeiramente identificar-se com o paciente. A sua vida sexual deve ser imaginativa e cheia: deve ser capaz de realizar o que prega. Quanto ao carácter, o melhor é o que se relaciona facilmente com todos os tipos de pessoas e que não tem nenhum problema sério na sua vida. Deve igualmente ser capaz de lidar com a ansiedade e a hostilidade sem se esgotar ou envolver-se excessivamente.

Isto parece pedir muito, mas uma pessoa errada arrisca-se a tornar as coisas piores e a afastar os pacientes dos que genuinamente os podem ajudar.

O treino dos terapeutas

A preparação posterior é melhor se for feita numa clínica sexual normal. Os aprendizes podem juntar-se a um experiente casal de co-terapeutas e assistir como observadores ao tratamento de um certo número de casais. Depois de pouco tempo eles já serão capazes de ter os seus próprios pacientes, embora ainda precisem de ter um terapeuta experimentado como parceiro. Este sistema funciona muito bem na prática. Além de tratar os pacientes, muitas clínicas sexuais têm grupos de debate e outras actividades docentes para os terapeutas aprendizes. Em tal quadro, um terapeuta pode normalmente ser preparado em dois anos, ainda que isto varie um pouco. Durante este tempo, tomarão contacto com uma grande variedade de problemas e aprenderão a julgar as possibilidades de tratamento inerentes a qualquer caso determinado. Isto é particularmente importante, uma vez que as dificuldades sexuais são muitas vezes sintomas de outras patologias, tais como depressões e distorções da personalidade, que são orientadas para centros médicos onde psiquiatras e psicólogos procedem ao seu tratamento. Esta experiência vital de uma vasta gama de problemas é talvez a parte mais árdua do treino. A habilidade de lidar com as pessoas com tacto e simpatia e o quadro teórico da terapia de comportamento podem ambos ser rapidamente aprendidos, se o treino for razoavelmente ajustado e inteligente.

Ajudar-se a si próprio

Neste momento deve-se examinar um problema importante: podem as pessoas ajudar-se a si próprias? A resposta é que elas devem tentar, mas tentar apenas num período limitado. Se pensam que o seu problema não é uma coisa séria, devem começar por ler alguns dos livros recomendados no apêndice e por entender os métodos e princípios de tratamento delineados neste livro. O modo de proceder deve ser óbvio, mas as tentativas não podem durar demasiado tempo. Depois de passarem três meses, se as dificuldades persistem, a ajuda profissional deve entrar em cena.

O problema da auto-ajuda é que as pessoas já tinham normalmente feito algumas tentativas, e, com os fracassos, tornam-se pessimistas. Estabelece-se assim uma atitude mental que impede um pensamento construtivo sobre o problema. Tentar novas soluções torna-se num esforço de vontade. Onde existem desavenças e se encontram em discussão matérias pessoais, é muito difícil abandonar essas atitudes, por causa do orgulho e do perigo de se desmentir. Os seres humanos tendem sempre a temer qualquer nova situação, sentindo muitas vezes que a velha, apesar de errada, é preferível à nova que, quiçá, acarreta novas inseguranças.

Aqui é onde, na realidade, entra o terapeuta, como mediador e educador. O terapeuta pode elaborar tácticas para contornar as confrontações; pode vencer a relutância em encarar o desconhecido, dando a segurança de uma ajuda contínua; e, mais importante que tudo isso, pode incrementar as motivações para a mudança sem a qual o tratamento falhará. Deste modo, uma pessoa deve pensar duas vezes antes de tentar qualquer tipo de autocura. Até mesmo uma pequena dose de ajuda profissional pode fazer toda a diferença.

A qualidade da ajuda exterior

Neste momento, a não ser que estejam invulgarmente bem informadas, a maior parte das pessoas tem de aceitar o tipo de tratamento que lhe é oferecido. Uma vez tomada a decisão de procurar tratamento, grande parte das pessoas vai visitar o médico local e os acontecimentos futuros dependerão bastante desse médico. Em regra, os pacientes vêem-se reenviados para outro médico, usualmente um psiquiatra, que tomará por sua vez a próxima decisão. O que for decidido dependerá parcialmente da natureza do problema e parcialmente do treino e perspectivas teóricas do psiquiatra e ainda das próprias ideias do paciente.

Este livro tenta alterar esta situação. O problema mais urgente de hoje em dia é o tratamento de dificuldades experimentadas no seio de casais casados ou não casados. A moderna teoria psicológica fornece um instrumento efectivo para este tratamento. O sistema particular que é objecto deste livro é o tratamento desenvolvido por Masters e Johnson, com algumas alterações e acrescentos. Este tipo de tratamento dirige-se fundamentalmente a casais, mas a teoria em que está baseado – teoria do comportamento – pode ser aplicada com sucesso a muitas outras disfunções sexuais. Deste modo, na próxima secção, tenta-se relacionar brevemente o leque das disfunções sexuais com os diversos tratamentos disponíveis.

A gama de problemas sexuais

Alguns problemas sexuais são originados por profundas perturbações na personalidade; por exemplo: sérias dificuldades em estabelecer relações com outras pessoas ou talvez uma preocupação exagerada e desnecessária com a sujidade e os germes. (Há, como é evidente, muitos outros exemplos.) Há também dificuldades sexuais que são parte da depressão e de mais sérias disfunções da mente, tal como a esquizofrenia. Contudo, é sempre extremamente difícil não ver as dificuldades sexuais como qualquer coisa de secundário no quadro do problema geral, e assim tais dificuldades sexuais quase nunca chegam a um terapeuta sexual. De qualquer modo, o tratamento indicado é o tratamento da principal disfunção.

Perversão contra desvio

Há um segundo tipo de disfunções sexuais que é hábito denominar «perversões». Esta palavra é uma condenação e já não é apropriada. O pensamento moderno, em certa medida, considera que as pessoas não são totalmente responsáveis pelo seu estilo de comportamento e portanto não devem ser criticadas pelo que fazem. Igualmente, muitas pessoas pensam agora que os outros indivíduos devem poder entregar-se livremente às actividades que lhes aparecem, salvo se estas forem perigosas para eles ou para terceiros. Por ambos os lados a palavra «perversão» tornou-se inadequada e a alternativa mais favorecida é o vocábulo «desvio».

A ideia que está por trás da palavra «desvio» é esta: a maioria das pessoas comporta-se de determinada maneira. Por exemplo: a maioria prefere relações sexuais heterossexuais com o homem na posição superior. Apesar disso, em qualquer grupo de grandes dimensões haverá um certo número de pessoas que se comporta de maneira pouco usual. E pequenos grupos de indivíduos em tal grupo comportar-se-ão muito anormalmente. O comportamento que seja muito esquisito deverá ser chamado desviante, extremamente desviante, mas ao dizer isto não se está a tomar uma atitude moral.

Para dar outros exemplos, o comportamento homossexual é considerado um desvio, tal como o travestismo (o desejo de «disfarçar-se» com as roupas do sexo oposto para finalidades sexuais) e várias formas de fetichismo (um fetiche é normalmente um material inanimado, ou objecto, cuja posse ou manipulação aumenta a excitação sexual). Muitos fetiches estão, por exemplo, relacionados com objectos de borracha; outros preferem carteiras ou roupa interior de senhora.

Alguns desvios chegam ao médico através dos tribunais. Um bom exemplo deste fenómeno é dado pelo exibicionista macho que costuma exibir o pénis erecto a uma ou a um pequeno grupo de raparigas ou mulheres.

Estes desvios de comportamento consideram-se devidos a grandes e profundas disfunções na personalidade, que muitas vezes já vêm da infância. Provavelmente a maior parte das pessoas que podem denominar-se desviantes não têm a menor vontade de mudar o seu comportamento e nem sonham em consultar um terapeuta. Pelo que toca ao terapeuta, os desvios sexuais são importantes por três razões. Primeira, porque as pessoas com desvios podem querer alargar as suas opções sexuais: os homossexuais podem desejar casar. Segunda, porque é comum entre pessoas que se consideram «normais» um interesse sexual desviante, ainda que de forma muito atenuada. Este desvio pode ser uma fonte de vergonha e conflito. Pode ser escondido do parceiro e desviar energia sexual da relação entre ambos. Onde o parceiro aceita o desvio o problema costuma desaparecer, mas, quando tal não acontece, causa inúmeras e desnecessárias preocupações. Terceira, o desvio pode ser muito difícil de deslocar como modo preferido de expressão sexual.

Quando se descobre um desvio num dos elementos do casal, o terapeuta não costuma tentar erradicá-lo. Hoje em dia muitos terapeutas preferem aumentar a satisfação derivada de um comportamento sexual alternativo e mais cooperativo. Onde isto se consegue realizar o comportamento desviante extingue-se. O desvio que não é desejado também pode ser tratado de modo similar. O terapeuta tentará ensinar ao paciente um novo modo de comportamento, e ensiná-lo de tal modo que o imprima como a fonte principal de satisfação, ou pelo menos como uma agradável alternativa.

Disfunções do comportamento normal

Um outro grupo de pacientes consiste naqueles que tiveram dificuldades sexuais a partir do começo do período normal de aumento da actividade sexual – isto é, durante o tempo em que se está a aprender o comportamento heterossexual. Estas pessoas verificam que não são capazes de responder do modo que sabem que é o desejável. Por exemplo, a mulher que se torna muito tensa no momento em que o pénis entra ou o jovem com impotência ou ejaculação prematura. Infelizmente, tais pessoas não vão procurar tratamento senão anos depois do estabelecimento do problema. Muitas vezes estão casadas e são só as queixas do outro cônjuge que as levam a procurar a aplicação das técnicas comportamentais.

Os casais com dificuldades sexuais formam o último grupo. Do ponto de vista do terapeuta sexual, eles constituem o maior grupo. Isto deve-se talvez a que a procura de tratamento e o desejo de melhorar as relações sexuais é mais urgente. No fim de contas, as dificuldades podem começar logo no princípio, mesmo na lua-de-mel, se as relações sexuais não começaram antes do casamento. Tais dificuldades surgem normalmente de problemas que eram evidentes antes de o contrato ser estabelecido. Muitos outros começam com uma vida sexual satisfatória que, à medida que o tempo passa, se vai extinguindo gradualmente. Para o homem a dificuldade típica pode ser impotência que se agrava gradualmente; para a mulher, uma perda de prazer. O tratamento de Masters e Johnson foi especificamente desenvolvido para os casais que têm ambas as espécies de dificuldades.

O leque de tratamentos

O tipo de tratamento fornecido depende do tratamento favorecido pelo terapeuta a quem o paciente foi enviado. Descreveremos o método da terapia sexual que está baseado na teoria do comportamento e, em particular, o método de Masters e Johnson, juntamente com métodos comportamentalistas adicionais que se desenvolveram recentemente. Contudo, antes do desenvolvimento do comportamentalismo, outros métodos se tinham desenvolvido e disseminado, e embora estes métodos devam, segundo tudo indica, ser substituídos, a verdade é que o melhor é estar armado com factos. É por esta razão que algumas outras terapias também vão ser descritas.

Psicoterapia – Freud

Entre os métodos psicológicos de terapia sexual, o primeiro que se desenvolveu está associado ao nome de Freud. Os seus métodos de tratamento eram susceptíveis de cobrir quase todas as disfunções psicológicas, mas não se dirigiam especificamente às disfunções sexuais. Apesar de tudo, Freud promoveu a ideia de que as dificuldades sexuais eram distorções profundamente implantadas e provenientes do desenvolvimento infantil. A sua solução radical era a reestruturação da personalidade por meio da análise. Uma perspectiva mais substancial sobre a natureza do paciente pode obter-se por meio da discussão, na qual o terapeuta dirige pouco, mas sempre encorajando o paciente a extrair as conclusões. O paciente é encorajado a reviver com o terapeuta a relação insatisfatória com os pais e, por este meio, experimentar e analisar o seu desenvolvimento emocional distorcido.

Os discípulos de Freud abreviaram, elaboraram e alteraram os seus métodos numa tentativa de integrar novas ideias e novas exigências. Mas tais tratamentos continuam a ser muito longos e são irrealizáveis para a maior parte das pessoas. Consomem bastante tempo, são caros, não há provas da sua eficácia, e, uma vez que a procura de terapia sexual excederá por algum tempo os terapeutas disponíveis, o emprego de um método tão radical e tão longo reduz efectivamente as possibilidades de os pacientes receberem uma prolongada e adequada terapia sexual. Contudo, há ainda outros métodos de tratamento disponíveis que não derivam das ideias de Freud.

Outros tipos de psicoterapia

A psicoterapia de direcção e de apoio está extremamente difundida. Aqui o psiquiatra trata o paciente ao nível do senso comum. Dá conselhos de uma forma directa: «Eu faria x se estivesse no seu lugar». Este x pode ser «saia mais frequentemente» ou talvez «não trabalhe tanto». De qualquer modo, tenta-se persistentemente oferecer ao paciente conselhos fáceis de seguir. Ao mesmo tempo, o médico oferece ao paciente um apoio moral e estímulos que o poderão ajudar a superar tempos difíceis. Regra geral, estes métodos são reforçados com a utilização de tranquilizantes para aliviar a angústia.

Este tipo muito geral de tratamento varia bastante na sua aplicação e método. Não se pode dizer que esteja muito bem definido, e, em parte por causa disso, é impossível descobrir quão efectivo pode ser. Os terapeutas sexuais pensam que seria melhor substituí-lo por um tratamento que é mais específico e provavelmente mais eficaz.

Terapia conjunta

Onde o médico ou o psiquiatra estão familiarizados com a terapia conjunta e onde os problemas sexuais existem numa relação pessoal, alargam-se as opções para um tratamento eficaz. Terapia conjunta significa neste caso que o casal é tratado como um casal e o problema é visto como um problema que afecta a sua relação e não como um problema especial de um dos membros do par. Há muitas variedades de terapia conjunta. O que elas têm em comum é que o casal se senta com o terapeuta, com quem e na frente do qual discute os seus problemas. Às vezes o terapeuta dá alguns trabalhos para o casal fazer em casa como parte do tratamento. Certas vezes chega-se a acordos do género: «se me consultares quanto à utilização do orçamento familiar eu demonstrar-te-ei mais amor», ou «se desligares a televisão mais cedo, serei capaz de mais entusiasmo durante a relação sexual».

Algumas formas de terapia conjunta são o tratamento por excelência de problemas puramente maritais. Num casamento com problemas, quer a nível da relação pessoal, quer a nível do sexo, afirma-se frequentemente que o problema marital, a relação pessoal, é a causa do problema sexual e que, portanto, deve ser tratado em primeiro lugar e considerado com mais atenção. Ninguém pode tomar uma posição neste dilema e o terapeuta deve julgar se se deve concentrar num, noutro ou em ambos os problemas; quando o terapeuta não estiver seguro, a tentativa e o erro ajudá-lo-ão a encontrar o caminho.

Behaviourismo – a teoria da aprendizagem – Masters e Johnson

A terapia Masters e Johnson é uma espécie de terapia conjunta baseada em linhas modernas de modificação do comportamento. A teoria que suporta este tratamento é denominada

Teoria do Comportamento, Behaviourismo ou Teoria da Aprendizagem. Estes termos são usados um tanto livremente, mas isso não tem importância. Há três ideias fundamentais em que assentam o behaviourismo e a teoria da aprendizagem. Em primeiro lugar, que há uma importante parte do comportamento sexual que é aprendida. Quer dizer: o comportamento sexual tem de ser em parte ensinado ou descoberto por tentativas e erros, ou então inventado. Em qualquer circunstância, o indivíduo aprende a comportar-se de certa maneira e a aprendizagem decorre aos poucos, tendo como origem diversas fontes: amigos, filmes, conversa, jornais, revistas e, cada vez mais, educação sexual. A ideia de que uma grande parte do comportamento sexual é aprendido sugere que a ignorância do comportamento sexual é também uma possibilidade. Na realidade, a ignorância sobre matéria sexual encontra-se muito difundida e é acompanhada de preconceitos e de um conjunto de informações erradas.

RECOMPENSA E CASTIGO. A segunda ideia fundamental da teoria da aprendizagem é que as recompensas e os castigos determinarão o tipo de comportamento aprendido. O comportamento que for recompensado imprimir-se-á no repertório comportamental do indivíduo. Ao contrário, o comportamento que for punido será posto de lado.

As palavras «recompensa» e «castigo» são utilizadas num sentido muito geral. Contudo, na teoria da aprendizagem, tal como se aplica aos seres humanos, a recompensa é o que dá prazer. Pode ser um doce, pode ser dinheiro, pode ser um sorriso ou uma concessão sexual. A palavra «castigo» tem uma latitude semelhante. O castigo pode ser um ar carrancudo, uma pancada ou uma muita, por exemplo.

IMPULSO. A terceira ideia fundamental da teoria da aprendizagem é o conceito de impulso. Um ser humano tem muitos impulsos, um dos quais é o impulso sexual. Um impulso é uma disposição para comportar-se de certo modo. Uma pessoa com um alto impulso sexual deseja comportar-se sexualmente. Depois de o comportamento sexual se ter satisfatoriamente desenvolvido, conduzindo ao orgasmo, o impulso sexual reduz-se durante um tempo variável. Todos os seres humanos variam de dia para dia o seu impulso sexual e algumas pessoas têm mais impulso sexual que outras. Os jovens têm-no mais intenso do que as pessoas mais idosas.

A terapia do comportamento usa todas estas ideias no tratamento dos problemas sexuais, que são essencialmente problemas de comportamento, e que respondem muito bem a estes métodos.

A TEORIA APLICADA. Portanto, o terapeuta que se baseia na teoria do comportamento aplica estas três ideias fundamentais para ensinar um novo padrão de comportamento. A teoria que se encontra por detrás do tratamento é rapidamente aprendida e facilmente explicada aos pacientes.

Os primeiros behaviouristas que desenvolveram um método sistemático para tratar problemas sexuais comuns foram Masters e Johnson, trabalhando nos Estados Unidos. Os elementos do seu método são bastante reduzidos: limitaram-se a tratar casais com problemas sexuais. O tratamento que davam era intensivo. Todos os pacientes eram tratados por dois terapeutas, uma mulher e um homem. Os terapeutas pretendiam educar o casal e assegurar-se de que os dois parceiros conheciam a anatomia dos órgãos sexuais. Ensinavam-lhes as técnicas sexuais que dariam um prazer mais intenso às suas relações sexuais. Para ajudar a reaprendizagem dos novos hábitos e o esquecimento do comportamento indesejável, os terapeutas forneciam aos pacientes uma série de tarefas graduadas que eles realizavam juntos em casa e que depois comunicavam para avaliação de resultados. Em cada visita, eram discutidas as dificuldades e davam-se novas tarefas que dependiam dos progressos já alcançados. O casal passava de simples tarefas indesejáveis para relações sexuais normais e satisfatórias.

Novas ideias em terapia sexual

Embora o método de Masters e Johnson seja provavelmente o mais conhecido e o mais espalhado, há ainda outros métodos distintos correntemente utilizados. Todos esses métodos são behaviouristas educativos e muitos são usados em combinação com a estrutura básica de tratamento de Masters e Johnson.

Reestruturação da Atitude Sexual (RAS)

No National Sex Forum de São Francisco, nos Estados Unidos, há uma escola SAR, cuja finalidade é educar profissionais e terapeutas sexuais em matéria sexual que já possuam alguma experiência terapêutica com pacientes. Os clientes sentam-se à volta de uma sala em fundas almofadas a ver filmes que são projectados nas paredes que rodeiam o compartimento. Os filmes, entre oito e dez, são projectados ao mesmo tempo e retratam todas as actividades sexuais humanas que não implicam um dano para os parceiros. Duram uma hora. A ideia disto é uma concepção educativa. Os clientes podem ver como outras pessoas se comportam e aprendem o leque dos comportamentos sexuais possíveis. Ganham novas ideias sobre o modo de expandir a sua própria vida sexual e a vida sexual de outros. Espera-se também que estes filmes sexuais eliminem os preconceitos e a tendência para atrasar indefinidamente a solução do problema. O facto de os clientes verem pessoas que parecem normais entregando-se com prazer a essas coisas que eles nunca fizeram, senão em conversa, dá a alguns deles o sentimento de que tal comportamento é admissível e a possibilidade de se comportar de modo diferente é em si mesma bastante excitante. O programa continua com outros filmes e debates, mas usualmente com um ênfase especial nos indivíduos e nas suas necessidades particulares. Um programa semelhante também foi posto em marcha em França e no Reino Unido.

Parceiros profissionais

A utilização de parceiros profissionais também começou nos Estados Unidos. Por um parceiro profissional entende-se uma pessoa especificamente utilizada para ajudar o cliente, estabelecendo com ele ou ela um comportamento sexual. Há homens e mulheres para desempenhar estas tarefas. Os terapeutas dos Estados Unidos utilizam estas pessoas com bastante frequência e com sucesso. Os adversários destes parceiros profissionais clamam que isso não é mais do que prostituição. Contudo, o orgulho e a seriedade com que esses parceiros ajudam os seus clientes faz envergonhar os seus detractores.

Geralmente trabalham com um terapeuta sexual e acompanham regularmente o cliente ao terapeuta para o ajudar na cura. Fazem isso com perfeito conhecimento e encontram-se bem informados.

No Reino Unido este método só se usa num único centro em Birmingham. Dificuldades de ordem legal e sensacionalismo por parte dos jornais tornam-no de difícil implantação em qualquer outro lado.

Dessensibilização da imaginação

Nos Estados Unidos, Reino Unido, Holanda e Alemanha, usa-se um método conhecido como dessensibilização. Aqui o objectivo é a reeducção da ansiedade. Muitos pacientes experimentam ansiedade durante uma determinada parte do comportamento sexual e esta ansiedade impede a culminação.

A essência do método é ensinar o paciente a relaxar a mente e o corpo e, neste estado, imaginar a situação temida. Se o paciente pode ser ensinado a permanecer calmo (mentalmente relaxado) enquanto pensa na situação temida, então torna-se mais fácil encarar essa situação na vida real.

Na prática, o terapeuta ensina primeiro a técnica de relaxamento e, quando esta capacidade já está bem dominada, faz uma lista graduada dos medos do paciente e sugere-lhe que ele ou ela imagine um dos menos temidos e tente continuar relaxando enquanto imagina a situação. Se o paciente puder continuar relaxado ao imaginar o medo menor, então pode seguir o programa trabalhando gradualmente com os outros temores da lista até que o paciente seja eventualmente capaz de imaginar o mais grave, o que lhe provoca mais pânico, e permanecer calmo.

Esta progressão imaginativa pode ser encarada como um ensaio para a vida real e o próximo passo em terapia será o paciente aplicar à realidade o que aprendeu, começando novamente, e em primeiro lugar, com a conduta menos temida.

O termo «dessensibilização» é geralmente utilizado para descrever o processo que se desenvolve na imaginação, mas algumas pessoas usam-no para significar o processo de dessensibilização que acontece na vida real.

Assistência por telefone

Dois centros nos Estados Unidos e um centro britânico experimentaram também um excelente e valioso serviço de informação telefónica. Qualquer pessoa pode ligar para informar-se sobre qualquer matéria e o anonimato pode ajudar as pessoas a dizerem coisas impossíveis de dizer de outro modo. Permite utilmente que se ponham algumas questões simples e que estas sejam respondidas sem formalidades e, além disso, dá possibilidade aos adolescentes de obter informação de um modo simultaneamente fácil e privado. Uma das coisas que é notável nestes telefonemas é a ignorância do público em geral que revelam.

É evidente que o sistema se presta a abusos, mas os organizadores estendem a sua admirável oferta de ajuda quer aos que abusam, quer aos que genuinamente telefonam por se encontrarem numa dificuldade.

Terapia de estimulação – pornografia

Para além da dessensibilização e educação básicas da perspectiva de Masters e Johnson, o seu livro ainda ressalta o valor da terapia de estimulação. Dos três conceitos básicos da teoria da aprendizagem, a terapia de estimulação baseia-se na ideia de tendência e na possibilidade da sua manipulação. Alguns pacientes com problemas sexuais parecem sofrer de um estado de baixa tendência: o seu apetite sexual e o desejo parecem estar extremamente deprimidos.

A terapia de estimulação tenta aumentar a tendência sexual e o conhecimento das técnicas e actividades sexuais, quer através de filmes, quer por meio de debates directos, de modo a estimular a pulsão sexual. Contudo, também pode ser desejável mudar completamente a atitude do paciente para com a sexualidade, motivando-o a procurar activamente estímulos eróticos e sexuais de uma maneira que provavelmente nunca lhe ocorreu ou de um modo que ele se sentiu inibido de pôr em prática. A terapia de estimulação utiliza todo o tipo de material erótico e pornográfico: livros, filmes, gravações e ilustrações. O paciente é encorajado a utilizar este material para obter prazer e tenta-se libertá-lo do sentimento de culpa que ele poderia ter sentido ao manipular estes materiais no passado.

Muitos elementos na sociedade vêem a pornografia como uma coisa perigosa. Isto parece uma atitude muito razoável tendo em conta a própria pornografia. É uma constatação do poder das novas ideias numa forma representativa. Existe a possibilidade de que a pornografia modifique o comportamento daqueles que se lhe encontram expostos para pior e tem sido sugerido que a pornografia pode levar ao crime ou conduzir a comportamentos desviantes. Há contudo muito poucas provas para justificar qualquer um destes terrores e há, por outro lado, bastantes prova do valor terapêutica e educativo deste material.

A pornografia é utilizada para aumentar o repertório sexual e incrementar a pulsão sexual. Este aumento da pulsão dá-se, seguramente, nos pacientes que possuem uma pulsão baixa e o efeito do tratamento é trazer esta pulsão a níveis elevados onde sejam felizes e tenham menos problemas sexuais. Crê-se que cada pessoa tem um nível de pulsão sexual no qual se sente perfeitamente satisfeita. Nos pacientes não existe a perigo de superestimulação, nem há evidência de superestimulação em pessoas normais que andem provavelmente a funcionar nos seus níveis óptimos. As pessoas expostas a uma grande grantidade de material pornográfico depressa se aborrecem.

Os efeitos da pornografia são estudados mais pormenorizadamente no próximo capitulo.

Fantasia

Uma grande parte das pessoas normais têm fantasias sexuais. Imaginam certos comportamentos sexuais em que podem ou não estar envolvidos. Estas fantasias são às vezes elaboradas para obter prazer e outras para ensaiar uma conduta a realizar no futuro. É a primeira razão, a do prazer, que tem importância na terapia de estimulação. Muitos clientes com problemas sexuais têm uma vida pobre em matéria de fantasia. Isto é, não usam frequentemente a fantasia sexual para aumentar o prazer das actividades sexuais. Para algumas pessoas, o processo é aliviá-las do sentimento de culpa – indicando-lhes que as fantasias são boas e normais –, mas quanto a outras é necessário sugerir-lhes ideias sobre as quais possam fantasiar. Estas ideias podem ser obtidas a partir da pornografia ou filmes que o terapeuta escolhe e recomenda. Os pacientes que tenham grande dificuldade podem ser convidados a inventar ou escrever algumas fantasias que podem ser usadas como base para desenvolvimento da fantasia. Na terapia de estimulação, o terapeuta sugere alguns usos para essas fantasias. Podem ser usadas durante a masturbação solitária ou mútua ou durante as relações sexuais e podem ser partilhadas com o parceiro. Deste modo, as fantasias podem tornar-se numa parte vital e agradável de um novo estilo de vida.

As vantagem da perspectiva behaviourista

A terapia behaviourista não está obrigatoriamente restringida ao tratamento de casais, mas pode ser igualmente aplicada a desvios indesejáveis e a outros problemas sexuais individuais. Uma das grandes vantagens dos métodos behaviouristas sobre a psicoterapia analítica é a ênfase no tratamento da doença. Freud acreditava que para remover o sintoma se necessitava reestruturar radicalmente a personalidade. O behaviourismo, ao contrário, pensa que, seja qual for a causa de uma dada doença ou sintoma, ela pode ser erradicada e substituída por uma conduta mais adequada.

A grande maioria dos psicólogos acreditam que a terapia comportamentalista é o melhor método de tratamento dos problemas sexuais hoje em dia e, além disso, que para os casais que têm problemas sexuais é o sistema Masters e Johnson que, com algumas correcções, oferece a melhor esperança de cura. Os terapeutas vão ganhando confiança neste campo à medida que vão obtendo êxitos, e o seu eminente carácter prático não pode deixar de chamar a atenção do público para as suas vantagens, criando-se assim, consequentemente, uma nova esperança.

Contudo, o tipo de tratamento recomendado dependerá finalmente das necessidades do paciente. Qualquer pessoa que tenha um problema sexual será aconselhada a informar-se, tanto quanto possível, das alternativas. Isto não quer dizer que a pessoa em questão seja capaz de elaborar o seu próprio tratamento, mas tão só que estará numa posição esclarecida e não será, como tantos outros, entretida com conselhos ineficazes e tratamentos inúteis.

O objectivo terapêutico

Que é que pretende então alcançar o terapeuta? Evidentemente eliminar o problema, mas também estabelecer uma situação em que o problema não se volte a manifestar. Tendo seguido uma linha de tratamento, os clientes terão aprendido que para evitar o problema no futuro é necessário ter permanentemente uma atitude nova perante a vida sexual. Já não é mais uma função, que seja permitido decorrer por si mesma. A sua manutenção exige pensamento, aventura, cálculo e cuidado. O sexo já não pode ficar em segundo lugar, ser maltratado, apressado ou fazer-se nos bocados livres. Num casal, cada um dos elementos tem uma responsabilidade igual nesta matéria.

O que é verdade quanto à sua vida sexual é também verdade para as suas relações pessoais em sentido amplo. Isto também teria sido posto em debate durante a terapia, com sugestões para a sua melhoria. Os melhoramentos não devem parar quando cessam as sessões de terapia.

O modo como se desenvolvem, quer as relações pessoais, quer a sexualidade do casal depois da terapia, é, evidentemente, uma questão que diz respeito às próprias pessoas – elas devem seguir o seu caminho característico e desenvolver o seu próprio estilo. Durante a terapia, elas devem ter captado algumas ideias para esse desenvolvimento futuro. O desenvolvimento da sexualidade exige uma nova atenção para as respostas do parceiro. Estas respostas podem ser só lentamente aprendidas, mas, tendo-as captado, o prazer que se pode dar, a excitação que se pode produzir, terá aumentado consideravelmente.

O terapeuta deve gastar algum tempo a preparar uma nova capacidade de resposta à sensação, uma nova sensualidade. Uma nova sensualidade, estendendo-a quiçá a outras áreas, como alimentação, filmes, movimento e música. Os objectivos do terapeuta consistem em que estas ideias se tornem parte de um novo estilo de vida, que se estenda muito para lá do termo final da terapia.

A terapia pode ser vista como o primeiro passo, a solução do problema em si mesmo, o reestabelecimento de uma interacção sexual satisfatória que então se fundará numa base permanente. O terapeuta espera também que os benefícios desta mudança impregnem toda a vida das pessoas que trata. Que sejam mais felizes e que se sintam mais relaxadas, mais capacitadas para lidar com as irritações e desafios que são parte da vida, mais capazes de lidar com um parceiro que se pode mostrar aborrecido, cansado ou implicativo. Em resumo, que estejam equipadas para evoluir à medida que a sociedade muda e para desfrutar mais das mudanças em vez de lhes resistir.

II
Factos e Falácias

Os órgãos sexuais

Os órgãos sexuais da mulher

Muitas mulheres ignoram a estrutura dos seus órgãos sexuais. Muitos homens são ainda mais ignorantes a respeito desses órgãos das suas companheiras. Isto pode às vezes tornar uma experiência sexual inicial com um homem num fenómeno bastante traumático para uma mulher, especialmente se ele não a conseguir excitar suficientemente e a penetrar antes de ela estar preparada. Contudo, quando os casais começam a perceber onde se encontram os órgãos genitais da mulher e o que deve ser feito para os estimular, então fazer amor torna-se satisfatório e agradável para ambos.

1. A VULVA. Os órgãos sexuais externos da mulher ou genitais estão contidos numa área denominada *vulva*. A vulva está situada entre as coxas, e encontra-se limitada atrás pelo ânus e à frente pelo *mons pubis*.

O *mons pubis* é a área que se encontra coberta por pêlo púbico. A quantidade de pêlo púbico varia tanto nas mulheres como nos homens. Há também uma grande variedade de cor e textura. O pêlo púbico começa normalmente a crescer na puberdade.

O orifício da vagina fica entre os *labia minora* ou pequenos lábios da vulva. São divididos em duas metades – esquerda e direita – por uma fenda. Os lábios exteriores da vagina são chamados *labia majora*. A pele desta superfície exterior é áspera e pilosa (o equivalente masculino é o escroto).

2. OS PEQUENOS LÁBIOS. Os lábios interiores ou *labia minora* têm uma pele suave que recobre a sua superfície interior. Podem ser vistos mais claramente quando se abrem as pernas. Variam de cor, podendo ir do rosa ao vermelho bem marcado. Muitas mulheres preocupam-se com a dimensão dos seus *labia minora*, mas a verdade é que não há nenhuma medida estandardizada, verificando-se, ao contrário, uma larga gama de diferenças. Frequentemente um lábio é maior do que o outro. Normalmente, ambos os lábios aumentam e acentuam a cor durante a excitação sexual. Este fenómeno é mais óbvio nas mulheres que já tiveram filhos. Os lábios juntam-se abaixo do clítoris.

3. O CLÍTORIS. Técnica e anatomicamente, o *clítoris* corresponde ao pénis no homem, e, tal como o pénis, sofre uma erecção quando sexualmente excitado. Contudo, o clítoris é, obviamente, muito mais pequeno que o pénis e nem sequer tem uma passagem para a urina. O seu tamanho e a sua posição variam consideravelmente de mulher para mulher. O tamanho pode variar entre 2 a 13 milímetros, mas deve sublinhar-se que a sua dimensão não está relacionada com a capacidade de prazer sexual.

O clítoris situa-se entre as partes da frente dos *labia minora*. Diferentemente do pénis, não está suspenso de uma base, movimentando-se livremente, mas fixado em todo o seu comprimento. Consiste numa haste e numa cabeça, sendo a cabeça, ligeiramente bulbosa, a parte final do órgão. Anatomicamente, a haste e a cabeça têm correspondência no pénis. A cabeça é normalmente muito sensível e, mesmo que se toque nela muito ao de leve, pode causar dor em algumas mulheres, pois contém terminações nervosas. Tal como o pénis, o clítoris, quando excitado, enche-se de sangue e sofre uma erecção. Para produzir esta excitação não é obrigatoriamente necessária uma estimulação directa. Mexendo na vulva, à volta do clítoris, e nos pequenos lábios, provoca-se às vezes uma excitação no clítoris, distendendo-se este com o enchimento dos vasos sanguíneos. Nesta fase de excitação o clítoris pode aumentar muito de tamanho.

Quando se pratica a masturbação, o clítoris é normalmente estimulado directamente ou com bastante regularidade durante parte do tempo. As técnicas variam de mulher para mulher. Algumas mulheres conseguem obter prazer manipulando a haste, mas outras preferem estimular directamente o terminal nervoso.

Durante as relações sexuais, o clítoris é frequentemente estimulado indirectamente pelo pénis pressionando a área da vulva. Isto pode ser muito excitante para bastantes mulheres, e normalmente as posições melhores para este tipo de estimulação são as de «mulher por cima» ou as posições «de lado». Algumas mulheres não conseguem ser suficientemente estimuladas de modo a chegarem ao orgasmo por este método e preferem uma estimulação manual directa do clítoris, quer por auto-estimulação durante a cópula, quer com a ajuda do seu parceiro.

4. A VAGINA. Abaixo do clítoris está o orifício da uretra ou canal urinário; abaixo deste, o orifício vaginal. A entrada é denominada o *introitus* e o hímen intacto de uma virgem cobre esta entrada. Os hímens variam bastante e atribui-se uma importância exagerada ao mito desta membrana. É um símbolo de virtude, mas se não está intacto isso não é prova de que a rapariga não seja virgem. Algumas virgens têm uma larga entrada para a vagina, onde o hímen foi quiçá esticado ou perfurado pelo hipismo, pelo atletismo, por inserirem tampões ou os próprios dedos. Outras virgens têm um hímen espesso e duro, o que torna impossível de penetrar pelos homens. Muitas vezes é necessária uma pequena operação se este caso se verifica. Se o hímen é roto ou pressionado subitamente, dá-se usualmente uma saída de sangue. Muitas culturas atribuem uma grande importância ao hímen, mas ele não é tão valorizado pelas sociedades ocidentais.

A vagina pode ser descrita como um caminho entre o útero e a vulva, um caminho das entranhas para o mundo exterior. Tradicional e anatomicamente, a função da vagina é conter o pénis erecto e permitir que ele deposite o sémen perto da boca do útero, donde o esperma pode nadar até ao útero e fertilizar um óvulo. Além desta função, a vagina também dá prazer e, embora isto tivesse sido sempre conhecido, nem sempre foi muito discutido. Masters e Johnson, durante a sua investigação sobre as respostas sexuais humanas, demonstraram que a estimulação da vagina desempenha um papel importante na excitação da mulher e na condução desta ao orgasmo.

O espaço dentro da vagina é como o espaço dentro da cama. Quando a cama não está em uso o espaço não existe. É apenas um espaço potencial. Quando uma pessoa se mete entre os lençóis, o espaço abre-se para a admitir e fecha-se agradavelmente à sua volta. Assim sucede com a vagina. Quando não estão em uso as paredes da vagina estão encostadas uma à outra, obliterando o espaço. As paredes da vagina têm uma considerável elasticidade e são capazes de admitir pénis de qualquer tamanho. A vagina está, no fundo, concebida para acomodar a cabeça de um bebé durante o parto. Quando uma mulher começa a estar excitada, a vagina lubrifica-se por meio de uma secrecção fluida de glândulas semelhantes às glândulas sudoríparas da pele. Durante a excitação sexual, as paredes vaginais aumentam pelo enchimento dos vasos sanguíneos. Quando o pénis penetra, o espaço abre-se de acordo com o comprimento do órgão masculino. Além de se dilatar para admitir a grossura do pénis, a vagina também se pode alongar para acomodar o seu comprimento. A mulher que se queixa de que o pénis do seu parceiro é demasiado grande, deveria antes dizer que ele penetra na vagina antes de ela estar adequadamente lubrificada. Pode estar segura de que o tamanho do pénis não acarreta qualquer dano.

A lubrificação vaginal não necessita de se fazer obrigatoriamente por contacto sexual directo – muitas mulheres ficam húmidas apenas por pensarem ou lerem coisas acerca do sexo. Outras ficam-no só por olharem para um homem atraente.

Durante a excitação sexual, e mesmo noutras ocasiões de repouso, a vagina produz secreções que têm um odor sexual. Infelizmente, muitas mulheres foram condicionadas para achar este odor desagradável ou para crer que ele é desagradável para as outras pessoas. Os produtores de cosméticos capitalizaram este medo, vendendo desodorizantes vaginais e pomadas perfumadas. Estes preparados não só têm o mau efeito de disfarçar os cheiros naturalmente excitantes da mulher, como ainda podem provocar inflamações locais e comichão.

Se ambos os membros do casal acham o cheiro desagradável, esta atitude pode normalmente ser mudada durante o tratamento.

A *parede vaginal* é formada por duas camadas de tecido – o forro interior, que é suave e húmido, e a camada exterior, que é espessa, consistindo em fibras musculares. Durante o orgasmo, um terço da parte exterior da vagina sofre uma série de fortes contracções rítmicas. Este músculo que rodeia o orifício da vagina e que também chega até à sua parte interior, rodeando o ânus, denomina-se músculo púbio-coccígeo. Este músculo pode contrair-se voluntariamente, e durante as relações sexuais pode rodear o pénis mais firmemente e provocar uma excitação adicional no macho.

Uma operária que treinou o músculo pubio-coccígeo para controlar a urina descobriu que este treino também aumentava o prazer do orgasmo. Este treino tornou-se, portanto, uma parte importante da preparação das mulheres que experimentam dificuldades com o orgasmo e também de qualquer mulher que deseje incrementar o seu prazer sexual.

Os órgãos sexuais do homem

Normalmente, as pessoas sabem mais a respeito dos órgãos sexuais do homem do que dos da mulher; isto deve-se provavelmente ao facto de que os órgãos genitais masculinos são mais acessíveis e proeminentes.

1. O ESCROTO. O escroto ou saco das bolas encontra-se sob o pénis e contém as bolinhas ou testículos. Quando o homem está de pé, o escroto está suspenso do pénis. Consiste num saco rugoso de pele escura e é sensível ao tacto.

A temperatura pode afectar o tamanho do escroto. Quando um homem está frio ou ansioso, o escroto contrai-se consideravelmente e parece uma bolsinha engelhada. Quando está quente, o escroto pende livremente e expande-se para formar uma bolsa folgada. Isto pode acontecer depois de um banho frio ou quente. As temperaturas demasiado altas podem interferir com a produção de esperma e estas condições podem ser produzidas por roupa interior e calças grossas que mantêm o escroto excessivamente quente.

2. OS TESTÍCULOS. Dentro do escroto há uma divisão, e em cada lado estão os testículos. Na maior parte dos homens, o testículo esquerdo pende um pouco mais abaixo do que o direito. Têm uma forma ovóide e podem ser sentidos através da parede do escroto.

A função dos testículos é produzir esperma. Os testículos também produzem a hormona sexual masculina, chamada testosterona, que provoca as várias mudanças do corpo que ocorrem na puberdade. Se os testículos forem removidos antes da puberdade, o rapaz não se desenvolve completamente. Um homem que se encontre neste caso chama-se «eunuco». É frequentemente gordo e balofo. Durante a Renascença, jovens eram muitas vezes castrados para evitar a perda da voz, já que os tons altos que eram capazes de produzir tinham um elevado valor. Esta prática já terminou hoje em dia, pois a castração provoca a perda da virilidade e da potência sexual.

Cada testículo está dividido em pequenos compartimentos que contêm os canais seminíferos. Esta estrutura em forma de tubos produz esperma continuamente e não apenas no momento do orgasmo, quando ele é ejaculado através do pénis. Esta estrutura tubular descarrega eventualmente no epidídimo, que é uma formação afiada estreitamente enrolada e aplicada à volta dos testículos. O epidídimo e os testículos armazenam o esperma.

Saindo do epidídimo, há um tubo comprido denominado *vaso deferente*, que tem cerca de 46 centímetros e está rodeado por espessas camadas de tecido muscular. Juntamente com os vasos sanguíneos e os nervos, o vaso deferente forma a corda espermática, que liga os testículos ao pénis através do abdómen. É o vaso deferente que é cortado na pequena operação de esterilização do macho. As vesículas seminais encontram-se ligadas ao vaso deferente. Elas produzem e armazenam um fluido amarelado que forma a maior parte da ejaculação, e no qual o esperma é capaz de nadar e crescer.

A segunda secreção necessária para tornar totalmente activo o esperma é produzida na próstata. A próstata fica sob a bexiga e abre-se para a uretra. A uretra liga a bexiga à ponta do pénis. A próstata produz um fluido ácido transparente que dá ao sémen o seu característico cheiro e viscosidade. Às vezes os velhos tendem a possuir próstatas grandes e funcionando deficientemente que interferem com a passagem da urina. Quando esta glândula se dilata excessivamente, é necessário removê-la cirurgicamente. Tal facto não interfere com a virilidade e muitos homens necessitam de ser reassegurados de que não se tornarão impotentes depois da operação.

Justamente abaixo da próstata há outras duas pequenas glândulas denominadas glândulas de Cowper, que produzem a terceira secreção especial, que é uma substância mucosa.

Todas estas secreções produzidas pelas glândulas acessórias são importantes para activar, alimentar e levar o esperma a impregnar a mulher a partir do momento em que é ejaculado.

3. O PÉNIS. Psicologicamente, o *pénis* é o mais importante órgão sexual masculino. O seu papel dual é penetrar a vagina da fêmea e aí depositar sémen e, por outro lado, servir de canal para a urina. Para lá da sua função de depositar sémen e mictar, ele é um fornecedor de prazer psicológico para o homem e para a mulher.

A ponta bulbosa do pénis é denominada *glande*. Nos machos não circuncidados a glande está coberta por uma capa retráctil denominada prepúcio. Durante a excitação sexual, produz-se a erecção do pénis e ao mesmo tempo a glande torna-se maior e túrgida. Nestas condições, a pele que a cobre está normalmente retraída durante ou antes das relações sexuais, mas geralmente antes. Muitas vezes, a pele é cortada por altura do nascimento ou mais tarde mediante uma operação chamada circuncisão.

Uma das partes mais sensíveis do pénis é denominada *freio prepucial*. O freio encontra-se sob a glande e estabelece uma ponte entre o sulco debaixo da glande e a verga. Essa delicada tira de tecido é bastante sensível na maior parte dos machos.

Quando o macho se sente sexualmente excitado, o pénis entumesce-se com sangue e torna-se maior e duro. Quando não está estimulado é flácido e fica pendente. É mais fácil urinar quando ele se encontra neste estado.

4. O TAMANHO DO PÉNIS. Há muitos mitos associados ao tamanho do pénis. O pénis tem sido um símbolo de virilidade e potência desde os tempos mais remotos. Muitas religiões encorajaram nos primeiros tempos a utilização de símbolos de fertilidade e às vezes estes não passavam de uma pequena estátua de um homem com um pénis tão comprido como o seu tronco. Não há nada de surpreendente em homens e mulheres associarem a potência a um *phallus* gigante. Em algumas religiões muito antigas, o pénis é adorado precisamente pelas suas características.

Os homens que possuem pénis pequenos e flácidos, quando observam outros homens com pénis flácidos maiores imaginam imediatamente que durante a excitação sexual o aumento de tamanho será proporcional. Isto é, que o pénis grande e flácido se tornará num gigante quando erecto e que o pequeno dará origem a um pénis erecto de pequeno tamanho. Efectivamente, os pénis flácidos e pequenos aumentam quando erectos mais do que proporcionalmente em relação ao tamanho e, por conseguinte, mais do que os grandes e flácidos. Portanto, a variação de tamanho entre os pénis flácidos é mais acentuada do que entre os pénis em erecção. O comprimento do pénis erecto é mais ou menos constante, ainda que a dimensão do pénis erecto não se tenha investigado em profundidade e não se tenha ainda dito a última palavra nesta matéria.

Outra falácia associada com o tamanho do pénis é a crença de que quanto maior ele for tanto maior prazer provocará na mulher. As investigações de Masters e Johnson puseram fim a esta falácia, quando relataram que só um terço da parte exterior da vagina possui os nervos sensitivos associados com o orgasmo. Por aí se vê que o comprimento do pénis é pouco importante. Os restantes dois terços, mais para o interior da vagina, não são sensíveis. Como dizem algumas mulheres: «O que é importante não é o que tu tens, mas sim o que tu fazes com ele.» Muitas mulheres comentam que se tivessem de escolher entre um homem com um pénis grande e um homem que soubesse usar habilmente os seus dedos para estimular o clítoris, teriam escolhido o amante com esta última técnica.

Provavelmente, a grossura do pénis é mais importante do que o seu comprimento. Quando o pénis é introduzido na vagina, pressiona os pequenos lábios da mulher e estes pressionam a ponta do clítoris para um lado e para o outro, sob a glande, à medida que prossegue a penetração. É este mecanismo que está associado com o orgasmo feminino e pode acontecer que o pénis mais grosso seja mais eficaz e vigoroso no que toca à produção destes efeitos. Para o esclarecimento desta questão torna-se necessária mais investigação.

5. CIRCUNCISÃO. A circuncisão é a eliminação da pele que cobre a glande. As técnicas cirúrgicas utilizadas para a sua remoção variam de cultura para cultura. Os métodos mais primitivos podem provocar danos na glande, mas tais factos só raramente acontecem em países civilizados. A técnica mais comum é praticar uma incisão na pele desde a ponta até à, base e depois cortá-la à volta entre a glande e a verga. A operação deixa a glande exposta livremente, tornando-se a sua pele um pouco menos sensível.

A operação é realizada em muitas culturas como uma marca de virilidade ou como uma necessidade religiosa. As vantagens que os circuncidados exibem sobre os que se encontram no estado natural apresentam quatro aspectos. Em primeiro lugar, afirmam que a higiene é mais facilmente mantida. Há alguma coisa de verdade neste argumento, já que se a pele não é puxada para trás e a glande lavada regularmente, pode-se acumular uma secreção que se forma normalmente à volta da base da glande e que causa um cheiro desagradável. Este odor é um dos odores sexuais que têm uma origem natural, tal como os vaginais, mas o cheiro ofensivo da glande não lavada é provavelmente devido à decomposição bactereológica da secreção acumulada nessa zona. Desde que a glande seja lavada regularmente, o problema desaparece.

A segunda vantagem foi revelada pela investigação. O cancro do pénis é mais frequente nos indivíduos não circuncidados. Este ponto foi evidenciado comparando os hindus, que não são circuncidados, com os muçulmanos, que normalmente o são. Investigações posteriores descobriram que entre os judeus, que são todos circuncidados, a frequência menor deste tipo de cancro ocorre nos ortodoxos. Uma higiene defeituosa pode explicar estas descobertas, mas também se sugeriram outras explicações. Por enquanto a posição mais realista é manter um certo cepticismo.

O terceiro argumento a favor da remoção da pele é que provoca uma menor sensibilidade na pele da glande, o que torna o orgasmo mais demorado. Isto é provavelmente uma falácia ou apenas determina um efeito muito ligeiro, já que há outros factores mais influentes que concorrem para a determinação do tempo do orgasmo. Pode ser igualmente verdade que valha a pena manter essa sensibilidade.

O quarto argumento é mais seguramente falacioso. Argumenta-se que as mulheres acham mais atraente o pénis circuncidado. Efectivamente, as mulheres diferem nas suas preferências estéticas e são provavelmente mais influenciadas pelo que lhes é familiar: o rosto dos seus pais ou irmãos ou o aspecto do pénis que lhes deu a primeira ou a maior satisfação.

6. ERECÇÃO. Umas das falácias mais comuns é que há um osso dentro do pénis que o mantém erecto. É um erro. Efectivamente, o pénis consiste em três cilindros ou colunas que se estendem ao longo de todo o seu comprimento. Duas destas colunas, os corpos cavernosos, ficam ao lado uma da outra, formando a

parte mais elevada do órgão, e encontram-se ligadas na base aos ossos pélvicos. A terceira coluna, o corpo esponjoso, tem dentro de si a uretra, para a passagem da urina e do sémen, e encontra-se centralmente colocada no meio das outras, formando na sua continuação uma ponta bulbosa que adere à extremidade do *corpora cavernosa*. Esta ponta é a *glans penis*. A uretra abre-se na sua extremidade. Durante a excitação sexual, o espaço celular entre cada uma das três colunas enche-se de sangue para produzir a dureza do pénis erecto, que aumenta quer em grossura, quer em comprimento.

Há dois mecanismos controladores da erecção. Um pode ser denominado psicogénico, já que os acontecimentos psíquicos influenciam poderosamente esse mecanismo. Com efeito, os impulsos nervosos transmitem-se ao longo do sistema nervoso simpático e os acontecimentos psíquicos que põem em marcha este mecanismo podem ter origem na imaginação, como nas fantasias sexuais, ou nos sentidos, como na presença de uma mulher atraente. Um sentimento de culpa ou ansiedade pode afectar a erecção, inibindo o funcionamento normal deste mecanismo.

O outro mecanismo de controle é um *reflexo*, que opera através do sistema nervoso parassimpático na base da espinal medula. Este reflexo é produzido pela estimulação do pénis ou da região genital. O reflexo pode ser iniciado na ausência de estímulo físico.

As erecções são principalmente produzidas na presença de mulheres sexualmente excitantes ou de outros estímulos eróticos. Assim, é muito provável que seja o mecanismo simpático de controle a produzir inicialmente a erecção, mas depois é logo reforçado pelo mecanismo reflexo, que entra em acção assim que há uma estimulação local do pénis.

As erecções surgem muitas vezes durante um sono normal e podem estar associadas com sonhos de carácter sexual. Às vezes, dão-se ejaculações como culminação de um especial e poderoso sonho erótico. Na linguagem popular, costuma-se chamar a estes sonhos «sonhos molhados». No calão científico: ejaculação nocturna. São fenómenos bastante comuns e a maior parte dos homens tem-nos experimentado em certa altura; mais frequentemente durante a adolescência e mais moderadamente durante a vida de adultos. Não fazem mal nenhum e os homens que se sentem culpados e envergonhados devem ser tranquilizados, pois é uma coisa normal, «natural», e algo agradável.

Muitos homens têm erecção quando se levantam pela manhã. O mecanismo exacto deste fenómeno é desconhecido. Pode resultar de um sonho sexual que os acordou. Neste caso a erecção é fundamentalmente psíquica/simpática. É contudo possível que os impulsos nervosos partindo da bexiga dilatada possam causar este mecanismo reflexo, dado que os centros parassimpáticos na espinal medula inferior podem confundir a fonte destes impulsos.

Durante a excitação sexual, a glande pode aparecer molhada por uma secreção clara que surge na ponta. Esta secreção tem um efeito lubrificante.

7. EJACULAÇÃO E ORGASMO. A introdução é a inserção do pénis na vagina. O homem está nesse momento preparado para obter prazer da relação sexual. Os sinais da glande, provocados pela fricção do pénis no interior da vagina, aumentam o estado de excitação que conduz ao orgasmo quando a tensão sexual acumulada é libertada.

A maior parte dos homens experimenta uma sensação de orgasmo cerca de três segundos antes de começar a ejaculação. Durante este estádio, os sinais nervosos involuntários provocam a contracção dos músculos que rodeiam o vaso deferente, das vesículas seminais e da próstata. O esperma, juntamente com os contributos líquidos das glândulas acessórias, é denominado sémen ou matéria ejaculada. Este material é bombeado através da uretra por acção muscular sob uma pressão considerável; irrompe na ponta da glande com uma série de jactos com intervalos de menos de um segundo. Estes jactos, se o pénis estiver fora da vagina, podem atingir vários centímetros de comprimento. Enquanto o sémen está a ser bombeado através da uretra, a passagem para trás é fechada pelos músculos da base da bexiga, que impedem o sémen de viajar em sentido contrário ao desejado.

Os orgasmos variam em intensidade, mas a maior parte dos homens descrevê-los-iam como agradáveis e como uma libertação da tensão sexual. A ejaculação não é necessária para o orgasmo. Muitos jovens têm tido orgasmos sem ejaculação.

A resposta sexual

No seu livro *Human Sexual Response*, Masters e Johnson apresentam factos importantes para conhecer as diferentes fases da resposta sexual. Eles descreveram quatro fases: a fase de excitação, que é iniciada por tudo quanto um indivíduo ache sexualmente excitante; esta fase conduz à fase de *plateau*, que é a meta que deve ser atingida antes que se produza o orgasmo; a fase osgásmica, que consiste nuns poucos e intensos segundos durante os quais o indivíduo atinge o clímax; a fase de resolução, que é o período de recuperação, durante o qual o casal se sente relaxado e estreitamente unido. No macho há ainda um último período ou fase refractária, que se segue à fase orgásmica e que é um espaço de tempo durante o qual é impossível outro orgasmo. Este tempo refractário varia de indivíduo para indivíduo entre uns poucos minutos e uma noite inteira.

A FASE DE EXCITAÇÃO. Há uma grande variedade de estímulos com capacidade para excitar. O mais óbvio é acariciar ou tocar os genitais. É evidente que cada pessoa terá o seu particular estímulo desencadeador. Para alguns é de tipo heterossexual, para outros homossexual e para outros ainda de carácter auto-estimulativo. Para muitos, é a variedade que conta. De facto, a resposta sexual pode ser iniciada por meio de um ou todos os sentidos: tacto, vista, ouvido e cheiro.

A resposta sexual pode ser afectada por muitos factores externos, tais como a saúde, a fadiga, o ciclo menstrual, a gravidez e as drogas. Um dos factores mais importantes na excitação sexual é o do condicionamento – que é que normalmente excita o indivíduo e que é que tem suscitado as suas respostas?

O corpo manifesta a excitação sexual de diferentes maneiras. Muitas pessoas evidenciam um aumento do ritmo das pulsações, que está provavelmente associado a uma respiração mais rápida e talvez irregular. Há frequentemente um incremento na transpiração que é visível na testa, por exemplo, ou sentido nas mãos. A actividade muscular pode mudar em estados de excitação sexual. Pode ver-se nesses momentos uma falta de repouso, tensões dos músculos ou tremuras. Os vasos sanguíneos de várias partes do corpo dilatam-se e transportam maior quantidade de sangue do que é normal. Isto pode produzir uma ruborização das partes superiores do corpo e especialmente da face, ainda que este fenómeno afecte mais as mulheres que os homens. A dilatação e entumescimento dos vasos sanguíneos da região genital é uma parte particular da resposta sexual geral e é responsável, à medida que a excitação aumenta, pelo alargamento das partes sexuais da fêmea, e mais obviamente pelas do macho. Estas modificações corporais são acompanhadas por uma variada gama de sensações. Há uma sensação de excitação geral e de estimulação sexual, em que determinados elementos parecem afectar algumas partes específicas do corpo e em que outros, de tão vagos ou gerais, se revelam impossíveis de localizar. A dilatação e entumescimento dos vasos sanguíneos produz uma sensação de calor; o aumento do ritmo da pulsação e da tensão arterial pode produzir palpitações ou sensações vagas no peito, e também sintomas associados a uma respiração rápida ou irregular. Em pessoas que reagem bem, as sensações podem findar com a sufocação. Quando as sensações sexuais são muito intensas, há também uma ligeira tontura e uma multitude de reacções ideossincráticas e indescritíveis que se somam às reacções gerais. Ademais, a experiência é as mais das vezes complicada pelas exigências da decência social: numa situação social formal pode ser necessário suprimir ou disfarçar estas sensações, quer por medo de mostrar sinais de respostas que se aprendeu a suprimir, quer por causa de tácticas numa situação de competição sexual. Neste caso, o esforço de supressão pode produzir sensações físicas e mentais que confundem a pura resposta original. Por outro lado, as sensações sexuais podem estar muito naturalmente associadas a uma certa ansiedade, como quando, por exemplo, se fazem os primeiros avanços a uma pessoa. Há muitas outras situações na vida em que a excitação se torna mais intensa pelo medo associado a ela, e esse é provavelmente também o caso da excitação de tipo sexual.

Em condições ideais, é durante a fase de excitação que os avanços deverão começar. Sob estas condições, o homem e a mulher sofrem uma erecção devida ao entumescimento dos vasos sanguíneos. O escroto torna-se tenso e grosso. Os testículos endurecem dentro do escroto. A estimulação directa do pénis e do clítoris podem aumentar a sua turgidez. Os pequenos lábios aumentam e tomam uma cor mais acentuada como uma sumarenta e rugosa ameixa. Os grandes lábios retraem-se para permitir a entrada do pénis.

A vagina responde ao estímulo ganhando uma certa humidade produzida por um fluido lubrificante segregado por uma reacção das paredes vaginais que ocorre dentro dos dez ou trinta segundos depois do começo da estimulação. O sangue também entra nos tecidos que se encontram à volta da vagina, produzindo um entumescimento. Os dois terços da parte interior da vagina comportam-se independentemente do outro terço exterior. Durante a fase do aumento de excitação, a parte interior mostra ondas de expansão seguidas por lentos relaxamentos que levam progressivamente a um estado caracterizado por um maior entumescimento. Quando a vagina começa a estar humedecida, aumenta também de dimensão e a mulher principia a estar suficientemente estimulada para o homem penetrar a vagina. Se não há lubrificação, a penetração é para o homem difícil e dolorosa.

Os seios da mulher modificam-se durante este espaço de tempo. Os mamilos endurecem e ficam erectos e numa fase mais tardia de excitação os seios aumentam efectivamente de tamanho. Isto torna-se mais evidente em mulheres que nunca alimentaram a peito os seus bebés. As veias dos seios podem tornar-se mais proeminentes logo que o sangue seja bombeado nessa área.

A FASE DE *PLATEAU*. Esta fase não está claramente separada da fase anterior e deve ser considerada como uma continuação ou subida de nível da fase de excitação. Em ambos os sexos o ritmo de respiração aumenta, tal como sucede com a tensão arterial. A ruborização sexual torna-se mais visível. Continua a actividade dos músculos de controle voluntário e dos outros. O esfíncter, que mantém o recto fechado, pode contrair-se.

Durante esta fase, a expansão do interior da vagina pode continuar. A parte exterior muda de outro modo. Aqui as paredes vaginais e os tecidos mais próximos ficam tão entumescidos com sangue que a passagem se torna muito reduzida. Isto obriga a um contacto mais apertado entre as paredes vaginais e o pénis que as penetra, para mútua satisfação de ambas as partes.

Entretanto, o clítoris desvia-se para cima, em direcção às partes ósseas atrás do monte púbico, isto é, para fora da zona da abertura da vagina. A haste do clítoris diminui de comprimento – um processo que se denomina retracção do clítoris – e no seu estádio mais avançado esta retracção pode esconder totalmente o órgão. Apesar disto, não é difícil durante a estimulação manual procurar as partes excitadas, cuja sensibilidade se encontra bastante aumentada. Este incremento da sensibilidade pode tornar insuportável uma estimulação rude.

Durante as duas primeiras fases o pénis produz uma quantidade variável de fluido claro que tem provavelmente um efeito lubrificante. Este fluido tem-se chamado «destilação».

A FASE ORGÁSMICA. Nesta fase, a tensão arterial e o ritmo das pulsações atinge o máximo. A ruborização sexual é bastante pronunciada. Os músculos do pescoço, dos braços, das pernas e dos pés podem contrair-se num espasmo. Os músculos das mãos podem fazê-las fechar-se ou agarrar vigorosamente qualquer coisa, que às vezes resulta ser o parceiro.

As mulheres respondem ao orgasmo com uma série de poderosas e rítmicas contracções da plataforma orgásmica da parte exterior da vagina. São contracções musculares que ocorrem a intervalos de quatro quintos de segundo e que atingem de três a doze em número. É impossível para uma mulher contrair voluntariamente estes músculos a esta velocidade. Depois, a intensidade diminui e os intervalos tendem a ser maiores. O útero também se contrai ritmicamente e estas contracções uterinas foram descritas como similares às do parto, mas muito mais suaves.

O macho experimenta o orgasmo em duas fases. A primeira fase pode ser chamada a fase de reunião. Efectivamente, durante esta fase são reunidos e misturados os diversos componentes líquidos. Estes líquidos são introduzidos na uretra do macho na parte conhecida como o bolbo da próstata e consistem em secreções das vesículas seminais, dos testículos e de outras glândulas. É durante esta fase de reunião que o macho experimenta o primeiro aviso do orgasmo. A sensação tem sido chamada uma sensação de inevitabilidade orgásmica – o sentimento de que principiou um processo sobre o qual o sujeito já não tem controle. Isto é de facto verdade, porque pouco tempo depois rebenta a segunda fase: a ejaculação. O material reunido – o sémen – é expelido por três ou quatro contracções musculares, que ocorrem cada quatro quintos de segundo, pela uretra abaixo, para emergir com força na ponta do pénis. Para isso se realizar foi necessário que um esfíncter se descontraísse para assegurar a expulsão para o exterior e que outro se contraísse para impedir a saída da urina. A sensação produzida por esta expulsão é a parte mais óbvia e arrebatadora do orgasmo. Embora a sensação do orgasmo esteja principalmente centrada nos genitais, na verdade o orgasmo envolve todo o corpo; sacudidelas musculares, curvatura do corpo e contracção das mãos são traços que figuram na resposta total, tal como os grunhidos, deglutir e arfar.

A FASE DE RESOLUÇÃO. Nesta fase, a excitação sexual esbate-se e as modificações corporais entram num processo inverso. Os músculos relaxam, a pulsação e a tensão arterial baixam, a respiração retoma a sua regularidade. A excitação mental e o sentimento de urgência são substituídos por um contentamento calmo e um amor grato. Durante este período, o relaxamento pode dar origem ao sono.

Por outro lado, o pénis diminui de tamanho e regressa à dimensão que aproximadamente tinha na sua fase de não estimulação. Um regresso completo e exacto ao estádio anterior leva mais tempo. Depois da fase de resolução, o homem entra na fase refractária, durante a qual está incapacitado para alcançar outro orgasmo num período que varia entre apenas uns quantos minutos nalguns homens e horas ou dias noutros. Durante a fase refractária, pode aparecer a erecção, mas o orgasmo, por definição, é impossível.

As mulheres variam na sua capacidade para continuar a ter orgasmos imediatamente depois de terem experimentado um. Há algumas mulheres que depois de um orgasmo são incapazes de ter outro, qualquer que seja a espécie de estímulos aplicados. Há outras, denominadas mulheres multiorgásmicas, que podem obter mais orgasmos seguidos se tiverem uma estimulação adequada. Algumas mulheres podem experimentar seis ou sete orgasmos em série, embora o mais comum seja uma capacidade mais limitada. Algumas mulheres multiorgásmicas afirmam que o segundo ou o terceiro orgasmo são os mais intensos. Outras mantêm, como muitos homens, que o primeiro é que tem mais intensidade.

Esta fase apresenta sinais no clítoris, que lentamente perde tamanho e reassume a sua dimensão normal, retomando a sua posição novamente perto da vagina, de onde se afastou na fase anterior. O enchimento da parte interior da vagina diminui e a entumescência vascular de toda a área desaparece. Esta fase de desexcitação pode levar bastante tempo em mulheres que não chegaram a ter orgasmo, mas onde este se manifestou, a desestimulação será completa no período de uma hora. Ela é mais rápida nos machos do que nas fêmeas.

Orgasmo do clítoris contra orgasmo vaginal

Houve um tempo em que se pensou que havia duas espécies de orgasmo feminino. Um destes orgasmos seria desencadeado por estimulação do clítoris e outro pela estimulação da vagina. Freud, o pai desta falácia, equacionou o orgasmo vaginal como um sinal de maturidade e o orgasmo do clítoris com a imaturidade. Freud acreditava que o orgasmo vaginal era produzido durante as relações sexuais pela fricção do pénis contra a vagina. A estimulação do clítoris, caracteristicamente produzida pela mão ou pela boca, considerava-a como uma espécie de masturbação. Condenava a masturbação, talvez porque para isso não se necessitava da presença de um homem.

Masters e Johnson mostraram, numa série de experiências meticulosas, que apenas existe um tipo de orgasmo, que apresenta os dois tipos de componentes: a do clítoris e a vaginal. O orgasmo é principalmente desencadeado pela estimulação do clítoris, embora se sinta especialmente dentro e à volta da vagina. Quando se tem relações sexuais, o pénis entra e sai. Quando é empurrado para dentro, executa uma pressão sobre os pequenos lábios, que por sua vez pressionam a ponta do clítoris sobre a glande. Quando o pénis se retira, a pressão diminui e a glande do clítoris descobre-se. É este movimento da ponta do clítoris sobre a glande do clítoris que produz a estimulação do clítoris. Pode-se aumentar a estimulação em determinadas posições sexuais quando as partes do macho imediatamente acima da base do pénis, as partes cobertas de pêlo, entram em contacto e pressionam a área geral do clítoris durante penetrações repetidas.

O orgasmo também pode ser produzido por uma estimulação não genital. Por exemplo: pela fantasia, pela estimulação dos seios, ou por carícias localizadas. Embora neste caso nem o clítoris nem a vagina sejam estimulados directamente, eles manifestam as mesmas mudanças, mas a um ritmo mais lento. Pode portanto dizer-se que o orgasmo é o mesmo, seja qual for o modo utilizado para o desencadear.

Durante uma investigação, foram interrogadas duzentas mulheres para se saber se preferiam um orgasmo durante uma relação sexual vaginal ou por estimulação directa do clítoris. Esta última modalidade foi escolhida por sessenta por cento das inquiridas. Interrogando as mulheres, descobriu-se que tinham uma atitude diferente a respeito do orgasmo experimentado durante relações sexuais vaginais e a respeito do orgasmo produzido pela estimulação do clítoris. O orgasmo desencadeado pelo clítoris dá uma sensação de prazer intenso mas superficial, enquanto o orgasmo da relação sexual é mais profundo, mais emocional e mais satisfatório. O investigador encontrou uma larga variedade de preferências na amostra feminina que estudou.

No momento do orgasmo, a mulher encontra-se na fase de *plateau*, que já anteriormente foi descrita. A mulher torna-se consciente de que o orgasmo está iminente. Masters e Johnson descreveram o momento como uma sensação de suspensão ou paragem. O orgasmo vem depois. Na maior parte das mulheres, há uma espécie de grito ou grunhido juntamente com movimentos espasmódicos e tensões musculares, contracção dos músculos faciais que origina uma espécie de careta, e uma respiração ofegante. Origina-se uma sensação muito intensa na área clitoridiano-vaginal à volta da abertura. Estes espasmos musculares realizam-se com intervalos de 0,8 segundos. Num orgasmo intenso, há entre oito e doze contracções e num normal entre três e oito. Estas sensações parecem alargar-se à pélvis a partir da área genital e depois envolver o corpo numa sensação de calor. Pode-se ainda sentir na área vaginal uma palpitação ou um latejar.

Durante o orgasmo, o ventre sofre uma certa contracção. Contudo, quando o orgasmo termina, sente-se que essa pressão interior no ventre diminui, o que pode ter como efeito aspirar para dentro o esperma ejaculado.

Tem-se especulado que o homem e a mulher podem absorver, durante as relações sexuais, substâncias naturais, o que contribuiria para o seu respectivo bem-estar e comportamento; até agora, não há provas de que isto ocorra, ainda que o sémen contenha uma substância que é absorvida da vagina e que é capaz de provocar contracções no útero.

A menstruação

Associados à menstruação, tem havido os mais extraordinários mitos e tabus. Antes que se conhecessem as causas fisiológicas do fenómeno, nenhuma explicação racional poderia interpretar este fenómeno caprichoso. Em qualquer outra circunstância, o sangue estava associado a danos físicos, violência e morte. Tocar esse sangue era frequentemente tabu. As mulheres menstruadas eram a maior parte das vezes segregadas e mantidas numa cabana especial.

Durante o primeiro século, acreditava-se que as mulheres menstruadas eram capazes de fazer murchar as plantas e a erva e provocar a queda dos frutos das árvores se se sentassem debaixo delas. Elas até faziam azedar o vinho. Este efeito de azedar ainda era grandemente aceite durante o século passado, já que surgiu um debate num jornal médico sobre o presumível efeito das mulheres menstruadas sobre o porco, que era suposto estragar-se na sua presença. Durante o mesmo século, as mulheres menstruadas foram excluídas das refinarias de açúcar, pois pensava-se que elas o tornavam escuro. Em algumas partes da Índia, uma mulher neste estado ainda hoje não pode cozinhar. Entre os judeus ortodoxos, as relações sexuais são proibidas durante a menstruação, depois da qual as mulheres se purificam da sua «sujidade» com um banho especial.

Que factos há quanto à menstruação? É uma coisa suja? A menstruação, na realidade, é a parte visível de um complexo ciclo de interacções entre as glândulas internas, a pituitária, os ovários e o útero. A pituitária, que faz parte do cérebro, encontra-se na caixa craniana. Os dois ovários encontram-se um de cada lado do útero. A pituitária produz hormonas – mensageiros químicos – que influenciam os ovários. Os ovários produzem ao mesmo tempo óvulos e hormonas. Numa mulher em idade de ter um filho e com um aparelho que funcione normalmente, todos os meses se produz um óvulo que se dirige ao útero. Se existir esperma, ele é fertilizado, de modo que se une o esperma com o óvulo. O óvulo fertilizado enquista-se na parede interior do útero e começa a desenvolver-se nesse lugar especialmente preparado. Esta parede especial é preparada de início todos os meses sob a influência das hormonas dos ovários, estrógeno e progesterona.

Se não aparece um óvulo fertilizado para se desenvolver, esse forro preparado de propósito já não é preciso. A ruptura deste forro, quando se começa a destacar, é que provoca a hemorragia. O sangue e o forro semilíquido e desprendido encaminham-se do útero para a vagina. Este é o fluxo menstrual. Não há nada de sujo a respeito deste tecido ou sangue. De facto, o volume normal de sangue apenas chega 30 a 50 cm^3. O resto do fluxo é formado por células e tecidos do forro desnecessário.

O ciclo menstrual da mulher começa na puberdade, continua durante os anos em que é capaz de engravidar e só termina com a menopausa. Cada ciclo dura aproximadamente um mês. O óvulo é produzido quase a meio caminho entre dois períodos mensais e é por esta altura que a mulher é mais fértil.

O ciclo menstrual encontra-se associado a variações nas sensações físicas e mentais. Há uma considerável diferença na intensidade de tais sensações. Durante vários dias antes de um período muitas mulheres sentem-se tensas e deprimidas. Isto denomina-se tensão pré-menstrual e pode estar associado a uma sensação de inchaço e a uma sensibilidade adicional e mesmo dor nos seios. Algumas mulheres é neste período que se sentem mais excitadas sexualmente, mas outras menos. Só quando as sensações de tensão e depressão são graves é que se exige cuidados médicos. Se o apetite sexual diminui, é sensato ter menos relações sexuais; se aumenta, mais.

Há muitas mulheres que se preocupam se tiverem relações sexuais quando estão efectivamente menstruadas, um preconceito que provém dos tabus anteriormente mencionados. De facto, não há perigo algum em ter relações sexuais durante a menstruação. Muitas mulheres acham-nas particularmente agradáveis nesta altura, especialmente se elas têm medos associados com a gravidez, já que não se pode engravidar quando se está menstruada. Outro bónus associado com a menstruação é que há uma maior lubrificação da vagina. As mulheres que temem estar excessivamente secas durante as relações sexuais e que não gostam de utilizar um gel para ajudar a lubrificação da vagina, podem desfrutar deste efeito secundário da menstruação. A experiência de muitas mulheres prova também que as relações sexuais podem aliviar as cãibras que algumas mulheres têm por esta altura.

Há mulheres que se preocupam com a presença do sangue quando desejam ter relações neste período sexual. Um método útil para conter o sangue é usar um diafragma ou um tampão. Muitas clínicas delicadas ao planeamento familiar podem fornecer e implantar um objecto adequado para este espaço de tempo. Este aparelho pode conter uma pequena quantidade de sangue até ao momento em que a mulher o tira depois da relação sexual.

Outras mulheres alegam que a menstruação as impede de tomar duche depois da relação sexual. Isto não é necessário, já que um tampão pode absorver o sémen.

As drogas

Os chamados afrodisíacos

Os afrodisíacos vegetais têm sido usados desde há séculos. A *beladona* e a *mandrágora* (outra planta venenosa de raízes bulbosas e firmes) foram as mais populares. Na África e no Oriente, a crença nas virtudes afrodisíacas do corno do rinoceronte reduziu quase à extinção o animal. O pensamento primitivo que está por detrás destas crenças dificilmente tem hoje em dia qualquer crédito. Nem o corno do rinoceronte, nem os venenos das mencionadas plantas, têm o mínimo efeito sexual, embora qualquer substância possa desempenhar um efeito especial.

As *cantáridas* (mosca espanhola) e o *nitrato amílico* foram usados como afrodisíacos. As cantáridas são conhecidas deste há séculos. Produzem os seus efeitos ao causar uma inflamação e queimar as superfícies mucosas do corpo. Este efeito estende-se às superfícies mucosas dos genitais e pode ser estimulante em algumas delas. Infelizmente, são normalmente os homens que as usam em raparigas pouco receptivas ou ignorantes, nas quais o efeito pior pode ser a morte.

O nitrato amílico, que se utiliza para aliviar a angina do peito, pode ter também algum efeito afrodisíaco em virtude do aumento do fluxo sanguíneo que origina. Mas também neste caso é uma substância potencialmente perigosa.

1. ALUCINOGÉNEOS. Tem-se sugerido que o alucinogéneo LSD é um afrodisíaco. De facto, há uma tão grande variedade de

reacções a esta droga que é improvável que alguém não tenha sido estimulado de algum modo por ela. Contudo, a estimulação sexual não é um efeito seguro ou comum desse produto. O perigo de uma «má viagem» tem também de ser reconhecido.

A *canabis* tem certas qualidades afrodisíacas, mas nenhuma que seja segura ou impressionante. Pode reforçar situações eróticas em alguns casos e tem-se testemunhado que aumenta o erotismo em algumas mulheres que têm certas dificuldades no orgasmo ao incrementar as contracções musculares. É necessário prosseguir com uma investigação controlada antes de se estabelecerem conclusões definitivas para o seu uso.

Contudo, pelos seus efeitos sedativos e tranquilizantes, a droga também produz um estado mental em que tudo, até mesmo o sexo, parece um tremendo esforço, o que não deixa de contrariar as suas propriedades como pretenso afrodisíaco.

2. ANFETAMINAS. Substâncias que contêm anfetaminas e também cocaína podem ser estimulantes inicialmente e em pequenas doses, mas para lá dessas doses a pulsão sexual reduz-se eventualmente. Estas drogas são demasiado perigosas para um uso pouco cuidado.

3. ÁLCOOL E BARBITÚRICOS. O álcool e os barbitúricos (que são uma vasta espécie de drogas para a insónia) podem, em pequenas doses, estimular e alterar as sensações sexuais. Possuem ambos a capacidade de desinibir, e isto pode tornar mais excitante a conduta sexual, além de menos usual. Este efeito é provavelmente maior em pessoas tensas e ansiosas. Quando se consomem quantidades excessivas de ambas as drogas surgem vários efeitos que militam contra um comportamento sexual feliz. Os movimentos musculares perdem a sua coordenação e a resposta orgásmica pode diminuir. Isto acontece quer nos homens, quer nas mulheres.

4. HORMONAS. As hormonas masculinas têm a reputação, sem suficiente evidência, de intensificar a líbido e a acção sexual nos casos em que há alguma deficiência. Por causa disto e do seu efeito central na estabilização do comportamento sexual do macho, tem-se desde há muito esperado que, mesmo nos casos em que não há deficiência, a sua prescrição pudesse aumentar o

desejo sexual e melhorar a actuação. Contudo, a prescrição de hormonas para casos em que não haja deficiência é provavelmente inútil. O seu sucesso no tratamento de homens impotentes está baseado em provas muito pobres, mas é talvez por isso que se continua a promover a utilização de androgénicos para este objectivo, apesar de estar perfeitamente estabelecido que o comportamento sexual normal pode ocorrer com níveis de androgénio inferiores ao normal no sangue. Estas matérias constituem uma área em que se torna necessário continuar a investigar.

5. OUTRAS DROGAS. O *L-dopa* era originalmente receitado para a doença de Parkinson (doença do cérebro que provoca tremuras musculares) mas notou-se que tinha um efeito positivo sobre o impulso sexual. Contudo, os efeitos secundários desagradáveis impedem provavelmente o seu uso para a terapia sexual.

A hormona sexual feminina (estrogénio) não afecta provavelmente a pulsão sexual da mulher quando uma quantidade adequada já está em circulação. Depois da menopausa, quando há uma certa falta de estrogénio, uma terapia à base dessa hormona pode aliviar algumas mulheres da depressão e de outros sintomas que podem tornar a menopausa num fardo muito pesado. A melhoria geral, o bem-estar que se segue, pode proporcionar uma maior capacidade de resposta sexual. A terapia também pode inverter o estreitamento e secagem da mucosa vaginal, que às vezes torna as relações sexuais menos satisfatórias ou até mesmo dolorosas. Pode possivelmente auxiliar também a mulher a manter um aspecto jovem.

A hormona sexual feminina progesterona não tem efeito algum na actuação ou interesse sexual.

Drogas que podem diminuir a função sexual

1. DROGAS CONTRA A ANSIEDADE. Os sedativos podem reduzir a pulsão sexual.

2. ANTIDEPRESSIVOS. As drogas antidepressivas afectam as respostas sexuais de duas maneiras: alguns remédios da família dos antidepressivos podem provocar dificuldades de erecção e outros atrasam a ejaculação.

Infelizmente, a própria depressão tem os mesmos efeitos e não é fácil dizer qual é a causa operante. Um efeito profundo no funcionamento do aparelho sexual só provavelmente se atinge com altas doses. Um doente que esteja a tomar tais remédios, de que existem muitas variedades, deve falar com o médico que receitou o produto, se a dificuldade sexual não foi adequadamente discutida.

3. TRANQUILIZANTES. A maioria dos tranquilizantes que são usados principalmente no tratamento da esquizofrenia são também susceptíveis de produzir efeitos secundários no funcionamento do aparelho sexual. São capazes de impedir a erecção e interferir com o desencadeamento da ejaculação.

4. HEROÍNA. As drogas pesadas, como a heroína e outras substâncias relacionadas, quando tomadas em quantidades crescentes produzem eventualmente uma diminuição da pulsão sexual.

5. OUTRAS DROGAS. Ainda existem outras drogas potentes que são usadas no tratamento da hipertensão e que podem originar, quer a redução da capacidade de erecção, quer a retenção da ejaculação. Alguns dos remédios utilizados no tratamento da úlcera péptica podem também afectar negativamente a erecção.

Quando um remédio que se esteja a tomar não caiba em nenhuma destas categorias e se experimentam dificuldades sexuais, o melhor é perguntar a um médico se pode haver aí alguma conexão.

Instrumentos estimulantes

O instrumento com efeito sexual estimulante não é de forma nenhuma uma invenção recente. Os mais antigos datam certamente do século quinze a. C. O que é novo é o uso da electricidade, que alivia um pouco o trabalho duro. A electricidade revolucionou as tarefas domésticas e talvez venha a revolucionar o sexo.

Os instrumentos estimulantes são para uso pessoal, quiçá, como substitutos do parceiro, e para prazer e divertimento mútuos. Tem-se feito pouca investigação a respeito da parte que desempenham estes brinquedos na satisfação total dos seus utentes, mas eles pelo menos satisfazem o apetite dos curiosos e embelezam as prateleiras das casas do «amor». Os instrumentos de ajuda sexual têm qualquer coisa da beleza dos fungos tropicais e da satisfação fetichista das próteses cirúrgicas.

Instrumentos especialmente para mulheres

Historicamente, o instrumento sexual mais antigo é o *dildo*, um pénis artificial. Pode-se dizer que de uma perna artificial a um pénis artificial não vai mais que um pequeno passo... Os figurinos da Bibilónia mostram-no nas mãos das mulheres. As mulheres da Antiga Grécia podiam obtê-los cobertos de pele no sapateiro da terra, mas estes eram tão caros que muitos acabavam por ser compartilhados. No século dezassete, os pénis artificiais eram feitos de vidro e de veludo.

Os pénis artificiais são ainda feitos e usados, mas estão a ser superados pelo vibrador. Muitos vibradores são confeccionados em forma fálica e alimentados por baterias, na maior parte dos casos. A investigação estabeleceu que a melhor frequência anda à volta dos oitenta ciclos por segundo e os operados por baterias podem não ter energia suficiente para este ritmo.

Os vibradores podem, como é evidente, utilizar-se em qualquer parte do corpo. Muitas mulheres descobriram que enquanto a configuração fálica sugere a inserção vaginal, a aplicação mais estimulante é na área do clítoris. Assim, alguns vibradores têm hoje em dia um elemento vibrador com um tamanho mais adequado ao terminal do clítoris. Uma escova de dentes eléctrica desprovida dos pêlos faz o mesmo efeito.

Os terapeutas sexuais recomendam o uso de vibradores. Muitos terapeutas, incluindo Masters e Johnson, descobriram, nos Estados Unidos, que muitas mulheres incapazes de atingirem o orgasmo foram ensinadas a atingi-lo por este meio e continuaram a tê-lo por meios mais convencionais, quer manualmente, quer durante as relações sexuais. Mesmo para aquelas que o não necessitam por esta razão, o vibrador fornece uma nova e interessante experiência. Então, por que não usá-lo?

Outros instrumentos de estímulo sexual são utilizados pelo macho durante o contacto sexual para aumentar a excitação da mulher. São de dois tipos: os do primeiro são para aumentar a estimulação do clítoris e os do segundo para incrementar o prazer vaginal interior.

Os estimuladores do clítoris são de dois tipos: o primeiro é um anel ou colar que se usa à volta da base do pénis. Quer o anel, quer a bainha estão equipados com umas pequenas protuberâncias de látex que tomam a sua posição sobre a área do clítoris quando a relação sexual é feita na posição de missionário; a fricção e estimulação extra exige uma certa habilidade e cooperação. Usados com falta de jeito podem provocar dor, e é necessário um bom lubrificante.

Os estimuladores vaginais podem dividir-se em anéis e bainhas. Desta vez, o anel é usado à volta do pénis na estria entre a glande e a haste, e à sua volta há uma quantidade de projecções suaves que têm por finalidade fornecer um estímulo extra ao canal vaginal durante a penetração. As bainhas estão similarmente adornadas. Algumas pessoas podem achar estes instrumentos bastante agradáveis. Outras não.

Instrumentos para homens

Os vibradores podem ajudar os homens a atingir o orgasmo quando não têm um parceiro à sua disposição. Mais uma vez a frequência de oitenta ciclos por segundo é a frequência preferível, e uma vez mais os vibradores a bateria se revelam incapazes de fornecer a energia adequada. O melhor lugar de aplicação é a maior parte das vezes a região do freio com um movimento para a frente e para trás.

As vaginas artificiais oferecem uma maior verosimilhança. Elas foram primeiramente manufacturadas para os marinheiros no século dezanove. Outras anteriores costumavam ser feitas a partir das bexigas de animais ou de tripas adequadamente preparadas com uma substância suave. Eram também lubrificadas com óleo ou gordura. Actualmente, há uma grande variedade de modelos, feitos normalmente de plástico. Alguns agarram-se na mão e outros são concebidos para estarem fixos. Há também troncos e figuras completas que se enchem de ar com vaginas artificiais, estando algumas equipadas com a opção para vibrador. Mas são geralmente muito caras. Um homem habilidoso, com talento e engenho, tem aí a sua grande oportunidade.

Instrumentos para lidar com a impotência também se encontram disponíveis no mercado, mas infelizmente ainda não se encontrou nenhum verdadeiramente eficaz. O vibrador, com efeito, pode ajudar durante a preparação, mas durante a relação sexual propriamente dita é difícil fornecer qualquer vibração, excepto as naturais.

O anel para o pénis, comercializado como Anel Energizador do Pénis, também se vende. Coloca-se à volta da base do pénis e escroto e a teoria é que uma pequena corrente gerada pela interacção dos discos de metal no aparelho com o suor do corpo é capaz de manter a erecção. Contudo, um grupo de homens com impotência tiveram o mesmo comportamento com e sem o anel e, coisa curiosa, o anel sozinho sem os discos de metal parece dar alguma ajuda.

Nenhum dos outros aparelhos mecânicos mostrou até agora ser eficaz no tratamento do insucesso na erecção do pénis.

Vale a pena experimentar os instrumentos sexuais para aumentar o prazer ou por divertimento. Agora, como ajudas para disfunções, têm no seu todo muito pouco valor e a terapia sexual tem muito mais possibilidades de ser eficaz.

A educação sexual

Só através de uma educação sexual melhor se pode aprender os factos respeitantes ao sexo e afastar as falácias sexuais. A educação sexual tem sido um tópico negligenciado, mas os educadores têm vindo a tornar-se gradualmente conscientes de que a ignorância pode provocar problemas. Parece ter-se escrito mais acerca das anomalias sexuais e dos desvios que acerca do desenvolvimento sexual normal. Antes de Masters e Johnson sabia-se mais a respeito dos fetichistas das botas de couro do que sobre a sexualidade da mulher.

Nunca é tarde para começar a educação sexual e ela deve ser incluída no *curriculum*, desde os infantários à Universidade. Deve também ser discutida em casa livremente desde o momento em que a criança manifeste interesse por estas matérias.

Em geral, a educação sexual no Reino Unido é extremamente pobre. Um investigador descobriu que após uma lição de educação sexual as crianças não entendem que receberam uma lição sobre sexo. E ainda menos compreendem que a polinização nas flores e as relações sexuais nos humanos têm similitudes biológicas. De um ponto de vista ideal, a informação verbal deve ser completada com filmes e livros que podem depois ser discutidos entre o professor e as crianças. Em algumas escolas progressistas, os pais foram encorajados a tomar parte. Também há um número de excelentes livros e filmes actualmente no mercado. Alguns deles são adequados para as crianças e outros para os adolescentes.

É importante incluir o tema da contracepção juntamente com os outros. Os adolescentes devem saber como obter aparelhos contraceptivos e a pílula na área em que vivem, com ou sem o apoio activo dos seus pais. Uma gravidez indesejável, especialmente onde isso implica muitas acusações e recriminações, pode ser uma experiência traumática e pode ter um efeito muito sério nas futuras atitudes e experiências sexuais.

Seria uma coisa excelente se os colégios e outros centros de educação, incluindo as escolas, oferecessem um programa educativo para os adultos, à tarde. Houve algumas melhorias na educação sexual e treino dos estudantes de carreiras médicas, mas ainda não se chegou ao nível adequado. O resultado desta situação é que poucos médicos de clínica geral estão preparados quando se defrontam com uma disfunção sexual.

Na América, a educação sexual está mais avançada do que na Europa. Em muitas universidades americanas há, para estudantes de medicina, prolongados cursos de sexualidade humana, sendo especialmente bom o da Yale University Medical School.

O programa mais avançado de educação sexual provém do National Sex Forum de São Francisco (antes denominado Glide Foundation). O programa de educação sexual é denominado SAR, o que significa *Sexual Attitude Restructuring* (reestruturação da atitude sexual). Foi fundado em 1964 e apoiado pela Igreja Metodista Unida e outras igrejas protestantes. A sua finalidade é, por um lado, ajudar os pacientes por meio da reeducação e, por outro, educar profissionais e terapeutas sexuais em matérias e problemas do sexo, de modo que eles possam entender melhor a sua própria sexualidade e a sexualidade dos outros.

O grosso do material é composto por filmes, diapositivos e gravações magnéticas. Os cursos são programados para cobrir entre doze e catorze horas, e incluem: biologia da reprodução, masturbação, homossexualidade, sexualidade da mulher, o movimento de libertação da mulher, problemas especiais relacionados com matéria médica, religiosa e cultural, e terapia sexual. O material está concebido para dessensibilizar os clientes relativamente às áreas consideradas como tabus, e depois ressensibilizá-los com sugestões para melhorar e enriquecer a sua própria vida sexual e a daqueles que ajuda e aconselha. Os filmes estão programados para educar as pessoas, tanto a sentir como a pensar.

Grupos de profissionais, médicos, assistentes sociais, conselheiros, psicólogos, enfermeiros e pastores religiosos discutem depois a apresentação e utilização do material.

Há um programa semelhante na Universidade de Minnesota inspirado pelo National Sex Forum.

Pornografia

A palavra «pornografia» é provavelmente impossível de definir de modo a satisfazer toda a gente. Costuma englobar textos acerca de prostitutas e dos seus clientes. Hoje em dia já não está limitada a este campo e pode-se falar a respeito de fotografias pornográficas, filmes e livros. Até existem gravações de carácter pornográfico. Há duas coisas que se podem dizer com segurança sobre a pornografia: é uma representação do sexo por qualquer meio que pretende ser sexualmente estimulante. É evidente que a pornografia pode ser vulgar e óbvia ou subtil.

Parece haver boas razões biológicas para um certo controle social do comportamento sexual, mas a severidade e a globalidade de tal controle será sempre quiçá um problema de contenção, salvo nas sociedades mais autoritárias. Os que propõem uma estrita regulamentação da sexualidade humana vêem a pornografia como um incitamento ao excesso.

A existência de pornografia em qualquer época reflectirá um estado de equilíbrio entre a atitude comercial dos que a promovem em regra e o consenso definido pelas atitudes exibidas pelos maiores grupos de pressão da sociedade. Na Inglaterra vitoriana admitia-se bastante pornografia, mas, comparado com os nossos dias, não era mais que uma pequena amostra que se servia da distribuição clandestina. O que era privado e pornográfico era-o para os homens que muito frequentemente mantinham um duplo padrão de hipocrisia consciente. Quando a sexualidade se podia exibir em público, a qualidade erótica era eliminada e romantizada. Havia uma boa quantidade de mulheres nuas como ninfas e outras figuras mitológicas, mas, quanto a pêlo púbico, nem um. A maior parte das vezes um gesto ou uma parra serviam para velar o pénis.

A partir da última guerra mundial, a pornografia de fácil acesso aumentou enormemente. O simbolismo, agora desnecessário, desapareceu em grande medida e o conteúdo explicitamente sexual da pornografia aumentou gradualmente. A pornografia geralmente acessível em meados dos anos 70 é capaz de mostrar acção sexual que seguramente consiste em relações intimas e um pénis que quase sempre está erecto.

Parece seguro que a pornografia se tornará mais acessível e provavelmente mais explícita, o que coloca questões que devem ser respondidas: é perigosa a pornografia ? Pode ser útil ?

É perigosa a pornografia?

Em países como a Holanda, Dinamarca, Alemanha Ocidental, Suécia, e nas grandes cidades dos Estados Unidos, é acessível uma pornografia sem limites. A maior parte dos outros países da Europa Ocidental, como a Noruega, Espanha, Itália, Irlanda e Reino Unido tornam impossível ou difícil para o cidadão médio adquirir tal pornografia. Presumivelmente, as autoridades destes Estados crêem que resultarão alguns danos da disseminação de pornografia «avançada» e que eles têm o direito e o dever de a impedir.

As autoridades que suprimem a pornografia não o fazem sem algum apoio por parte da população, e aqui manifestam-se duas atitudes. Muitas pessoas – que usualmente não têm experiência nesta matéria – sentem-se perturbadas com a pornografia, sem saberem bem porquê. Outro grupo, também grande, com experiência de pornografia, acredita que ela corrompe, deprava ou incita as pessoas a cometerem crimes sexuais.

Deve dizer-se desde já que há uma grande falta de provas concretas em tudo isto. Mas os factos coligidos até agora não permitem concluir que a pornografia provoca crimes sexuais ou que as pessoas sejam corrompidas ou depravadas por ela.

Um estudo levado a cabo nos Estados Unidos tratou de examinar a quantidade de agressividade em pessoas que viram um filme pornográfico e um filme «neutral». Os que se sentiram sexualmente excitados não eram mais agressivos do que os que o não estavam quando se lhes disse que deveriam demonstrar agressividade para ver um segundo filme. Mas descobriu-se que os homens com consciências austeras e uma elevada culpa sexual eram mais agressivos que os que tinham um fraco sentido de culpabilidade sexual. Este estudo não toca obviamente a «vida real», mas talvez sugira que a pornografia não dá imediatamente origem a uma atitude agressiva.

Um problema muito comum que surge na avaliação científica de quaisquer informações é se o fenómeno (neste caso a pornografia) é causa ou efeito. Por exemplo, há evidência de que as pessoas que possuem desvios sexuais tiveram uma maior exposição à pornografia do que aquelas que não mostram qualquer desvio. Provocou porventura a pornografia o desvio, ou foram as qualidades que conduziram ao desvio que também originaram um maior interesse pela pornografia? Do mesmo modo, tem-se notado que os exibicionistas olham para material pornográfico antes de procurar uma vítima, e, num estudo, quatro em cada dez afirmam que a pornografia tem alguma coisa a ver com o acto criminoso. Mas a sua exposição à pornografia durante as vinte e quatro horas antes do crime não é maior que a das pessoas que não cometem estes actos. Assim, é a pornografia que incita ao crime sexual ou é o desajustamento sexual evidente nessas personalidades o responsável, quer pelo crime, quer pelo interesse pelo material pornográfico?

Em ambos os casos parece ser a última hipótese a verdadeira resposta. Muita gente perfeitamente normal e aventurosa do ponto de vista sexual tem uma exposição semelhante ao material pornográfico, que pode alargar a sua vida sexual mas que seguramente a não leva às ofensas sexuais de natureza criminosa. E nos países em que a pornografia é de livre acesso há provas de que os crimes sexuais diminuíram. E tão-pouco existe nesses países evidência de que se tenham exacerbado as pertubações sociais ou as tendências revolucionárias.

E que dizer das pessoas – normais, decentes, respeitáveis – que têm um medo tremendo da pornografia? Esta atitude surge por várias razões: a atitude repressiva da sociedade a respeito do sexo origina um sentimento de culpa e medo; a conduta sexual está cheia de normas de «não se pode»; medo do desconhecido. A pornografia destapa tudo isto. Os que têm mais medo são provavelmente os que não têm experiência de pornografia, porque as pessoas que se expuseram à recente pornografia verificam, a maior parte das vezes, que ela não faz nenhum mal. A exposição à pornografia é, de facto, uma fonte de confiança.

É útil a pornografia?

Hoje em dia, parece ser uma ideia bastante espalhada que as crianças e os adolescentes devem estar tão bem informados quanto possível em matéria de sexo. Para esta finalidade, torna-se necessário filmes e fotografias bastante explícitas. Sexo simulado seria rapidamente detectado e apenas serviria para a risota. O contacto genital, erecções e o prazer sexual devem ser mostrados. O material que deve ser exibido aos adolescentes não se distingue da pornografia «avançada», salvo a intenção do editor e o facto de o material escolar ser normalmente mais bem apresentado.

Em tal caso, por que não a pornografia? O facto de ela ser sexualmente excitante é inevitável e não deve obscurecer a ideia de que constitui informação. Haverá muito poucas disciplinas sociais em que tais apoios visuais não se utilizariam. O método de apresentação de tal material sexualmente explícito e a idade a que deve ser apresentado são elementos muito importantes, mas no fundo são detalhes.

O material pornográfico é indubitavelmente útil no tratamento. Em primeiro lugar, no tratamento dos exibicionistas, muitos dos quais não têm experiência sexual com um parceiro. Provavelmente, antes de mais, eles requerem educação para poderem encontrar satisfação em fontes normais e não nas anormais. Fetichistas, pedófilos e sádicos sexuais foram tratados com êxito por este meio.

Em segundo lugar, não há melhor meio para fornecer às pessoas com desvios informação sobre o comportamento heterossexual normal, e os homossexuais que desejam aprender o comportamento heterossexual foram bastante ajudados por filmes pornográficos e ilustrações.

Em terceiro lugar, vários estudos científicos mostraram agora quão útil pode ser a pornografia na terapia sexual normal. Como se expõe numa parte deste livro, o material pornográfico é utilizado para educar, para reorientar e para estimular. As pessoas que sofrem de uma disfunção sexual podem aprender mais acerca da conduta sexual normal em sessenta minutos de película que em toda uma vida com outras formas de difícil experiência. As pessoas não só querem informação sobre a mecânica da copulação como desejam sobretudo conhecer alguma coisa acerca das técnicas de preparação, de estimulação genital, de interpretação da excitação sexual no parceiro, e também alguma coisa sobre a sensação sexual e o orgasmo. Onde estes filmes pornográficos são combinados com debates e leituras, o valor da experiência não tem rival.

As pessoas normais são curiosas a respeito de quase tudo. Querem estar informadas. Querem, se possível, participar em tantas experiências quantas as acessíveis, seja pelos rigores da exploração, pelas alegrias de atingir os objectivos ou pela experiência dos desaires. O facto de algumas destas experiências poderem ser oferecidas – em segunda mão –, sem mais nada, é já uma vantagem. As pessoas também querem conhecer o sexo desta maneira. Crêem que as suas vidas podem ser enriquecidas pela aplicação judiciosa de novas ideias e têm provavelmente razão. A curiosidade está, na verdade, esfomeada de informação.

Então, resumindo: a pornografia pode provocar excitação sexual nas pessoas que se lhe expõem; as provas de que ela causa directamente um comportamento sexual criminoso são fracas; não há provas de que ela corrompa ou deprave; foi provado que ela é útil para a educação sexual e para a terapia sexual, na terapia das disfunções sexuais e para os exibicionistas sexuais.

Há assim algumas questões que permanecem sem solução. Têm as autoridades direito de suprimir a pornografia? Terão possibilidades de o continuar a fazer no futuro? Dever-se-á observar quaisquer limites?

A nossa opinião é que a pornografia provoca menos dano do que o álcool e é menos perigosa do que os carros. Só porque um número limitado de pessoas se torna alcoólico não há razão para proibir os prazeres da bebida a todos os outros. Só porque um certo número de pessoas conduz perigosamente não se justifica pôr os automóveis de parte. As pessoas devem poder pensar por si mesmas. Têm de aceitar a responsabilidade do seu próprio comportamento.

Mas deve então existir algum tipo de limites? A maior parte das pessoas deseja experimentar um pouco, talvez para explicar às crianças, e quiçá a respeito de animais.

Reacções semelhantes de homens e mulheres à pornografia

A investigação conduzida por Kinsey, que tem agora dois decénios, contém, entre importantes informações, a ideia de que as mulheres não respondem à pornografia com o mesmo entusiasmo que os homens. Kinsey referia-se aqui a fotografias pornográficas da actividade sexual e a histórias pornográficas. Por outro lado, ele descobriu que ambos os sexos reagiam a histórias de amor ou a literatura não pornográfica sobre a sexualidade.

É evidente que nos tempos de Kinsey as mulheres estavam muito menos emancipadas do que hoje em dia, ainda que as mudanças já tivessem principiado. Se isso não se verificasse, o próprio inquérito de Kinsey teria sido impossível. Kinsey e os seus colaboradores estavam perfeitamente conscientes de que muitas mulheres naquela época dariam respostas cautelosas, parciais e frequentemente falsas. Além disso, obter uma amostra perfeitamente representativa das mulheres americanas era uma tarefa quase impossível. As mulheres que responderam foram provavelmente as que se sentiam mais livres, contrastando com aquelas que se retraíram. Apesar de tudo isto, Kinsey realizou um trabalho valioso ao abrir o campo da sexualidade à investigação, mesmo que se tenha de tomar certas precauções quanto a certas conclusões.

Quanto à ideia de que as mulheres não reagem com o mesmo entusiasmo que os homens à pornografia, Kinsey deu-lhe um respeitável apoio estatístico. Mas as estatísticas deste caso apenas interessam para serem refutadas. De facto, os que desejam promover a ideia geral da libertação sexual têm fornecido dados que contrariam as evidências anteriores.

Em pequenas investigações ou grupos pouco representativos, tem-se demonstrado que as mulheres reagem com interesse e excitação ao material pornográfico. Existem métodos que permitem aos investigadores de laboratório medir as mudanças genitais que acompanham o facto de ver ou ouvir material pornográfico. Nas mulheres, introduz-se uma sonda na vagina, que detecta uma maior intensidade da corrente sanguínea e o entumescimento das paredes vaginais. A erecção mede-se nos homens com um anel que se coloca à volta da base do pénis; este anel é sensível ao alargamento. Tem-se demonstrado, pela utilização destes aparelhos, que quer os homens, quer as mulheres reagem à pornografia com mudanças de carácter genital.

Outros grupos pequenos de homens e mulheres foram testados sem estes aparelhos numa tentativa para discernir as diferenças entre uns e outros. Geralmente foi-lhes mostrada uma grande variedade de material pornográfico e depois foram interrogados sobre as suas sensações. Perguntou-se, além disso, a alguns, como decorreu a sua actividade sexual no dia ou dois dias seguintes. As mulheres relataram, em conexão com esta pornografia, interesse e excitação, e experimentaram uma actividade sexual mais desenvolvida nas quarenta e oito horas seguintes.

Quanto às diferenças entre mulheres e homens, os homens reagem mais às *pin-ups*, ao sexo oral e à actividade sexual diferenciada. Tais diferenças podem desaparecer ao longo do tempo, já que as preferências das mulheres podem mudar; na verdade, podem até ter já mudado, como indiciam as últimas investigações e os resultados publicados. Deve ter-se em mente que depois de Kinsey nunca mais se levou a cabo uma investigação geral e que todos os recentes dados estão baseados em reduzidas amostras de população.

Continuam de pé bastantes incertezas, mas o mito de que as mulheres não reagem à pornografia desapareceu definitivamente. E a resposta das mulheres está provavelmente a aumentar.

Variedades de comportamento sexual – o que é normal?

Muita gente anda ultrapreocupada com o que é normal e considera que há algo de errado com o comportamento que não se integra na prática comum. As pessoas ainda associam o comportamento desviante com algo de «pervertido» e errado. Mas o comportamento «comum», a moralidade «comum», pode não ser adequado para toda a gente e, no fim de contas, ainda há cinquenta anos havia muitos que acreditavam que a masturbação era pecaminosa e perigosa: hoje em dia, a maior parte das pessoas entende que ela é agradável e «normal».

A sexualidade é uma matéria tão pessoal que não pode surpreender que quando duas pessoas entabulam uma relação permanente haja diferenças consideráveis na conduta e nas preferências. Infelizmente também, essas preferências permanecem encobertas até depois do casamento ou são somente descobertas por puro acidente. Travestis e fetichistas são normalmente descobertos deste modo e esta descoberta pode provocar uma profunda ferida, além de ressentimento. As diferenças menores costumam ser eliminadas nas últimas fases da relação, mas quando um parceiro hesita em juntar-se numa determinada actividade importante para o outro, isso dá origem a ressentimento e conflito e o triste resultado pode vir a ser o casal desligar-se para cada um derivar, as mais das vezes solitariamente, para a sua cena sexual. Os terapeutas sexuais aplicam bastante tempo a persuadir os casais a compartilhar as suas actividades e fantasias.

As objecções de tipo moral ou atitudes presunçosas são apenas uma das razões pelas quais um parceiro recusa colaborar em certo comportamento sexual. A recusa também pode ser uma forma falada ou silenciosa de protesto do género: «a tua maneira de encarar o sexo é tão impessoal e tão pouco amorosa e tu tratas-me como se eu fosse um objecto, que eu decido não participar». Ou então a actividade do parceiro deixa o outro aborrecido e insensível.

Na prática, os casais que concordaram em colaborar numa boa camaradagem, normalmente colaboram também na sexualidade, e onde a dificuldade surge pela aplicação de velhos padrões é bom lembrar que os padrões de conduta mudam de geração para geração. Actualmente, estamos a viver numa era de crescente liberdade sexual que muita gente saúda e aprecia. Nos últimos trinta anos, a homossexualidade masculina entre adultos tornou-se legal e bastante aceitável em muitos países. Os exibicionistas e os travestis são olhados quiçá com menos medo do que em tempos anteriores; as pessoas talvez comecem a pensar neles mais como indivíduos doentes do que como indivíduos perigosos. O público em geral nunca soube muito sobre o fetichismo, mas as preferências mais conhecidas, como a do couro, são olhadas com tolerância. Seria fascinante conhecer o que vai ser considerado «normal» no futuro.

O *travestismo*, que é vestir-se com as roupas do sexo oposto com o fim de obter prazer sexual, é normalmente uma actividade sem perigo nenhum. Pode, isso sim, espantar o público quando os travestis são descobertos nas casas de banho do outro sexo, embora também daí não resulte um perigo especial.

Por outro lado, o travestismo é um daqueles comportamentos sexuais secretos que só são descobertos normalmente por acaso; a esposa pode descobrir roupas de mulheres entre as roupas do marido. O marido mantém às vezes uma magnífica relação sexual com a mulher, mas não teve coragem para lhe dizer nada sobre a sua outra fonte de prazer. Quando o terapeuta é envolvido no problema, tenta melhorar a relação sexual do casal e, se necessário, introduzir a conduta «travesti» como uma actividade de junção. Às vezes, esta operação é um sucesso. De qualquer modo, nos casos em que a esposa possa ser persuadida a ser mais tolerante e em que o casal possa melhorar a sua cooperação sexual, o travestismo transforma-se em atracção.

Os *fetichistas* são pessoas que buscam e usam certos objectos ou materiais para aumentar o seu prazer sexual. O material ou objecto é chamado fetiche ou objecto fetichista. Os objectos fetiche estão normalmente associados à mulher, tais como sapatos ou carteiras de mão. Os materiais usualmente escolhidos são brilhantes, suaves e cintilantes ou moles e macios. O fetiche pode ser mantido na mão durante a actividade sexual, em regra solitária, ou então o fetichista pode querer vestir-se ou vestir a sua mulher de certa maneira, por exemplo com um tecido de borracha. Os objectos fetiche e os materiais fetiche podem ser encarados como preferências bastante fortes. Quando se tomar em atenção que todos nós temos preferências por certos materiais, objectos e estilos de roupa, e que tais preferências podem ser enormemente potentes e importantes para nós próprios, então torna-se muito mais fácil tolerar os extremos do fetichismo quando tomamos conhecimento deles.

As preferências de índole fetichista por parte de um parceiro são muitas vezes conhecidas pelo outro e frequentemente ambos aceitam e integram essas preferências na sua sexualidade.

Contudo, se isto não for assim, os terapeutas sexuais tentarão persuadir o casal a tentar uma tal integração como parte de um aumento geral em matéria de tolerância e flexibilidade. Não existem razões para que tais preferências sejam rejeitadas só porque parecem às vezes um tanto bizarras.

A associação do comportamento sexual com a dor goza de uma ampla condenação. Aqui também o público talvez esteja a mudar para uma atitude tolerante. Há cada vez menos pessoas capazes de condenar esta associação psicológica na base de ela não estar sancionada por qualquer sagrada escritura ou por não ser biologicamente relevante. A dor e o sexo encontram-se frequentemente tratadas sob o rótulo de *sadomasoquismo* (SM). O sádico é aquele que inflige a dor – e o masoquista é aquele que sente prazer em a receber.

A conduta sadomasoquista é ainda outro exemplo de um comportamento extremo. Graus menos acentuados dessa tendência são considerados normais. Muita gente aprecia uma certa violência e dor, de pequena intensidade, durante o acto sexual. Infligindo ou recebendo. Durante o acto sexual, tanto o homem como a mulher estão habilitados a assumir a parte dinâmica, enquanto o outro está inerte. Quer homem, quer a mulher, podem desfrutar da sensação de dominância e poder e ambos podem gostar de agir com força – abraçar fortemente, beijar ou morder com tanta força que provoque dor ou certas marcas menores na carne. Ambos podem gostar da sensação de estarem a ser usados, humilhados ou controlados – gostar da sensação de passividade ou de servidão.

Estes graus menores de sadomasoquismo são bastante usuais. Os mais elevados, que de modo geral implicam a provocação deliberada da dor, o uso de chicotes, correias e assim por diante, apenas podem ser avaliados individualmente. Quando as pessoas são seriamente feridas ou forçadas a agir contra a sua vontade, o comportamento sexual torna-se execrável. Mas, como em tantas outras situações, a existência do negro não condena todas as gamas do cinzento.

A sociedade crê que a actividade sexual com as crianças é imoral. Do mesmo modo condena a actividade com animais.

Em resumo, a sociedade está a caminhar para uma perspectiva que considera que as pessoas devem desfrutar da oportunidade de fazer o que lhes agrada, desde que daí não derivem perigos físicos ou mentais, desde que não se limite a liberdade e dignidade do indivíduo e desde que tal actividade sexual não prejudique outras actividades da sociedade ou grupos da sociedade de um modo perigoso.

Há ainda uma outra opção – *nada de sexo*. Os indivíduos que não têm inclinações sexuais são raros e deve-se dizer que não há nenhuma razão para que a condição de inexistência de sexo ou quase inexistência não seja um estado perfeito e feliz, especialmente quando o indivíduo já não é jovem e tem outros objectivos na vida.

Frequência das relações sexuais

Muitas pessoas passam o tempo obcecadas com o problema de saber quantas vezes devem ter relações sexuais. Quando se publicou o relatório de Kinsey, que demonstrava que um casal jovem médio tinha o coito três ou duas vezes por semana, muita gente pensou que esta seria a receita para toda a gente. Este tipo de «média» estatística é uma confusão para muitas pessoas, já que a média não revela que inclui uma vasta gama de casos, desde pessoas que têm uma relação sexual por dia até outros que a têm por ano. O melhor é deixar os casais desenvolver o seu próprio padrão e desencorajá-los de fazer comparações entre eles e a frequência dos casais de Kinsey. As dificuldades associadas com a frequência são muitas vezes o resultado de existir um parceiro mais interessado no sexo e mais activo que o outro.

Tem de se sublinhar que os casais variam consideravelmente neste ponto e que não existe uma frequência «ideal» para as relações sexuais. Alguns casais podem gostar de fazer amor todas as noites da semana e outros uma vez por quinzena. As investigações sublinharam a grande variação que existe entre os casais nesta matéria. E parece não existir qualquer correlação entre o número de vezes que um casal tem relações sexuais e o grau de satisfação que retira do sexo. Por outras palavras: não há ligação entre qualidade e quantidade.

Às vezes a frequência das relações sexuais é afectada pelo ciclo menstrual da mulher. Ela pode sentir-se excitada a meio do seu período, quando se realiza a ovulação, e quiçá esteja muito mais calma uma semana antes do período. Muitas mulheres relatam que sofrem uma tensão pré-menstrual por esta altura e que não têm vontade de ter contactos sexuais; por outro lado, outras sentem uma maior excitação justamente neste período de tempo. A menstruação também pode afectar a frequência, na medida em que muitas mulheres se sentem embaraçadas para fazer amor nesta altura. Isto está a maior parte das vezes relacionado com superstições e outras justificações de tipo estético. Algumas pacientes chegam a acreditar que tomar banho por esta altura é altamente perigoso. Mas nem fazer amor nem tomar banho durante a menstruação fez mal a qualquer pessoa.

A gravidez também influencia a frequência das relações sexuais e pode conduzir a uma frustração sexual em ambos os membros do casal. Mas durante uma gravidez normal o feto nunca se encontra em perigo por esta razão, de modo que abster-se do sexo é desnecessário. Certas posições são mais confortáveis durante os últimos meses da gravidez e aqui está mais uma razão para aprender as diferentes posições. Só se existe um risco de aborto é que o obstetra pode ocasionalmente vetar as relações sexuais por um certo período de tempo.

Satisfação / fadiga

Tem-se acreditado desde há muito que depois do orgasmo vem um período de fadiga e depressão. Já no segundo século da nossa era Galeno escreveu: «*Triste est omne animal post coitum, praeter mulierem gallumque*» (Todo o animal fica triste depois do coito, salvo a mulher e o galo). Mas efectivamente não existem factos capazes de justificar este mito, nem a crença vitoriana de que o orgasmo provoca uma perda de energia.

A abstinência sexual é muitas vezes recomendada pelos clubes desportivos e treinadores que pensam que a actuação dos seus pupilos sofrerá se eles gastarem a sua energia em actividades sexuais. Seria igualmente válido argumentar que um estado de frustração sexual e de tensão afectaria negativamente as suas melhores aptidões e capacidade de decisão.

Masters e Johnson consideraram que a relação sexual consome tanta energia como correr cinquenta metros, e isto numa pessoa saudável pode ser gasto várias vezes ao dia. Quando o acto sexual é satisfatório, as sensações que se seguem devem ser sensações de relaxamento e de calma.

Quando o acto sexual se encontra associado a dificuldades ou a um estado de ansiedade, haverá um maior consumo de energia. Se o acto sexual não for satisfatório para um dos parceiros, por ter sido insuficientemente amoroso ou excitante, a sensação pós--coital pode ser de depressão, e as pessoas deprimidas queixam-se de cansaço. Há ocasiões em que as pessoas estão cansadas mesmo antes de começar; continuarão naturalmente cansadas depois, embora se possam sentir um pouco mais relaxadas. As pessoas que são demasiado pesadas ou fisicamente desajustadas devem levar o parceiro a realizar a maior parte das actividades e ajustar o melhor possível as posições do corpo.

Masturbação

O sentimento de culpa associado à masturbação é um problema muito comum, dadas as numerosas falácias e mitos associados com ela. Historicamente, biblicamente e socialmente, a masturbação está associada ao pecado. Estas crenças causaram, provavelmente, mais angústia do que quaisquer outros mitos sexuais.

Há ainda muita gente que se sente mal e culpada a discutir este tema. No passado, a Igreja condenou a masturbação e os médicos acreditavam que ela produzia vários efeitos debilitantes, físicos e mentais, que iam desde o cansaço e uma memória diminuída até uma magreza macilenta e à loucura. No século dezanove, a prática da masturbação era denominada abuso de si próprio.

Hoje em dia, já não se crê que a masturbação origine danos físicos. A maior parte dos médicos encaram actualmente a masturbação como uma parte importante do desenvolvimento e do crescimento. É perfeitamente natural que as crianças se interessem pelos seus genitais; se os pais as castigarem ou as reprimirem por se explorarem nessas regiões do corpo ou lhes disserem que é mau e sujo, podem ser levadas a ter um sentimento de culpa acerca dos seus órgãos genitais. Se se observar as crianças a masturbar-se num lugar pouco apropriado, é melhor distraí-las habilmente para outra actividade. Noutros casos, é deixá-las entregues a si mesmas.

Se os adultos que têm plena oportunidade para desfrutar de relações sexuais regulares preferem masturbar-se, há aí um problema e eles necessitam de ajuda. Talvez tenham medo da penetração ou do coito. Contudo, as investigações demonstram que as pessoas casadas, quer homens, quer mulheres, continuam a masturbar-se ocasionalmente depois do casamento, mesmo quando as relações sexuais são perfeitamente acessíveis e a masturbação mútua depois do casamento é um método perfeitamente normal para atingir o prazer, aparecendo como uma alternativa à relação sexual. Não há razão para que desapareça inteiramente depois do casamento.

Também não existem razões para que a masturbação seja associada à fadiga. Se isto acontece, é provavelmente devido à culpa que depois as pessoas experimentam; a culpa provoca obviamente tensão e a tensão cansa. Se ele ou ela fossem capazes de relaxar depois da masturbação, haveria então uma sensação de agradável bem-estar e nenhuma fadiga.

Actualmente, os médicos encaram a masturbação como uma prática inofensiva e um meio saudável de libertar a tensão. Se os pacientes têm problemas sexuais e nunca antes se masturbaram, os terapeutas sexuais recomendam-lhes que tentem; descrevem-lhes esse acto como um elemento do tratamento a realizar em casa. Masters e Johnson mencionaram que a masturbação durante a menstruação alivia em algumas mulheres as dores e cãibras, e portanto também por esta razão vale a pena tentá-la.

Sexo oral

O contacto oral-genital entre homem e mulher já é conhecido desde há muito como uma fonte de prazer sexual. Quando o macho beija e lambe os órgãos genitais da mulher, o acto denomina-se *cunilingus*. Quando a mulher beija, lambe ou introduz na boca o pénis, a actividade é denominada felácio ou felação. Houve fortes objecções de índole moral a esta conduta e ainda hoje ela encontra muitas objecções.

Muita gente desaprova o contacto oral-genital apoiando-se em obscuras razões morais e esta prática é ilegal em certos estados americanos. Kinsey descobriu que o sexo oral era bastante raro entre as mulheres nascidas antes de 1900. Contudo, o *cunilingus* é aceite por quarenta e cinco por cento das mulheres mais jovens que tiveram coito. Não há um contraste tão marcado para a felação. Como o sexo oral recebe bastante publicidade pornográfica, tornar-se-á provavelmente uma conduta comum. A maior parte dos terapeutas sexuais considerá-lo-ão tão natural e normal como a masturbação. O contacto oral-genital é, em certo grau, uma actividade comum entre os animais.

Um problema comum para ambos os sexos associado com o sexo oral é o odor da vagina e do pénis. Os odores genitais têm seguramente a função biológica de atrair o sexo oposto e provocar estimulação. Infelizmente, ensina-se às pessoas que estes cheiros são desagradáveis e que devem ser eliminados ou disfarçados a todo o custo. As secreções dos genitais estão certamente sujeitas à fermentação bacteriológica, que pode modificar o seu odor, desde que se possam acumular. Mas a lavagem diária entre os lábios da vagina, à volta do clítoris e na abertura da vagina é perfeitamente suficiente no que toca às mulheres. Os homens podem puxar para trás a pele do pénis e lavar a glande todos os dias. Lavar os genitais imediatamente antes do sexo oral é simplesmente uma questão de preferência. Deve sublinhar-se que não se pode invocar razões higiénicas para esta prática.

A ejaculação ocorre frequentemente durante a felação. Alguns homens adoram ejacular na boca da mulher, mas outros sentem-se mais inibidos. Certas mulheres gostam do paladar do sémen e engolem-no, outras preferem usar um lenço para o receber. Não existe perigo algum para o homem ou para a mulher se a ejaculação se fizer na boca e o sémen for engolido. Quando se conversa com jovens ou pessoas muito ignorantes é importante salientar que esta actividade nunca pode originar gravidez.

Dor

A dor como um estímulo sexual deliberado não é um facto muito comum. Nem é geralmente aceite, talvez porque a dor esteja normalmente associada ao medo, sensações desagradáveis e danos, e daí que seja repugnante a ideia de a relacionar com o sexo.

Considera-se, no entanto, que o sexo normal tem uma quantidade variável de violência, que é um agradável elemento concomitante. O beijo apaixonado pode provocar uma violenta estimulação dos lábios e dor que, por causa da excitação sexual geral, se torna mais excitante do que desagradável. Os beijos e as mordidelas na pele são expressões naturais da paixão sexual. Arranhar e pressionar fortemente as costas durante o acto sexual seria, se isoladamente analisado, um acto doloroso, mas num contexto sexual é excitante. Os braços e as pernas fecham-se em abraços violentos suficientemente apertados para provocar dor. A penetração do acto sexual pode produzir dor que, embora apreciável, é aceite com prazer.

Só quando se mencionam chicotes, picadelas ou dominação é que a questão da dor se torna num problema de índole moral. A dominação refere-se a um conjunto de actividades em que a pessoa se encontra fisicamente violentada. Os instrumentos da dominação podem ser cordas, correias, correntes, trelas ou algemas, dependendo, no fundo, das inclinações das pessoas em causa. A vítima é muitas vezes atada nos pulsos ou nas ancas e exibe um colar ou uma mordaça. Ele ou ela é obrigado a passar por algumas humilhações para gozo sadomasoquista de uma das partes, que pode brandir um chicote ou um aguilhão. Actos sexuais de todo o tipo acompanham estes jogos sérios e muitas vezes perigosos. As pessoas só podem ser amordaçadas com muito cuidado e nunca devem ser abandonadas. Também é acertado evitar entrar numa relação de dominação com uma pessoa em quem não se tem confiança, para que não haja o perigo de ir mais longe do que pensava ou sonhava nas suas próprias fantasias.

Ainda que as relações sadomasoquistas não sejam o pão nosso de cada dia, a verdade é que a dor aumenta a excitação sexual em algumas pessoas. A dor pode ser ministrada antes do acto sexual ou como parte integrante dele, mas em quaisquer dos casos tem o efeito de aumentar a excitação da pessoa que a recebe, a não ser que a suporte meramente para agradar a um parceiro que, por diferentes razões, se sente excitado pelo facto de infligir dor.

As pessoas que não incluíram a dor, numa ou noutra forma, no seu repertório normal de comportamento sexual e que desejem ter uma aventura, poderiam tentá-la por este caminho. Se a tentativa inicial agradar a ambos, então descobriram uma nova fonte de prazer.

Sexo anal

O sexo anal entre homem e mulher é ilegal no Reino Unido e em alguns estados americanos, mas é legal entre homens com mais de vinte e dois anos de idade na Grã-Bretanha, excepto na Escócia e na Irlanda do Norte.

Muita gente considera desagradável o sexo anal por causa da sua associação com o intensivo treino higiénico durante a infância. Também é deplorado porque se associa com a homossexualidade masculina, embora a maioria dos homens homossexuais se inclinem para a mútua masturbação. Outros acham-no biologicamente antinatural já que não dá origem à fecundação.

Por umas ou outras razões, as relações anais na prática têm para muitas pessoas um efeito desmotivante. Mas algumas desejarão tentar e, se assim for, a sua primeira experiência deve revestir-se de grande cuidado para que não venha a associar-se a uma coisa desagradável.

O pénis deve introduzir-se no ânus muito gradualmente e, enquanto pressiona o ânus, a mulher deve curvar-se como se estivesse a defecar: isto relaxará o esfíncter anal e permitirá uma entrada sem dor. Um bom lubrificante (margarina ou vaselina) é indispensável para uma boa penetração.

A possibilidade de transmissão de infecções através da matéria fecal não deve deixar de se ter em atenção; aliás, qualquer infecção provocada por bactérias pode acontecer mesmo através de outros contactos, como, por exemplo, os bucais. Será, no entanto, necessário que as defesas normais de qualquer organismo estejam debilitadas para que isso aconteça.

Muitos casais não querem praticar relações anais completas, mas gozam com uma pequena estimulação anal por meio de um dedo convenientemente lubrificado. Os franceses chamam *postillionage* quando o dedo é inserido no ânus justamente antes do orgasmo, aumentando deste modo a intensidade do prazer. De facto, não se torna necessário penetrar o esfíncter, pois toda a área à volta do ânus e entre as nádegas é extremamente sensível à estimulação erótica.

São as pessoas que devem decidir por si mesmas se vão ou não utilizar esta área para objectivos sexuais; se decidirem positivamente, isso não fará mal nenhum.

Fantasias

Uma fantasia é uma cena, situação ou sequência imaginária. Tal como muitos filmes e novelas, assemelha-se à realidade, mas não compartilha de todas as suas exigências. Pode ser desenvolvida ou reorientada segundo o desejo do indivíduo ou, como um sonho, pode parecer controlar-se a si mesma levando o indivíduo atrás dela. Ainda que não se esteja a dormir, as fantasias integram todas as sensações adequadas às situações. As fantasias sexuais desenvolvem-se e originam sensações de índole sexual. São também invenções – ideias para o futuro: uma nova conduta que pode ser acrescentada à rotina, capaz de, variar e enriquecer a vida normal. Enquanto «pessoa de fantasia», pode-se fazer coisas que de outro modo seriam fisicamente impossíveis ou socialmente pouco recomendadas; e, embora racionalmente se saiba ser este o caso, pelo menos durante uns instantes uma pessoa pode «voar». Tal como outras habilidades mentais, as fantasias podem ser praticadas e melhoradas. Quanto mais se fazem tanto melhores se tornam. Pensava-se antes que só os homens desenvolviam fantasias sexuais. Ora isto não é assim. Tanto os homens como as mulheres possuem esta habilidade no mesmo grau.

Muita gente usa a fantasia e a fantasia sexual na sua vida quotidiana, mas a riqueza da vida de fantasia varia de pessoa para pessoa. Quando uma pessoa se sente culpada acerca de um determinado comportamento sexual, ele ou ela também podem sentir-se culpados em fantasiá-lo e a vida da fantasia ver-se-á restringida. Os pacientes com problemas sexuais têm muitas vezes uma vida muito pobre no domínio da fantasia sexual e os terapeutas começam por melhorar esta área.

A habilidade para fantasiar sexualmente é uma capacidade boa e útil. Os casais que se conhecem tão bem um ao outro até atingirem o tédio podem dar uma nova vida a certas partes do acto sexual utilizando a fantasia. As fantasias podem ser pessoais ou compartilhadas. Se forem compartilhadas, o potencial de fantasia pode ser duplicado. Inventar histórias sexuais para o parceiro amoroso pode ser um agradável meio de o excitar e desfrutar com isso.

As pessoas costumam utilizar a fantasia como um estimulante e aqui a fronteira entre a preocupação e a fantasia é pequena. Preocupar-se com uma coisa, concentrar-se repetida e indecisamente no medo de se falhar, é, na melhor das hipóteses, uma atitude não progressiva, e, na pior, perigosa. Uma fantasia estimulante deve concentrar-se no resultado desejado e na sequência desejada para que as dificuldades sejam antecipadamente eliminadas e as sensações sexuais confirmem o comportamento projectado.

Há muitas situações na vida em que a excitação sexual é considerável ou chega mesmo à tensão, quer em casados, quer em solteiros. Talvez não haja um parceiro sexual acessível ou a pessoa deseje estar sozinha. O sexo solitário pode ser ao mesmo tempo uma necessidade e um prazer e em ambos os casos a fantasia pode e deve ser rapidamente conjurada, quanto o permitir o desejo.

O conteúdo da fantasia pode ser extraordinariamente diverso. Contudo, há certos elementos que, isolados ou combinados, aparecem frequentemente. O primeiro elemento é o da estranheza.

As pessoas gostam de imaginar que têm relações sexuais com gente nova, estranha e bela. O estranho pode ser uma figura bastante conhecida no mundo dos divertimentos, uma figura pública ou até mesmo real. A fantasia sexual contém elementos de poder, magnificência, riqueza e sucesso, de que quiçá o indivíduo sinta falta.

Outros preferem fantasiar pessoas conhecidas, mas que pensam serem inacessíveis sexualmente para eles. Quer os homens quer as mulheres, gostam dos encontros ao acaso na vida real. Tais encontros podem acabar bastante insipidamente, mas são suficientes para implantar o núcleo de uma fantasia sexual, que, uma vez utilizado no orgasmo ou «aquecimento», termina com o encontro de um modo satisfatório – possivelmente melhor do que na realidade. As donas de casa fantasiam às vezes relações sexuais com os que batem à porta: o leiteiro, o carteiro ou o homem que limpa os vidros.

Outro elemento comum é a actividade sexual em grupo: uma festa sexual ou orgia. As reuniões com os amigos podem começar com jogos e acabar numa aberta actividade sexual – uma actividade de grupo numa confusão de copulações ou de masturbação mútua.

O elemento sadomasoquista é também extremamente comum: as fantasias de violação são tão agradáveis aos homens como às mulheres. A violência pode estender-se às chicotadas, tortura e degradação. Os homens imaginam que podem forçar mulheres bonitas a cumprir as suas ordens, com livre uso de algemas e cordas. A ideia de humilhar e profanar outros seres humanos enquanto se obtém prazer sexual não é nada incomum nas fantasias sadomasoquistas. Aqui os elementos de estranheza e de situação de grupo também se manifestam no quadro descrito.

As atitudes masoquistas são mais vulgares nas mulheres que nos homens, mas não estão limitadas a elas. A ideia de ser superado, de ser incapaz de resistir, de ser violado ou de ser seduzido por homens atractivos e poderosos fornece um material bastante usual para a fantasia. Algumas mulheres imaginam-se a ir para certas partes da cidade, sinistras e perigosas, onde se submetem a um brutal e insensível encontro sexual. Os homens podem imaginar-se dominados por um grupo de mulheres atractivas que os forçam a certa complacência sexual ou a lamber-lhes a área genital à força; podem também, alternativamente, estimulá-los continuamente enquanto eles permanecem indefesos. Neste tipo de fantasias, que são imaginadas por ambos os sexos, concorrem elementos de violência e dominação.

As possibilidades são infindáveis e as combinações inesgotáveis, chegando a um grande grau de improbabilidade. Mas a habilidade para apreciar e gerar o improvável pode muito bem estar ligada com a habilidade para gozar o desprendimento. As pessoas ansiosas e obcecadas que são capazes de fantasiar acontecimentos sexuais restringem-se a si mesmas ao provável e possível. Apesar disso, podem ser encorajadas a tornar-se mais aventurosas.

Também se fantasia muito sobre a posição de observador. Tais fantasias são usualmente denominadas voyeurismo, sendo o *voyeur* uma pessoa que habitualmente tenta observar outros durante a actividade sexual. A ideia de observar outros que não se apercebem atrai em maior ou menor grau quase toda a gente. As crianças querem observar os pais desta maneira. Ambos os sexos fantasiam observar pessoas despidas, em lugares escondidos ou proibidos, e a fantasia pode desenvolver-se a ponto de integrar a actividade sexual entre casais ou grupos secretamente observada a partir de um lugar seguro. Os homens fantasiam que observam as suas esposas ou parceiros nas relações sexuais com outros homens, algumas vezes com violência. As mulheres imaginam os seus esposos em actividades sexuais com parceiros conhecidos e desconhecidos. Aqui verifica-se o forte desejo de observar outras pessoas em plena actividade sexual, o que se manifesta na maior parte das pessoas. O sucesso de filmes que mostram precisamente estas actividades não demonstra senão isso. Seria interessante saber se as pessoas possessivas e ciumentas imaginam os seus parceiros habituais ou se fantasiam relações sexuais com outros. As fantasias de tipo *voyeur* abarcam também todo o tipo de fantasias em que as pessoas se despem em público; a praia e os banhos de sol constituem um material muito comum para a fantasia. Se as fantasias do *voyeur* são principalmente as de olhar por uma janela e à distância sem envolver actividade sexual e pessoas conhecidas, isso reflecte uma atitude sexual solitária e pouco empenhada.

Ocasionalmente, imaginam-se elementos de outra orientação sexual. Normalmente os heterossexuais imaginam uma actividade homossexual. É evidente que há muita gente que se qualificaria a si mesma como bissexual; estão interessados em sexo dos dois tipos. A homossexualidade foi terrivelmente reprimida no passado e muitas dessas fantasias podem integrar um sentimento de culpa. Não há razões para que continue a ser assim – o interesse sexual pelo próprio sexo é inteiramente normal e inofensivo. Estas observações aplicam-se inteiramente a ambos os sexos. Actualmente são os homens que têm mais receio das fantasias homossexuais e de um compromisso dentro do mesmo sexo que as mulheres. Por conseguinte, é frequente ouvir falar do medo da fantasia homossexual levar a um comportamento homossexual nos homens mais do que nas mulheres. Mesmo assim, as mulheres austeras e tradicionais expressam o mesmo temor.

Um elemento proibido entra também muitas vezes na fantasia – quebrar as normas da sociedade, desfrutar do prazer sexual em lugares proibidos, em público, em igrejas ou na praia; fantasias de comportamento sexual com crianças, raparigas que fazem de guia, escoteiras e assim por diante. Os pais têm fantasias incestuosas mais frequentemente do que os melindrosos gostariam de admitir. Do mesmo modo, as crianças fantasiam o sexo com os seus pais. Deve sublinhar-se que não há nenhuma proibição que não seja quebrada regularmente através dos mecanismos da fantasia e, segundo parece, bastante inofensivamente. Os seres humanos, como são curiosos e aventureiros, serão sempre atraídos pelo proibido pelo mero facto de o ser. É extremamente pouco provável que uma pessoa bem ajustada que proibiu as fantasias actue em função delas. Não só dispõe de outras saídas como tem muito a perder desafiando as normas.

As mulheres que imaginam que são prostitutas e que recebem dinheiro por favores sexuais estão fantasiando elementos de poder, indiferença, beleza, profanação e estranheza. A prostituta pode ser escolhida para modelo da fantasia porque aparentemente agrada e é paga por isso mesmo. Não está dominada por uma rede de obrigações nem se encontra vinculada pelo bom comportamento; ela pode ser ela mesma. As fantasias dos homens de serem usados como garanhões podem expandir-se, já que hoje se sabe que eles são contratados como «parceiros profissionais» pelos terapeutas da Califórnia. Por outro lado, os chulos, *gigolos* e prostitutas não são nenhuma novidade.

O elemento que consiste em mostrar-se e ser admirado e visto entra em muitas fantasias. As pessoas imaginam-se como se estivessem a ser vistas por outros, transformadas pelas roupas, com confiança e juventude. Imaginam que têm traços mais atractivos, circunstâncias mais brilhantes e companheiros mais bonitos. Imaginam-se a ai mesmas sob constantes olhares. Outras imaginam-se exibindo mais activamente a sua sexualidade. As mulheres representam-se emitindo sinais sexuais: ondulando subtilmente, balançando as ancas, cruzando e descruzando as pernas de um modo revelador, lançando olhares prolongados e movimentando a língua. Os homens olham fixamente, gingam, usam calças justas para revelar as suas erecções e assim por diante. Tais fantasias poderiam ser denominadas exibicionismos, embora o termo seja mais usado referindo-se a homens que exibem o seu pénis erecto a mulheres e raparigas. Contudo, homens bastante normais, habitualmente confinados a roupas que escondem a sua figura e as suas linhas sexuais, têm o desejo de exibir os seus corpos e partes sexuais a outros; basta pensar nos diminutos fatos de banho que se usa para ter uma ideia. Assim, as suas fantasias exibicionistas estão longe de ser anormais.

As mulheres, afinal de contas, têm podido expor-se mais livremente que os homens nos últimos cento e cinquenta anos. Seios, ombros, braços e pulsos durante os séculos dezoito, dezanove e primeira metade do século vinte, e, mais recentemente, pernas, seios e praticamente tudo; quiçá por isso tenham menos necessidade de fantasia neste capítulo ou menos sentimento de culpa. Entretanto, a sociedade permite que o homem exiba o seu poder, mas não o sexo. Quando o homem tem liberdade para se pavonear e decorar, isso implica uma alteração muito profunda na ordem social.

A contrapartida do exibicionismo masculino na mulher existe tanto na fantasia como na realidade. As mulheres fantasiam expor os seus seios e genitais de modo provocatório e claramente sexual, às vezes como parte de uma cena de sedução em que têm o poder e a habilidade de seduzir um inocente para a sua primeira e paradisíaca experiência. As mulheres fantasiam-se constantemente a usar roupas justas e reveladoras das suas formas que podem, no domínio da fantasia, tornar-se folgadas, serem rasgadas ou ficarem molhadas.

Há outras inumeráveis variedades de fantasia e nenhuma delas deve ser rejeitada pelo terapeuta. As fantasias têm muitas vantagens. Vamos então orientá-las e respeitá-las.

III

Por que é que algumas pessoas têm problemas sexuais?

Sexo – é possível uma medida?

Como vimos, a sociedade atingiu um estádio de desenvolvimento em que a sexualidade se tornou uma matéria que desperta atenção e preocupação. Até ao nosso século, o comportamento sexual era um assunto que dizia exclusivamente respeito aos indivíduos. A conspiração de silêncio que envolve estes temas levou a que as pessoas se julgassem sexualmente a si mesmas apenas pela habilidade de fazer filhos. Os incapazes de produzir filhos por causa de uma deficiência na sua actuação sexual não tinham acesso a ideias susceptíveis de resolver os seus problemas. Efectivamente, viam-se apenas como vítimas desgraçadas da sorte e resignavam-se com o seu destino. Por esta razão, as suas dificuldades duravam toda a vida. Sentiam-se, por outro lado, em perigo de cair no ridículo, o que constitui uma última barreira para qualquer tipo de ajuda.

Hoje em dia a sociedade promove activamente o sexo como prazer, e um prazer acessível a todos. Os limites do prazer sexual não estão bem definidos, mas apesar de tudo as pessoas estão capacitadas para perceber em certa medida o que é o comportamento normal e preparadas para se comparar com os outros e apreciar e calibrar a sua própria conduta.

Nunca foi difícil saber quem triunfa em termos de riqueza ou posição social: o critério é acessível a toda a gente. Isto não é verdade para o comportamento sexual. Nem os terapeutas sexuais, nem os cientistas do comportamento, têm uma ideia clara do grau em que os problemas sexuais são decisivos e o público em geral não tem meios para se pronunciar sobre este assunto. Fez-se alguma investigação sobre o desempenho sexual, mas é limitada nos seus objectivos e insuficientemente conhecida pelo grande público. O relatório de Kinsey, por exemplo, oferece uma massa de interessante informação, muita da qual continuou a ser discutida mais tarde. Contudo, os factos que Kinsey apresenta são baseados nas experiências da geração passada, estão, na maior parte das vezes, distorcidos nas suas representações e revelam mais sobre a quantidade do que sobre a qualidade. Podem dizer-nos que, dentro de um certo grupo de idade, os orgasmos atingem uma frequência de dois a seis por semana, mas não fornecem informação sobre a qualidade do desempenho sexual ou sobre a quantidade de prazer que dele deriva. Deste modo, este tipo de dados não fornece uma tabela a partir da qual as pessoas possam apreciar a sua própria actuação e prazer.

As ideias que um indivíduo possa formular sobre o seu próprio desempenho e prazer são de facto reunidas a partir de um número limitado de fontes. Os filmes sexuais e a literatura erótica disponível nas cidades principais apenas atingem um número reduzido de pessoas. A televisão, por seu lado, pára nos detalhes, reduzindo a informação sexual. A imprensa popular contém muito material que é sexualmente chocante, mas tende a sublinhar muito mais o que é «anormal» do que o normal.

Assim, existe uma dificuldade real para obter informação exacta que sirva de padrão para a conduta pessoal e, consequentemente, os problemas encontrados por um indivíduo ou um casal antes de procurar ajuda são usualmente ofuscantes.

É neste tipo de informação inadequada que a sociedade baseia as suas vagas definições do que é normal e desejável. Isto dependerá em parte das informações científicas disponíveis, mas é impossível separar o peso dos costumes sociais correntemente aceites e da moral vigente da contribuição das novas ideias originadas por pensadores individuais e cientistas. As teorias científicas são provavelmente geradas como resposta às mudanças que ocorrem no seio da estrutura da sociedade e o acervo de novas ideias provoca, por sua vez, outras mudanças.

O desenvolvimento do comportamento sexual

Este capítulo tenta delinear as ideias que capacitam as pessoas para perceber o comportamento sexual e assim entender a razão por que aparecem as dificuldades sexuais e o que se pode fazer para as corrigir. A compreensão do comportamento sexual é a compreensão de um longo processo de desenvolvimento, desde a sexualidade da primeira infância até ao comportamento sexual do adulto através dos vários estádios intermédios. O padrão do adulto depende provavelmente, em grande medida, do modo como se comportaram a criança e o adolescente, ou do modo como foram encorajados a comportar-se. Mas, na verdade, ele depende em última instância de factores biológicos: do crescimento e mudança normal dos órgãos sexuais; do funcionamento adequado de certas glândulas dentro do corpo, tais como a pituitária e as glândulas sexuais – os testículos no macho e os ovários na fêmea. Se as hormonas que estas glândulas produzem não forem lançadas no corpo não pode surgir um comportamento sexual normal. Contudo, este livro não se destina a estudar estas transformações glandulares e hormonais, somente faz notar que elas fazem parte de um sistema espantosamente eficiente e que só raramente uma deficiência leva a um desajustamento sexual, quando leva. A grande maioria das dificuldades sexuais aparecem em pessoas que são biologicamente normais.

Sexo – aprender a comportar-se

A natureza produz um indivíduo que é capaz de desenvolver um comportamento sexual. A sociedade decide o tipo de comportamento sexual desejável e instila este comportamento de diferentes maneiras: em casa, na escola, durante os tempos livres e no trabalho, e também por meio de jornais, livros, filmes e televisão. A aquisição de uma determinada conduta sexual pode ser encarada como um processo de aprendizagem, tal como muitos outros processos de aprendizagem. Não é diferente de aprender a nadar, a conduzir uma conversa ou a guiar uma bicicleta. O modo da aprendizagem tem sido intensamente estudado nos últimos anos e tem-se interpretado pelo que se chama teoria da aprendizagem. Os termos «teoria da aprendizagem» e «teoria do comportamentos» tendem a confundir-se; de modo geral, a teoria da aprendizagem pode ser considerada como um aspecto particular da teoria do comportamento que abarca todo o comportamento humano e animal. A terapia comportamentalista deriva de ambas. Simplificadamente referir-nos-emos neste livro à teoria como teoria da aprendizagem e à terapia como terapia comportamentalista. E, para compreender a contribuição da teoria da aprendizagem para a explicação do comportamento sexual e para o tratamento dos seus problemas, temos de examinar as suas ideias principais.

A teoria da aprendizagem – inato contra aprendido

Como vimos, embora o comportamento sexual esteja em certa medida biologicamente determinado, há uma grande parte que é aprendida. Isto implica que, apesar de haver em qualquer acto de comportamento uma parte inata ou instintiva, o restante é aprendido ou adquirido durante a experiência do indivíduo. Nós não necessitamos de aprender a expulsar os nossos resíduos líquidos; o acto de mictar é um reflexo e pode ser descrito como uma conduta instintiva ou inata. Mas a sociedade pede a uma pessoa mais que a habilidade de mictar. Exige que urinemos em lugares adequados e com um certo grau de intimidade; exige que esperemos por uma oportunidade adequada antes de mictar. Então, a aprendizagem é necessária. A criança tem de aprender estas habilidades, mas ela mais tarde operará a partir destes ensinamentos e aprenderá mais coisas acerca da micção e do que é aceitável socialmente à medida que a sua experiência aumenta os seus conhecimentos sobre o mundo físico e a estrutura social. O resultado final é um indivíduo com uma conduta bem definida nesta área particular. Parte da conduta é instintiva e outra parte é aprendida.

Contudo, a fronteira entre o que é instintivo e o que é aprendido é frequentemente difícil de definir, e isto é particularmente assim no campo sexual.

Erecção espontânea e orgasmo

Um exemplo claro de comportamento puramente instintivo é a capacidade de ter uma erecção e de ejacular. A erecção aparece na adolescência e é provável que na ausência de qualquer estímulo sexual o macho possa experimentar ejaculações espontâneas, naturalmente em sonhos sexuais. Contudo, é a aprendizagem que o instruirá sobre o modo de ter relações sexuais e que determinará o padrão da conduta.

É difícil apontar exemplos comprovados de comportamento puramente instintivo na sexualidade das mulheres, embora seja provável que os orgasmos espontâneos ocorram durante a fase intermédia da infância, os quais só são acidentalmente desencadeados por contactos genitais acidentais.

Estes exemplos de comportamento instintivo ou inato são infelizmente poucos, porque é quase impossível provar a inexistência de influências adquiridas na maior parte da conduta sexual. E, na verdade, há uma generalizada concordância entre os cientistas em que uma grande parte da actividade sexual é aprendida durante a infância, a adolescência e, por fim, na vida adulta.

Educação e ignorância

Esta conclusão implica determinadas consequências. Sugere que a história pessoal e as experiências do passado determinam o estádio presente do comportamento sexual e que a compreensão do comportamento sexual presente só se pode atingir se se conhecer todos os detalhes de todos os encontros sexuais do passado. Quase impossível de atingir, este objectivo orienta, contudo, a acção dos terapeutas que buscam conhecer a história sexual de cada cliente no maior número possível de detalhes antes de começar a terapia.

E uma vez que a aprendizagem desempenha um papel tão importante na actuação sexual, pode constatar-se facilmente como a incompetência sexual deriva da ignorância. Conhecer a maneira de estimular o pénis ou o clítoris com a mão durante a masturbação é um problema de exploração. A partir da exploração e da manipulação é que se identificam as áreas que produzem maior prazer ou desencadeiam o orgasmo, sendo em seguida utilizadas adequadamente. Na relação sexual, o macho ou a fêmea só podem aperceber-se deste facto indirectamente, quer pelos sinais de prazer do seu parceiro, quer pelas suas declarações. Este conhecimento de como dar prazer é muitas vezes incompleto, quiçá por falta de imaginação ou por timidez do outro parceiro em discutir as suas sensações ou sentimentos, ou ainda por outras razões.

A ignorância pode existir em muitos sectores. A anatomia dos órgãos genitais é muitas vezes desconhecida ou só vagamente conhecida. Muitos homens não sabem que o orgasmo é tão essencial para a mulher nas relações sexuais como o é para o homem. Ignoram também, a maior parte das vezes, as outras zonas erógenas da mulher. Muitas vezes não conseguem entender o ritmo segundo o qual ela deseja ser levada sexualmente e o melhor método para o realizar. Alguns casais só conhecem uma posição, que é a posição usual do macho em cima.

Não é, pois, difícil ver que algumas dificuldades sexuais derivam única e exclusivamente da ignorância. Quando o homem é ignorante acerca das necessidades sexuais da sua mulher e dos modos de lhe dar prazer, a esposa chega normalmente a encarar o sexo mais como um dever que como um prazer, e eventualmente queixar-se-á ressentidamente de que é incapaz de atingir o orgasmo – em linguagem técnica, que é anorgásmica.

Preconceito

A ignorância, que é falta de conhecimento, pode também ir mãos dadas com conhecimentos perigosos e preconceitos. Muitas crianças foram ensinadas a associar a culpa com a conduta sexual: foram desencorajadas de fazer perguntas acerca de questões sexuais, foram punidas por tocar os genitais. Os pais indicaram-lhes que o sexo não é um assunto de que se possa falar abertamente. Mais tarde na vida, as pessoas acham difícil discutir as sensações e necessidades sexuais com o cônjuge, quando uma simples conversa poderia fazer toda a diferença.

O preconceito pode barrar o caminho a novos tipos de comportamento sexual. O preconceito pode condenar o sexo oral ou novas posições só pela razão de que «está mal» – não se necessitando qualquer outra justificação. A repressão pode mesmo estender-se ao que é permitido e aparece sob a forma de uma incapacidade para se «deixar ir», uma incapacidade para se entregar totalmente ao prazer sexual. É fácil entender como este tipo de repressão e constrangimento da vida sexual pode conduzir a uma perda de prazer sexual e, consequentemente, a uma perda na actuação sexual.

Felizmente, ainda que a ignorância e o preconceito barrem o caminho ao maior prazer, o próprio facto de a maior parte da conduta sexual ser aprendida e não inata significa que a educação sexual, mesmo tardia, pode remover tais obstáculos. Os terapeutas sexuais que lidam com estes problemas de actuação e prazer sexual crêem que a educação, reeducação e aprendizagem são os meios de resolver estes tristes problemas.

Maus hábitos

Uma vez aprendido, o comportamento sexual institui-se na forma de um hábito – uma sequência de acontecimentos que é, de certo modo, quase automática. No acto sexual, um jogo de aquecimento adequado leva à excitação sexual, que leva à relação sexual, que por sua vez leva ao orgasmo. A passagem da excitação para o orgasmo pode depender de uma série de actos que, embora frequentemente repetidos, ainda produzem os mesmos resultados. Aprendeu-se pois um hábito útil. Quando uma mulher não quer responder ou não teve a estimulação necessária para responder, uma sequência de actos durante a relação sexual não conduz ao orgasmo – podem provocar a aprendizagem de um mau hábito. Aqui o mau hábito consiste em não responder com o orgasmo. Alguns homens têm o mau hábito da ejaculação prematura, que, uma vez erigida em hábito, pode provocar bastante infelicidade.

A teoria da aprendizagem postula que um hábito, bom ou mau, pode ser substituído por outro. (A teoria da aprendizagem não se preocupa aqui com a moralidade.) Deste modo, os maus hábitos podem ser desaprendidos e os bons hábitos aprendidos em seu lugar. Um homem pode substituir a «má» resposta habitual de impotência pelo «bom» hábito de potência, aprendendo a relaxar ou a maximizar o seu prazer no acto sexual.

O terapeuta pode, portanto, ver-se também como um educador e um professor. O terapeuta elimina a ignorância e substitui-as por nova informação e novas ideias. Quanto maior for o esclarecimento, tanto maior será a possibilidade de que as novas propostas continuem a iluminar a nova conduta.

Recompensas e castigos

A segunda ideia principal da teoria da aprendizagem diz respeito ao modo como as coisas são aprendidas. A teoria da aprendizagem sustenta que o processo está apoiado num sistema de recompensas e castigos. As actividades que forem recompensadas serão adoptadas; as actividades que forem punidas serão afastadas. O âmbito, a frequência e o êxito do comportamento sexual terão sido determinados pelas recompensas e castigos que lhes foram associados durante a experiência vital do indivíduo. (As palavras «recompensa» e «castigo» são utilizadas na teoria da aprendizagem num sentido amplo. Uma recompensa no contexto sexual é qualquer coisa que origine prazer; pode ser uma carícia, um sorriso, um pagamento, um presente, uma palavra simpática, uma sensação sexual ou talvez um bom sabor.)

Se uma pessoa realiza um acto, qualquer acto, e logo depois recebe uma recompensa, ele ou ela repetirão muito provavelmente o acto. Se se verificar que o acto é normalmente recompensado, ele incorporar-se-á no repertório individual do comportamento – isto é, será aprendido. Esta sequência de acontecimentos não é necessariamente tão simples ou tão imediata. Quando se faz a primeira associação entre um acto e uma recompensa que lhe está aparentemente associada, esta informação é armazenada. A repetição do acto ou a sua não repetição dependerá de vários factores. É evidente que a oportunidade física é indispensável. Não se pode colher uvas na Gronelândia. Mesmo que a oportunidade surja, pode haver outros tipos de acção susceptíveis de colher uma recompensa maior. A oportunidade pode surgir num diferente quadro social já associado com o castigo de outros actos. Será então este acto classificado como os actos que foram punidos no passado? Se o indivíduo fizer esta associação, o acto poderá ser inibido ou deferido.

A prática de um dado acto também depende do estado fisiológico interno ou da pulsão no momento em que a oportunidade surge. Roubar ou não roubar uma sanduíche depende em parte da intensidade da fome no momento da tentação.

Contudo, regra geral, um acto que tem uma história de recompensas e não de castigos, ou um que pende claramente para o lado das recompensas, tem mais possibilidades de se repetir do que um acto menos dotado. (Deve-se acrescentar que o comportamento sexual pode também ser influenciado por mensagens puramente intelectuais ou morais, tais como «Não há mal nenhum na masturbação» ou «Se se masturbar obterá prazer».) E a partir daqui os seres humanos postularão novos modos de comportamento e formularão hipoteticamente as recompensas ou castigos que se lhe seguirão. Na verdade, a recompensa, o castigo e o comportamento podem apenas ter lugar na imaginação – na fantasia, por exemplo, ou no ensaio imaginativo de um novo comportamento sexual.

Quando duas pessoas se juntam sexualmente pela primeira vez, nenhuma sabe que acto do comportamento agrada mais ao seu parceiro. Para os amantes sensíveis e inteligentes, o primeiro encontro já lhes diz bastantes coisas. Cada parceiro comportar-se-á de um modo genérico – abraçando, beijando, apertando, etc. – e prestará atenção aos actos que parecem dar mais prazer ao outro. Julgará as suas acções pelos sinais que for capaz de detectar. Pode ser uma respiração pesada ou rápida ou quiçá gemidos de prazer. Estas respostas são também em si mesmas uma fonte de prazer; actuam como recompensas e encorajam a repetição da conduta que as desencadeia. Este exemplo tomado do comportamento sexual deve evidenciar que o sistema de recompensas começou a operar muito cedo na vida de muitas maneiras e com bastante subtileza. O interesse sexual e as perguntas da criança provocam respostas na mãe. Se a mãe responde com encorajamento e sorrisos, a criança terá sido recompensada e a discussão aberta sobre a sexualidade será muito mais fácil na próxima ocasião. Se a criança for encorajada de qualquer maneira nestas matérias, depressa se aperceberá de que a sexualidade é permitida e boa.

Castigo

O «castigo» também tem um significado geral. A criança que for criada numa família sexualmente repressiva será punida variadíssimas vezes antes de chegar à adolescência. Todas as vezes que toca nos genitais recebe umas bofetadas ou vê a cara franzida dos pais. Se comentar um assunto sexual ou perguntar qualquer coisa neste campo, os pais talvez voltem as costas, estalem com os dedos ou, pior ainda, batam no filho. A resposta na área sexual está, portanto, sempre associada a coisas desagradáveis. Não é para admirar que tal criança cresça à sombra da culpabilidade e que seja inibida no seu comportamento sexual.

Os acontecimentos desagradáveis também podem afectar negativamente o comportamento sexual. As crianças de ambos os sexos podem ser assaltadas ou aterrorizadas na infância, embora estas experiências sejam mais vulgarmente referidas aos terapeutas pelas mulheres. Os ataques sexuais violentos às rapariguinhas podem estar na base de futuras dificuldades; a rapariga que foi violada em condições angustiadas sofreu um castigo que poderá afectar negativamente as suas respostas sexuais durante algum tempo. Tanto se pode tornar tensa e ansiosa durante as actividades sexuais como recusar o sexo.

O sistema de recompensas e castigos é o meio pelo qual as sociedades moldam os indivíduos no processo de crescimento. Mas normalmente esta acção nunca é tão clara e definida como nos exemplos que temos dado. A recompensa e o castigo, na criança, estão, na maior parte das vezes, confusamente misturados. Os pais é que, selectivamente, recompensam certas respostas e punem outras. E enquanto muitos pais têm uma ideia clara sobre o jovem adulto que desejam formar, sendo capazes de delinear uma política definida para os guiar na sua administração dos castigos e recompensas, outros são bastante inconsistentes, o que torna extremamente difícil à criança aprender com eficácia. Esta inconsistência é normalmente originada por atitudes de culpabilidade, de orgulho ou de sobreexcitação, que são assim transmitidas à criança, a qual, por incapacidade de prever as respostas dos pais, se torna ansiosa e insegura. A ansiedade sexual pode ter esta origem.

Medo e ansiedade

Os estados de espírito provocados pelas recompensas e castigos têm também uma grande importância, quer para os teóricos da aprendizagem, quer para os terapeutas. O prazer tem sido associado, por definição, à recompensa. O castigo, ao contrário, está associado ao medo em vários níveis. Entre um ligeiro e um moderado grau de medo estende-se a ansiedade; não há, nenhuma diferença entre a ansiedade e o medo, salvo de grau. O medo e a ansiedade sentem-se no corpo de várias maneiras. A pessoa ansiosa é frequentemente descrita como tensa, já que a ansiedade tende a fazer contrair os músculos por razões pouco saudáveis; a transpiração é comum; também podem aparecer tremuras em situações de forte ansiedade, assim como palpitações e sensações de choque; pode sentir-se tensão na cabeça, dores de cabeça ou uma sensação de aperto à sua volta. Há pessoas que sofrem durante bastante tempo esta sensação geral e são denominadas personalidades ansiosas. Mas, para a maioria das pessoas com problemas sexuais, o nível de ansiedade não é assim tão forte, salvo em certos momentos ou situações particulares. Pode tratar-se de uma situação que estava originalmente associada a certo acontecimento punitivo e que, repetida, se associou a uma sensação de ansiedade. Por exemplo: a primeira experiência de relações sexuais de um jovem pode ter sido marcada pela ansiedade. Talvez estivesse nervoso; talvez tivesse havido uma oportunidade de a descoberta ser prometedora ou possível; talvez o ruído da relação sexual fosse evidente e provocasse embaraço; talvez ele fosse ridicularizado e obrigado a apressar-se; quiçá tivesse de realizar o acto em frente do seu «bando». Qualquer destas situações pode produzir ansiedade, com a resultante perda da erecção. Não é possível manter uma erecção num estado de medo ou distracção. As experiências desagradáveis transformam-se em memórias desagradáveis e na próxima ocasião haverá mais ansiedade. O homem pode então manter ou perder a erecção consoante a gravidade da ansiedade e as condições propícias da ocasião. O próprio medo de perder a erecção novamente soma-se à ansiedade e aumenta as possibilidades de a perder. Certas pessoas não prestam demasiada atenção a uns quantos malogros, mas outras não; a impotência nem sempre é o resultado destas situações, mas às vezes pode sê-lo.

Além disso, a ansiedade sentida no momento da impotência pode também ser lembrada todas as vezes que o homem pensar na ocasião e vem ao campo mental todas as vezes que surgir a possibilidade de ter relações sexuais. Dado que o homem e a mulher evitam a ansiedade sempre que possível, especialmente quando ela é intensa, esta ansiedade antecipada pode conduzir ao evitar da situação sexual, e deste modo o problema nunca acaba por ser encarado de frente.

O terapeuta é capaz de substituir esta sequência de castigos e ansiedade por outra sequência em que estas sensações são dissipadas pela experiência alternativa do prazer e do relaxamento. Por exemplo: dado que o medo do malogro associado com a impotência conduz muitas vezes a uma situação em que o fracasso é bastante frequente, a recomendação normal é parar todas as tentativas de ter relações sexuais e só se entregar a alguma actividade sexual agradável em que não seja necessária a erecção. Às vezes recomenda-se certo tipo de massagens lentas, dadas mútua e descontraidamente. Esta experiência de um comportamento sexual calmo, descansado, à margem da erecção, suscita rapidamente um estado mental em que a erecção é possível. A partir daí, o terapeuta recomendará outras séries graduadas de novas situações, todas elas evitando a ansiedade e maximizando o prazer. Isto levará eventualmente à reaprendizagem do «bom» comportamento e a relações sexuais adequadas.

Pulsão sexual

A última ideia importante que sustenta a teoria da aprendizagem é a de pulsão. Todas as pessoas têm necessidades. Fome e sexo são duas necessidades que são perfeitamente evidentes. Quando o corpo está esfomeado ou sexualmente excitado, experimenta-se um estado complexo que é o reflexo da actividade do sistema nervoso central (cérebro e espinal medula) e do corpo. Por definição, este estado interior é chamado um estado de necessidade ou pulsão e é acompanhado por um estado de disponibilidade corporal. O estômago modifica-se para receber a comida. O fluxo de sangue em direcção aos órgãos sexuais aumenta substancialmente.

Este estado interior de necessidade ou pulsão apenas se pode deduzir nos animais, mas os homens podem dizer «Sinto desejo sexual» ou «Tenho fome». Os homens podem ainda avaliar a força da respectiva pulsão: «hoje não tenho um grande desejo sexual» ou «tenho agora um apetite sexual moderado». Podem também descrever a intensidade da pulsão sexual no longo do tempo: «tenho sentido um forte apetite sexual toda a semana». As pulsões variam em intensidade ao longo de períodos curtos ou longos, e o nível depende parcialmente da duração da privação. Por exemplo, depois de duas ou três horas de privação alimentar, a pulsão da fome levará a pessoa a procurar alimento. Do mesmo modo, a pulsão sexual aumenta mais ou menos segundo o período de tempo em que o indivíduo esteve privado de sexo, e esta pulsão sexual conduzirá a uma conduta que, por seu turno, levará a oportunidades de comportamento sexual. Dentro de certos limites, quanto mais tempo estiver a necessidade insatisfeita, tanto maior será a pulsão sexual ou qualquer outra. Pode portanto dizer-se, a respeito de um indivíduo, que ele atravessa vários estados de pulsão.

Além disto, pessoas e grupos diferentes demonstram possuir intensidades variáveis de pulsão sexual. Os jovens têm mais pulsão sexual do que os idosos, mas dentro de um grupo com a mesma idade a pulsão sexual também varia. Alguns indivíduos são rotulados como muito potentes e provavelmente têm uma pulsão sexual maior do que aqueles que são qualificados de fracos. Entre certos limites, estas diferenças de pulsão são inatas, mas também é verdade que se pode fazer variar o estado da pulsão sexual. Onde existem muitas oportunidades sexuais a pulsão costuma aumentar; onde se apresentam poucas oportunidades, a pulsão normalmente baixa. Em comunidades de grande densidade demográfica, a pulsão sexual talvez aumente; em situações de isolamento, a pulsão sexual pode diminuir em certo grau. A pulsão sexual depende muito mais dos acontecimentos externos do que, por exemplo, a fome, embora as pessoas comam mais quando a comida é abundante.

O terapeuta pode tirar partido desta situação para incrementar a pulsão sexual. Este objectivo pode ser alcançado oferecendo novos estímulos sob a forma de novas ideias para a conduta ou removendo obstáculos do caminho do comportamento sexual. Ao melhorar as técnicas sexuais das pessoas, a gama de oportunidades sexuais ver-se-á aumentada. O uso inteligente de pornografia literária e visual pode também servir para aumentar a pulsão sexual ao tornar a pessoa mais consciente das possibilidades que existem de conduta sexual alternativa. A eliminação do sentimento de culpa e das inibições por atitudes permissivas pode também libertar a fantasia, de forma a que as próprias fantasias actuem como estímulos interiores, incrementando assim a pulsão sexual.

Como se argumenta numa parte deste livro, os terapeutas pensam que os perigos da pornografia foram sobreestimados. Eles encaram-na como uma coisa útil, informativa e agradável, quer na terapia, quer fora dela; também não descobriram nenhuns impulsos desviantes que racionalmente se possa atribuir à pornografia. Quiçá tal facto não tenha nada de surpreendente, dado que a maior parte da pornografia trata do comportamento sexual que é bastante aceitável para a maioria: relações sexuais heterossexuais numa ampla gama de posições; preparação para o acto sexual; masturbação do homem e da mulher; sexo oral. A pornografia pouco comum que lida com o comportamento sexual desaprovado pela sociedade não é usada na terapia, embora aqui também não haja provas reais de que este material marginal seja perigoso. As pessoas talvez percam rapidamente o interesse por comportamentos que não se conformam às suas próprias inclinações.

Sexo e desenvolvimento da criança – como se estabelece o comportamento

Por que é que algumas pessoas têm problemas sexuais? Durante as considerações feitas sobre a teoria da aprendizagem, demos alguns exemplos do modo como as coisas se podem encaminhar para o lado errado. Chegamos agora ao momento de fazer uma análise mais sistemática que traçará o desenvolvimento da sexualidade desde a infância à idade adulta, com um ênfase especial na génese das desordens sexuais. Pois nem todos os jovens que tiveram desafortunadas experiências iniciais desenvolverão a impotência e nem todas as raparigas que foram violadas em circunstâncias angustiadas acabarão por ter problemas sexuais permanentes. Há muitos outros factores que contribuem para isso, tais como o carácter, a personalidade, o treino e a educação durante a infância, que são muito importantes.

Ao tentar compreender as razões por que determinada pessoa desenvolve um problema sexual enquanto outra não, tem-se em primeiro lugar de reconhecer a impossibilidade da generalização. Em termos gerais, todo o indivíduo é o resultado, por um lado, daquilo com que nasceu, isto é, a sua dotação genética, e, por outro, das experiências que viveu durante o largo período do seu desenvolvimento.

Os genes

É evidente que as experiências de qualquer criança são extremamente complexas e estão sujeitas em grande medida às probabilidades. A dotação genética recebida dos pais não é menos complexa. Os genes são semelhantes a um programa que contém um conjunto de possibilidades que podem ser ou não realizadas. Dois indivíduos com os mesmos genes (gémeos autênticos) se forem criados separadamente um do outro podem vir a ser muito semelhantes, mas nunca idênticos. As diferenças dependerão afinal da sua criação. Irmãos e irmãs que são geneticamente diferentes, criados na mesma família, podem apresentar semelhanças por causa do meio ambiente comum, mas mostrarão diferenças devido à diferente dotação genética. Mesmo o ambiente raras vezes se mantém constante, dado que as circunstâncias familiares se alteram em diferentes estádios do desenvolvimento da criança. É assim que aparecem dois irmãos ou irmãs bastante diferentes no seio da mesma família: um feliz e seguro, o outro tímido e nervoso, um pode parecer-se com a mãe e o outro quiçá com o pai. Mas as causas nunca serão fáceis e simples de discernir; as razões de tal situação envolvem sempre uma complexa interacção de genes e experiências.

Ao considerar o que se segue não se deve, pois, esquecer esta interacção, ainda que seja conveniente descrever estes factores separadamente.

A criança e os pais

O carácter e a personalidade da mãe e do pai determinarão em larga medida a atmosfera da família e, em particular, a atitude dominante quanto ao sexo. Os pais que tenham uma atitude culposa e inibida quanto ao sexo reagirão de um modo bastante diferente em relação à criança do que aqueles que não têm vergonha dos temas sexuais e são livres. As crianças começam a mostrar um rudimentar comportamento sexual muito cedo. As erecções são comuns na infância e todas as crianças têm prazer em tocar e explorar os seus órgãos genitais. Os pais repressivos podem desencorajar e até punir esta conduta e instilar gradualmente na criança a ideia de que a área genital é, em certo sentido, uma área proibida. É de duvidar que até os pais mais repressivos tenham êxito em impedir a criança de brincar com os genitais. Simplesmente, a conduta em lugar de ser pública passa a ser privada. E por ser um prazer não consentido pode tornar-se culposa e gerar ansiedade.

A interacção entre a criança e os pais não acaba aqui. A criança observa o comportamento dos pais um com o outro, quão amorosos e apaixonados são. Ainda que poucos pais se sintam sexualmente excitados na presença dos seus filhos, de inumeráveis e subtis maneiras eles emitem sinais que tornam bastante clara a reacção sexual de um para com o outro: o modo como se beijam, como se sentam juntos, como sorriem e como se abraçam. A criança vê como os pais respondem a outras pessoas em situações sociais, e o filho de pais que se sentem facilmente embaraçados e falhos de confiança pode chegar a pensar que este é o modo normal de comportamento. As crianças «modelam-se» a si próprias em função dos seus pais, que constantemente lhes oferecem como exemplo o seu comportamento, sem a maior parte das vezes saberem que o estão a fazer.

O papel dos géneros

O papel dos sexos é uma mensagem particular que a criança recebe. Os homens são supostos comportar-se de determinado modo e as mulheres de outro. De peculiar importância para o terapeuta sexual é o problema da igualdade sexual. No passado, as mulheres não puderam ter uma actuação igual em muitas áreas: elas deviam transigir frequentemente a favor da supremacia para o homem. As raparigas que viram as suas mães dominadas e exploradas sentirão dificuldades mais tarde em afirmar a sua própria vida sexual. Os rapazes, ao contrário, podem desenvolver atitudes egoístas em relação ao sexo, acreditando, por exemplo, que o seu orgasmo é a única coisa importante. Os terapeutas sexuais estão quase sempre a encontrar casais em que a desigualdade sexual distorce a relação entre os parceiros. A situação mais comum é aquela em que o marido é simultaneamente exigente e pouco habilidoso. A esposa sente que está a ser utilizada e, consequentemente, não participa com todo o seu entusiasmo e até pode queixar-se de que nunca teve prazer com o sexo e nunca teve um orgasmo.

Educação sexual

Em casas com uma atmosfera sexual repressiva, a curiosidade natural da criança é abafada. Perguntas perfeitamente normais sobre o nascimento e a actividade sexual são evitadas ou postas de lado, originando um dano inevitável. Tal criança entra no período da adolescência bastante impreparada e ignorante. Os pais, como é evidente, não são a única influência. Muitas crianças recebem grande parte da sua educação sexual por meio da mexeriquice e dos comentários dos seus colegas. A educação sexual dada na escola varia enormemente. Num extremo, a educação sexual pode ser dada como uma lição regular e individualizada no currículo, e a matéria ser bem tratada e com profundidade. No outro extremo, a matéria pode ser tratada de forma tão rápida que deixa a criança mistificada e incapaz de estabelecer uma conexão entre o que ouviu e o seu próprio comportamento sexual. São poucas as escolas que perdem tempo com a educação sexual e a maior parte da informação está limitada ao estritamente biológico. Perguntas tão simples como: «Que é que fazem o paizinho e a mãezinha quando fazem amor?», «onde é que o paizinho põe o pénis e porquê?» são amenizadas, e, mesmo quando se dão explicações, a questão da excitação sexual é muitas vezes evitada ou disfarçada: a informação acerca da contracepção é deliberadamente escondida na base de que, se o sexo é apresentado como seguro e atractivo, as crianças passarão a comportar-se irresponsavelmente. A verdade é que elas terão mais possibilidades de se comportarem desse modo se não forem bem informadas.

Felizmente, muitas destas atitudes estão a mudar e é provável que as futuras gerações estejam muito mais bem informadas. Os terapeutas sexuais crêem firmemente que as pessoas bem informadas terão muito menos problemas sexuais do que as ignorantes.

Personalidade

Talvez seja provável que haja tipos de personalidade mais susceptíveis de desenvolver problemas sexuais que outros. O tipo de pessoa segura, alegre, extrovertida é menos dada a encontrar problemas reais e terá uma maior experiência sexual e sexo com mais parceiros do que um indivíduo de carácter oposto. Efectivamente, as pessoas que são naturalmente tímidas e ansiosas podem cismar sobre uma má experiência e sentir-se pouco interessadas em ensaiá-la novamente e em tentar com outro parceiro. As suas inibições também lhes podem tornar difícil encontrar um companheiro e, consequentemente, têm probabilidades de criar o medo de perder aquele que foram capazes de conquistar, tornando-se ciumentas e possessivas. Os que se debatem com estas dificuldades podem virar-se para o sexo solitário como principal escapatória, ou até mesmo desenvolver um comportamento sexual desviante, como o exibicionismo ou o fetichismo.

O programa sexual da sociedade

Muito antes da adolescência, já a criança formou uma boa ideia das suas relações com as outras pessoas: terá descoberto quão fácil é fazer os outros cooperar, se as outras crianças gostam dela, se querem brincar, se são agressivas, a facilidade com que se faz e conservam amizades, e assim por diante. A criança aproxima-se da adolescência com estas ideias e com as atitudes e as ideias instiladas pelos pais. Os pormenores factuais do comportamento sexual do adulto podem ainda constituir um mistério.

Gradualmente, a sociedade pressiona com mais força. As conversas com subentendidos e furtivas da infância começam a assumir um significado. As mensagens dos meios de comunicação começam a veicular as expectativas dos papéis masculino e feminino (ignorando o indivíduo e assumindo que todos somos feitos pelo mesmo molde): o jovem adulto vestir-se-á de determinada maneira, adoptará determinada conduta externa, será tão rico, bonito e afortunado quanto possível e alcançará a felicidade em múltiplas seduções em praias douradas. As canções *pop* cobrem uma vasta gama daquilo que «todo o jovem deve saber»: há muitas que tratam do amor romântico e dos seus problemas – amor frustrado, separação forçada, o começo e o fim da relação, e assim por diante. Outras referem-se ao sexo de uma maneira muito clara e aberta.

Hoje em dia, o jovem verifica que existem muitas formas acessíveis de relações interindividuais e que as relações sexuais são relações possíveis bastante cedo na vida. O próprio facto de que os professores são encorajados a dar informações sobre a contracepção durante a educação sexual é, em si mesmo, uma mensagem de que a sociedade espera que os jovens utilizem o sexo livremente. A ideia de que o casamento é o fim feliz está a perder algum terreno, ainda que muitos adolescentes vejam o seu futuro no casamento, especialmente quando desejam filhos.

Contudo, as exigências deste mundo essencialmente fantasioso promulgado pelos meios de comunicação, pela publicidade, pelas canções, criam uma tremenda pressão naqueles adolescentes que não se sentem suficientemente seguros para seguir o seu próprio caminho.

A realidade

As realidades do sexo e das relações pessoais são um tanto diferentes. As pessoas não são invariavelmente bonitas, diferem no amor que são capazes de sentir, diferem na quantidade de sexo que desejam. Contudo, dado que não compreendem que é perfeitamente normal ser diferente, constroem expectativas e ideias que serão difíceis de realizar.

A confusão e insatisfação nascem muitas vezes deste desajustamento entre as pessoas como pessoas reais e as pessoas fantasiadas da ficção e dos filmes. As heroínas do ecrã não têm de lidar com os períodos menstruais ou com a flutuação das disposições sexuais; não se cansam, não se aborrecem, não se irritam, nem se tornam apáticas. Nunca deixam de gozar o máximo e nunca falham em excitar e satisfazer os seus homens num grau incomparável. Os heróis masculinos estão sempre preparados e capazes de fazer amor toda a noite, com um número de orgasmos cujo melhor qualificativo só poderá ser lendário. Dado que o homem comum não sabe quantos orgasmos poderá ter, mesmo nas condições mais espantosas, acabará por acreditar, face à realidade, que não passa de um fraco. Muitos homens sentem-se tranquilizados quando vêem um espectáculo sexual ao vivo: podem então comparar as suas capacidades com a actuação de uma pessoa real e já não com uma imagem criada por um produtor de um filme ou de televisão, que está mais interessado em mostrar excitação que a verdade.

Quando os adolescentes começam a actividade sexual, não têm muito material sério para lhes orientar a conduta. De facto, muitas das mensagens da sociedade que deveriam ser instrutivas e de ajuda são parciais, frequentemente mistificadoras e a maior parte das vezes desorientadoras. O próprio mistério pode evidentemente ser um elemento extremamente excitante, mas a manutenção de tal mistério é quase semelhante a uma conspiração social e é um mistério que produz as suas vítimas. As raparigas podem assustar-se e sentir-se repelias pelo contraste entre o rapaz rude com mãos grossas que encontram na *boîte* local e o amante romântico, gentil e terno da sua imaginação. O jovem desajeitado e incerto, sem saber o que fazer com a sua erecção e como lidar com a sua rapariga, pode muito facilmente sentir-se falhado e passar por, quer impotência, quer ejaculação prematura. Em ambos os casos, é extremamente difícil que tenha um segundo pensamento para o orgasmo da sua companheira ou para a sua necessidade de prazer. Muitas pessoas superam estas dificuldades e estabelecem o seu próprio padrão de sexualidade, mas a maioria não o consegue, e o número de pessoas que chega a realizar as suas potencialidades totais é provavelmente muito pequeno.

Mais uma vez, a apresentação antecipada de informação completa e de modo agradável pode impedir a muitos um fracasso no primeiro encontro e pode ajudar a construir um bom padrão de comportamento logo à partida.

À medida que a informação sexual se torna cada vez mais exacta e mais facilmente acessível, as pessoas poderão desfrutar mais da sua sexualidade e haverá cada vez menos indivíduos com problemas sexuais.

Contudo, embora se possa atacar as distorções e fantasias de muita da informação sexual hoje em dia disponível, não se deve esquecer que em certas áreas até mesmo isto ainda não existe e que no passado recente as pessoas dependiam neste sector quase inteiramente de mexeriquices extremamente inexactas – ou da observação dos animais. Assim, muitas pessoas com problemas sexuais são vítimas de uma sociedade anterior mais repressiva do que a actual. A atmosfera do nosso tempo chama não só os jovens como também as pessoas de meia idade para um banquete de sexo. Um banquete em que muitos dos pratos são desconhecidos e o apetite incerto.

É perfeitamente possível que novas maneiras criem novos problemas. Se o sexo em grupo se tornar mais popular, por exemplo, haverá indubitavelmente indivíduos que não se sentem competentes e confortáveis nessa situação e que acabarão por se sentir inadaptados. Uma outra consequência possível é a decadência do romantismo, já que o romantismo depende de certo modo do mistério e o mistério da ignorância, e também porque os sentimentos e sensações são certamente mais intensos quando existem barreiras que impedem a sua aberta tolerância.

Desajeitadamente em direcção à estabilidade

Em certa altura, entre os vinte e os trinta, muitas pessoas tentam uma relação permanente ou semipermanente com outro indivíduo. Com o gradual desaparecimento das conveniências e da ignorância, as pessoas começam a tomar muito mais precauções antes de entrar em qualquer relação a longo prazo. Apesar disto, o impulso para estabilizar é forte, e muitos insistem no casamento depois de um exame deficiente do seu pretenso companheiro. E isto pode ser a causa de muitos problemas sexuais.

As velhas proibições ainda tornam difícil aos jovens adquirir uma adequada experiência sexual antes do casamento e eles encontram-se frequentemente numa posição em que é impossível determinar o parceiro potencial como marido ou esposa ou como amante. As dificuldades que enfrentam têm provavelmente de ser resolvidas por eles mesmos e, como o conselho é difícil de encontrar e o tratamento ainda mais, e embora haja agora uns quantos livros excelentes escritos de forma bastante acessível, a verdade é que são comparativamente poucas as pessoas que os consultam.

Alguns dos precalços do namoro já foram mencionados. Para pessoas com uma disposição ansiosa ou que foram criadas num ambiente sexual pouco compreensivo, este pode ser um período crucial. Têm de aprender a fazer amor, quer isto signifique relações sexuais ou, como significava há uns anos atrás e como ainda significa em sociedades muito marcadas pela religião, carícias mútuas que podem chegar ao clímax.

O procedimento sexual aprendido em circunstâncias difíceis ou desaprovadoras é normalmente mal aprendido. As ansiedades naturais ao fazer uma coisa pela primeira vez serão intensificadas. Um acontecimento maravilhoso pode ser estragado pela sobreexcitação o pelo sentido de urgência. Tem-se dito que a ejaculação prematura é provocada pela aprendizagem apressada do acto sexual ou pelo menos por relações sexuais em circunstâncias prementes. E, quanto às raparigas a quem não foi dado um conjunto de carícias preparatórias, esperar que atinjam o orgasmo nestas circunstâncias apressadas é, de facto, esperar muito. Ambos os parceiros hão-de ficar insatisfeitos e nenhum deles descobrirá que ao ocupar-se mais habilidosamente do companheiro proporcionaria mais satisfação a si mesmo.

Muitas mulheres, criadas na ideia de que o sexo é perigoso e desagradável, casam com o conceito de que o sexo é primariamente um dever, com um único resultado satisfatório, que é dar à luz um filho. Outras, menos inibidas, suspeitam que o sexo podia ser agradável se se mudassem algumas coisas. Essas «algumas coisas» eram e ainda são para muitas mulheres coisas desconhecidas. Seja como for, o papel em que muitas mulheres foram educadas exige delas uma atitude passiva – que não dirijam nem iniciem os acontecimentos. Esta passividade priva a relação de algo valioso, pois onde não há decisão não há compromisso e onde não há compromisso não há responsabilidade. E tais mulheres contribuem com a sua parte para os problemas sexuais de hoje.

Há muitas mulheres que ainda argumentam que compete ao homem dirigi-las sexualmente na relação íntima, mas as mulheres sem preconceitos entendem que ambos têm a mesma responsabilidade no sucesso do acto sexual. A mulher também tem de aprender técnicas de fazer amor; ela também pode iniciar o acto para afirmar, quer o seu compromisso, quer a sua libertação.

Harmonia alcançada – problemas passados?

Por muito dificultosas que sejam as circunstâncias originais do contacto sexual, virá eventualmente um tempo em que tais pressões se atenuam. A relação pode mudar do namoro para o casamento, ou o casal pode decidir estabelecer-se e não casar, embora com intenção de viverem juntos e terem filhos. As oportunidades de fazer amor alargar-se-ão neste momento. As relações sexuais podem agora ser desfrutadas sem dificuldades especiais em matérias de tempo e lugar, excepto para um casal que viva numa casa com muita gente. Estas facilidades em relação às circunstâncias significam que as técnicas empregues antes da instalação devem ser abandonadas ou revistas.

As novas gerações tiveram de mudar das carícias mútuas para as relações sexuais. A denominada «primeira noite» era, muitas vezes, um acontecimento enervante, especialmente se ambos os esposos eram virgens: tratava-se, de facto, de uma complicada troca de corpos e sensações entre duas pessoas que nem estavam bem informadas nem eram peritas. A maioria das pessoas superava estas dificuldades iniciais, às vezes com grande custo, mas quer os homens, quer as mulheres tiveram de aprender a ultrapassar uma variedade de problemas para atingir certo grau de sincronia. Quando estes problemas não eram solucionados, a vida sexual do casal tornava-se vulnerável e surgiam problemas de maior dimensão.

O corpo

O problema mais óbvio diz respeito ao corpo: fazer amor é, em parte, uma questão de adequação de corpos. Muitas pessoas começam com o homem na posição superior e se as coisas correrem bem só aparece um único problema: o pénis encontrar a entrada da vagina. O simples acto da penetração repetida é facilmente aprendido e leva ao orgasmo masculino sem grandes dificuldades, salvo quando o homem está ansioso ou "se analisa" atentamente.

Quando se alcança uma posição satisfatória, ela passa a constituir para muitos casais a posição habitual, com poucas alterações, quiçá numa ou noutra variante. Esta limitação é devida normalmente à ignorância, mas o sentido das conveniências também pode bloquear a imaginação e impedir o casal de tentar novas ideias. A vítima mais comum desta atitude é usualmente o sexo oral. Mas os parceiros têm também de aprender as zonas erógenas (aquelas áreas do corpo que, quando estimuladas, produzem excitação sexual) e a maneira de as estimular. Uma mulher gosta de ser apalpada e afagada, outra muito apertada e beliscada. Com efeito, para um acto sexual satisfatório, tudo isto tem de ser aprendido.

Tempo para dois

O problema seguinte é o tempo. Tanto quanto diz respeito às mulheres, esta é uma das questões de maior importância.

As mulheres, ao longo do seu período mensal, variam no grau de resposta sexual e esta ainda varia de mulher para mulher, mas isto apenas significa que há dias em que as mulheres não têm um apetite sexual especial, embora desejem ter relações sexuais. Compete então ao homem assegurar que ela se excite adequadamente, gastando para isso o tempo necessário em carícias de preparação e actividades que a excitem. Deste modo, o homem deve saber quanto tempo necessita a sua mulher e quais são as actividades sexuais que ela mais prefere.

O homem também tem problemas de tempo, mas eles são menos evidentes. Alguns homens não necessitam de muita estimulação do pénis para «se virem», mas as mulheres depressa aprenderão a conhecer este período. Às vezes é possível um segundo acto depois da primeira relação sexual, mas para o homem isso não pode ser imediatamente a seguir. Passado algum tempo, que varia de homem para homem, a mulher pode começar a trabalhar sobre o seu homem para provocar outra erecção. A maneira de atingir esta finalidade é de facto crucial e só se pode descobrir a partir do próprio homem. Normalmente qualquer tipo de manipulação suave e paciente do pénis é capaz de produzir os resultados desejados. Uma mulher que proceda pesada e rapidamente ver-se-á desapontada.

Depois de o homem ter tido o seu orgasmo nem sempre se encontra consciente da situação da sua parceira. Tirar o pénis imediatamente seria indelicado, porque a mulher pode ainda estar num estado de excitação e amor. Na verdade, sentir o pénis rudemente retirado do seu interior parece um acto brutalmente egoísta. Se o homem não sabe se a parceira ainda não teve o orgasmo e quer ter um, ele deve perguntar e pôr depois em acção outros meios para a fazer chegar ao clímax. Se o desejo é intenso, o macho pode levá-la rapidamente ao orgasmo esfregando o clítoris da maneira que ela gostar.

O ritmo do encontro sexual tem obviamente outros problemas, mas a ideia geral deveria ter ficado clara. No fundo, trata-se da ideia de que o acto sexual entre duas pessoas contém uma grande área de egoísmo. Deve haver preocupação pelo companheiro, mas também entrega ao prazer. Alcançar este equilíbrio, o equilíbrio entre dar e receber, é uma questão de experiência inteligente e compreensiva.

Controlar a ansiedade e a excitação

Nas primeiras fases do acto sexual há muitos casais e indivíduos que sentem uma grande ansiedade. O controle desta ansiedade é um dos problemas prévios que uma sexualidade feliz tem de resolver. A ansiedade tem várias fontes. A mais evidente deriva claramente da atitude repressiva da sociedade a respeito do sexo, que engendra uma posição tensa quanto ao comportamento sexual. Neste caso, o prazer mútuo pode ser substituído por um sentimento de ansiedade a respeito da actuação: o acto sexual é antecipadamente visto como um encontro que pode ter um mau resultado. Os mais prejudicados por esta perspectiva costumam ser os homens.

Como é que se pode controlar a ansiedade? Do mesmo modo como se controla na vida quotidiana, noutras situações. Talvez seja mais fácil pensar nos temores das crianças. Uma criança com medo da água pode ser levada até à beira de uma pequena poça e a partir dai ser encorajada a ir mais para diante em cada visita. Nos primeiros encontros sexuais, o jovem adulto não é diferente da criança; o desconhecido é sempre perigoso e considerado mais perigoso por uns do que por outros. Deste modo, o problema da ansiedade pode ser resolvido adaptando uma aproximação lenta e gradual combinada com um resoluto esforço da vontade. Se uma pessoa se mantiver relaxada, se não se apressar e evitar ser desajeitada, mantendo a cabeça fria, então a ansiedade não interferirá negativamente no acto.

A ansiedade também pode provir da rigidez de pensamento. Se se começar o acto sexual com um plano de acção definido, ele não só limitará as possibilidades, como também qualquer alteração ao plano provocará uma perda de equilíbrio na actuação. Por exemplo, qualquer dos parceiros pode «arrefecer» por causa de uma nova sugestão feita no meio do acto. Assim, depois de ter estabelecido uma confiança inicial, é extremamente importante desenvolver uma atitude flexível e criativa a respeito de qualquer surpresa, de modo a evitar este tipo de choque.

Um tipo de ansiedade que costuma estragar a sexualidade de muitas mulheres é o medo de ficarem grávidas. Mas, a partir do momento em que apareceram métodos mais seguros de contracepção, este receio tende a ser menos frequente, pelo menos entre pares casados. A variedade de métodos contraceptivos disponíveis faz com que este temor seja normalmente superado muito antes de ser necessário um terapeuta sexual.

Pode parecer estranho, mas na verdade também é necessário controlar a excitação. O caso mais evidente de um problema baseado na sobreexcitação é a ejaculação prematura. Contudo, as mulheres podem desejar atingir o seu clímax perto do momento do clímax dos seus parceiros, e neste caso é necessário aprender a demorar o clímax dentro de certos limites por acto de vontade. Do mesmo modo, se o homem sentir que a sua companheira está perto do orgasmo mas que quer continuar por mais algum tempo, pode penetrar mais devagar ou menos profundamente ou então mudar para uma posição em que é possível prolongar facilmente a relação sexual. Quando é possível aplicar estes conhecimentos e tomar estas decisões, os problemas sexuais não passam de meras bagatelas.

Fantasia

Uma das áreas em que a ansiedade, a vergonha e a rigidez se podem combinar para limitar a sexualidade, é a fantasia. Por fantasia entende-se «a suscitação» de imagens de natureza sexual – não necessariamente fantásticas ou bizarras. Como já vimos anteriormente, as fantasias podem ser benéficas: algumas são ensaios de acontecimentos futuros; se forem antecipados com prazer, estes ensaios fornecem apenas um prazer adicional e frequentemente estimulante. Se os acontecimentos forem antecipados com ansiedade, então a sua função pode ser uma via para solucionar o problema antes de o enfrentar. As dificuldades podem ser previstas, analisadas e superadas com vantagem. A fantasia também pode ajudar um indivíduo a encarar uma nova actividade sexual, que pode, por seu turno, levar a novas fantasias, já que é da natureza da fantasia desenvolver-se e expandir-se para lá do pensamento original.

Contudo, no reverso da medalha, verifica-se que muitas pessoas ficam dependentes da sua fantasia. Podem acreditar que as suas fantasias são inaceitáveis por parte dos seus cônjuges, quiçá porque fantasiem actividades que são invulgares ou desviantes; ou quiçá porque as fantasias tratem de outras pessoas, conhecidas ou desconhecidas, que parecem do ponto de vista sexual altamente desejáveis. Revelar estes pensamentos pareceria ser ao mesmo tempo uma crítica ao companheiro e a prova de uma espécie de adultério mental. As personalidades inseguras pensarão que estas fantasias indicam que de facto não amam o companheiro ou que se o parceiro tem estas fantasias então é porque não ama verdadeiramente. Pode existir, evidentemente, uma certa verdade nestes receios, mas se assim for o melhor é trazê-los para a luz do dia, especialmente na terapia, onde podem ser calma e inteligentemente debatidos.

Permanecer num mundo privado de fantasias é criar desnecessariamente dificuldades para si mesmo, dado que as fantasias privadas, não compartilhadas, só podem conferir às fantasias uma sensação de culpa e os segredos culposos são os que naturalmente causam problemas. Outro problema surge quando um dos parceiros se entrega de tal modo à fantasia durante o acto sexual que esquece a existência do companheiro.

As fantasias devem ser conhecidas, encorajadas e partilhadas de modo a servir um amor mais aberto e uma maior flexibilidade. Deste modo, as fantasias compartilhadas tornar-se-ão parte da relação sexual entre duas pessoas realmente honestas, que estão mais preocupadas em oferecer prazer do que com qualquer pensamento de censura.

Comunicação e constrangimento

Se as pessoas se sentissem capazes de falar abertamente a respeito do sexo haveria muito menos dificuldades sexuais. Onde as dificuldades não são discutidas, também não são resolvidas. As dificuldades que não são resolvidas podem causar ressentimentos que, por seu lado, podem tornar a comunicação ainda mais difícil. É evidente que não são apenas o sexo e as sensações sexuais que são difíceis de discutir, mas também os próprios sentimentos: de raiva, de tristeza, de suspeita, de amor. São todos, na verdade, difíceis de discutir abertamente.

Os adultos acham especialmente difícil admitir que sentem ansiedade a respeito de uma situação que eles são supostos resolver facilmente. Os homens, por exemplo, odeiam admitir que têm ansiedade quando falam em público ou quando abordam uma mulher. As mulheres, por seu lado, também não admitem que experimentam ansiedade no que toca aos seus vestidos e à sua atracção sexual. A sociedade estabelece padrões de concorrência e os adultos sabem o que se espera deles na maior parte das circunstâncias. Quando têm dúvidas, mostram-se reservados.

Em geral, as regras da conduta sexual são conhecidas por toda a gente; os lugares onde se pode ter relações sexuais estão bem definidos. Há, porém, alguns aspectos do comportamento sexual a respeito dos quais muitas pessoas alimentam dúvidas e em que, portanto, sentem uma certa ansiedade e acerca dos quais encontram dificuldade em falar. O sexo oral é reprovado e qualificado como desagradável por muitas pessoas. Analogamente, muitos acharão as relações anais perfeitamente reprováveis e indesejáveis. Entre qualquer casal, há áreas em que o comportamento não é muito seguro, e o que é aceitável para um pode ser repugnante para o outro. Estas áreas necessitam, antes de mais, de ser discutidas abertamente, mas infelizmente ainda existe um tabu a respeito dos sentimentos e do sexo.

Realidade e romance

A dificuldade em falar acerca dos sentimentos estende-se também aos corpos e às funções corporais. Os vitorianos não gostavam de se considerar animais e para afirmar a sua superioridade sobre o reino animal exigiram que a natureza animal do homem fosse suprimida. Tornou-se, portanto, tabu expor livremente o corpo, falar dos cheiros corporais (as pessoas educadas passavam muito tempo a lavar-se e a perfumar-se); dar peidos e arrotar era extremamente indelicado e até mesmo o bocejo tinha de ser disfarçado.

Muitos destes tabus vão hoje em dia perdendo consistência: pode-se revelar o corpo e falar abertamente das funções corporais com muito mais liberdade. Porém, ainda continua a ser difícil para muita gente falar sobre o sexo, quer em público, quer em privado. E é em privado que o problema aparece, e ele normalmente surge onde a discussão clara não teve lugar.

As gerações do passado viram o comportamento sexual como comportamento animal e, como não havia nenhuma maneira de o evitar, pura e simplesmente suprimiram qualquer referência pública ou privada a essas matérias, rodeando-as de tanto romantismo quanto possível. As relações entre namorados eram tidas como espirituais e platónicas e a linguagem apropriada para este tipo de amor era a poesia e nunca a prosa descritiva. Ser aberto, franco e pouco sentimental desafiava e ameaçava a ilusão romântica: a ilusão de que todo o amor pouco tinha a ver com a sexualidade.

Aprender a falar sobre o sexo

As atitudes românticas ainda persistem e o problema das desordens sexuais é, em parte, uma questão de linguagem. O cidadão médio não está equipado com o vocabulário técnico para falar livremente acerca das partes do corpo e das actividades implicadas. Aprender o vocabulário e aprender a superar a vergonha e a ansiedade são duas coisas que vão a par. O terapeuta sexual começa a tratamento dizendo: «vamos lá aprender a falar juntos do sexo». O terapeuta que diz: «praticam o sexo oral?», está primeiramente a dizer que o «sexo oral» é uma maneira conveniente de referir o contacto oral-genital. O acto de se referir ao sexo oral é uma maneira de o terapeuta encorajar o casal a começar a referir-se a ele deste modo.

Gradualmente, o terapeuta tentará ser mais especifico e introduzirá provavelmente todo o vocabulário técnico, demonstrando a sua utilização e usando ao mesmo tempo vários sinónimos. As pessoas acham útil ter expressões alternativas, expressões mais informais para o orgasmo e as relações sexuais, especialmente em certas alturas. A adopção de um vocabulário informal que se reflecte em expressões tais como «vir-se», «tê-lo», ou no uso de palavras básicas tais como «foder», «pranchar», representa quiçá uma atitude mais relaxada e realista.

Falar sobre o sexo de maneira aberta sem usar palavras formais ou vagas leva inevitavelmente a uma necessidade similar de franqueza nas conversas a respeito dos sentimentos. Quer o homem quer a mulher sentem dificuldades em descrever os seus sentimentos. As pessoas dizem frequentemente que não «gostam» de fazer determinada coisa, mas que é que elas querem dizer com isso? Pretendem afirmar que acham essa coisa errada, desagradável ou assustadora? É valioso ser capaz de descrever os sentimentos com exactidão, e descrevê-los é também, evidentemente, identificá-los. Além disso, o terapeuta pode também certificar-se se as palavras que descrevem sentimentos positivos – amor, calor humano, excitação, etc. – entram nas conversas de um modo calmo e confiante. Assim, o processo terapêutico deve deixar o casal equipado para comunicar livre e facilmente quando conversam um com o outro a respeito das emoções sentidas e do sexo.

Lamentavelmente, quando as pessoas chegam à idade adulta, o hábito do segredo e das reticências sobre o sexo já está bem implantado. Costuma-se então dizer: «não me parece bem falar sobre isso», o que significa que foram completamente condicionadas para o não fazer. Infelizmente, tal declaração significa muitas vezes que não é só essa matéria que está bloqueada, como também a própria mente, o que quer dizer que se nega ao intelecto uma possibilidade de resolver o problema, de mudar o que é uma situação má. Pode também aparecer o problema de um parceiro estar preparado para discutir questões sexuais enquanto o outro se encontra no pólo oposto. Por exemplo, uma mulher que tenha passado os olhos por uma revista moderna que trata de sexualidade e que deseje começar a falar acerca de uma matéria que não foi aflorada desde há anos pode encontrar um homem que sinta que está a ser criticado e reaja com maus modos. Ou então talvez seja o homem a tentar abrir o debate com umas palavras sobre a falta de resposta da mulher e seja ela a pensar instantaneamente que ele já não a ama. Se eles forem incapazes de superar este tipo de reacção hipersensível, acabarão por edificar uma séria barreira contra qualquer comunicação nesta área.

Quando o terapeuta é solicitado, ele vai gastar bastante tempo a convencer cada um dos parceiros de que a expressão de sugestões e ideias não deve ser tomada como uma crítica mas sim como um meio de aumentar o prazer que cada um é capaz de dar e receber.

Parceiros iguais? Dificuldades maritais

Já se sublinhou um pouco mais atrás neste capítulo que a implantação muito vincada de papéis característicos ao macho (chauvinista) ou à fêmea (subserviente/passiva) tem lugar bastante cedo na vida. Tais atitudes levam a várias desigualdades e dificuldades. Na teoria, quase todos os casais concordariam em que a manutenção da relação pessoal implica uma responsabilidade igual por parte dos elementos do casal. Na prática, o mais usual é um parceiro ser mais dominante que o outro e este parceiro dominante pode gostar de tomar todas as iniciativas sexuais e ser sempre ele a sugerir o sexo.

O equilíbrio exacto na relação é uma questão que diz respeito à acção de cada casal e não é bom que o equilíbrio esteja permanente e irrevogavelmente inclinado para uma direcção, especialmente no que respeita à actividade sexual. O parceiro que inicia sempre a actividade sexual também é levado a assumir a responsabilidade do acto. O parceiro passivo não terá uma opção sobre a responsabilidade da participação, isto é, em dar e receber. Pior ainda, o parceiro dominante, ele ou ela, pode insistir no seu direito à dominação. Em ambos os casos o problema da responsabilidade partilhada deve ser reconhecido e discutido.

A menção do problema da dominação nas relações levanta toda a questão das próprias relações consideradas em si mesmas. Estabelecer uma relação é um problema muito complexo e há muitas coisas que podem falhar. Muitas mulheres alimentam ressentimentos contra os seus maridos. As queixas mais comuns é que o marido não contribui para as tarefas domésticas da casa; que fica fora até tarde, deixando a esposa sozinha, que não aceita a sua parte na criação dos filhos; que não consulta a sua mulher em questões financeiras; e que a mulher nunca tem uma oportunidade de sair sozinha. Os maridos queixam-se de que as mulheres andam sempre ocupadas; que as tarefas domésticas não lhes deixam tempo para se sentarem e serem agradáveis com eles; que se preocupam mais com os filhos que com o marido; que a esposa não se interessa pela sua apresentação pessoal; que a casa está suja ou demasiado limpa; que ele não pode tolerar os parentes dela, e assim por diante. Quer os maridos, quer as esposas queixam-se de que são humilhados na frente de outras pessoas, atingindo-os no seu amor-próprio. Os parentes e as outras pessoas costumam aumentar as dificuldades. Qualquer dos parceiros pode começar a sentir-se apanhado pelas circunstâncias numa ratoeira de que não é capaz de sair. Estes e outros problemas levam às discussões, especialmente quando um deles culpa o outro ou as crianças pela insatisfação geral das suas vidas e realizações. As discussões dão, por sua vez, origem a sentimentos feridos e a ressentimentos, e muito frequentemente um dos parceiros retirará ao outro os seus favores sexuais, parcial ou mesmo completamente.

Por outro lado, se um casal tem um problema sexual, isto só por si pode levar ao ressentimento e à discussão. É por causa disto que é tão importante distinguir entre uma dificuldade que é basicamente sexual e uma que é basicamente marital. Os terapeutas sexuais tentam limitar-se a problemas que são basicamente sexuais, mas, dado que os problemas sexuais e as dificuldades nas relações interpessoais estão frequentemente misturados, eles acabam por envolver-se também, em certo grau, nas relações maritais. Este livro não estuda os problemas maritais ou de relação pessoal, mas torna-se necessário estar atento, no caso de um casal, à necessidade de manter cada área relacional em bom estado. Esta actividade de renovação só pode ter lugar onde se estabeleça um hábito de comunicação e onde os problemas da conversa mútua e aberta tenham sido resolvidos.

O sexo como vítima

Idealmente, a maior parte dos problemas examinados deveriam ter sido solucionados nos primeiros anos da relação interpessoal. Mesmo quando eles não são tratados aberta e conscientemente, o casal pode conseguir o que parece um razoável ajustamento. A sua vida sexual pode tornar-se pouco frequente e bastante rotineira, mas não apresenta o que se pode chamar um problema sexual. Estes casais chegam a maior parte das vezes à meia-idade sem que se tenha manifestado o mínimo traço de um problema. Quando o problema aparece pode ter várias causas, e as causas poderiam ter estado a minar muito tempo antes de o casal perceber que havia coisas que iam mal.

Tome-se o problema do cansaço devido a um excesso de trabalho, que afecta a ambos, homem e mulher. Para o homem que quer «progredir» na sua carreira, ou que trabalha em tempo suplementar, o resultado imediato é uma redução no tempo que gasta com a família e uma redução do nível de energia. Em vez de fazer amor, ele prefere ser hipnotizado pela televisão ou deixar-se cair na cama. Inicialmente, reduz-se a frequência das relações sexuais, mas eventualmente também se reduzirá o entusiasmo. O acto pode vir a resumir-se ao essencial.

À medida que se envelhece

As dificuldades que aparecem na meia-idade podem ser acompanhadas por sensações de depressão por causa da juventude perdida e o sentimento de que nem ele nem a esposa são atraentes. A perda da energia juvenil e da atracção desses tempos pode provocar no outro parceiro a reorientação da sua sexualidade para pessoas mais novas. Será difícil não se sentir ciumento da sexualidade dos filhos e dos seus amigos. Os homens, mais frequentemente do que as mulheres, começam a sentir que a sua esperança de realizar qualquer coisa de significativo foi cortada pela meia-idade e quando as ambições juvenis não foram realizadas é extremamente fácil desenvolver-se e crescer um elemento de inércia depressiva. E isto afectará inevitavelmente a vida sexual.

Há ainda outros factores que também poderão contribuir para o problema: a bebida excessiva, que é muitas vezes um sintoma de desajustamento, afectará qualquer relação e causará problemas de potência; fumo em excesso só causará consequências passado bastante tempo, mas ao longo da vida a saúde do fumador ver-se-á diminuída e isso pode ser prejudicial para a sexualidade; a saúde que piora, por quaisquer razões, reduzirá indubitavelmente o desejo sexual e a actuação. Está fora dos objectivos deste livro descrever uma solução para todos estes problemas, mas os conselheiros maritais, os médicos ou os psicólogos podem dar uma ajuda importante.

Um ou ambos os parceiros de um casal que viveram juntos durante muitos anos podem envolver-se sexualmente e emocionalmente com outras pessoas. Quando esta relação é camuflada, as coisas podem passar-se assim: umas vezes há uma grande intensidade nas relações sexuais do casal original; outras vezes decai desastrosamente. Ocasionalmente, um encontro sexual acidental ou uma relação ocasional pode provocar um certo distúrbio psicológico, e a culpabilidade pode afectar o comportamento do parceiro infiel. O melhor método para lidar com esta culpabilidade é discutir as coisas abertamente no seio do casal e possivelmente com um terapeuta sexual ou um conselheiro marital.

Estes diferentes factores que podem causar problemas passados vários anos apresentam-se muitas vezes combinados. Por exemplo, o declínio físico é evidente à volta dos quarenta anos. Nenhum dos parceiros é tão resistente e activo como antes. As pessoas cansadas e que trabalham demais podem começar a fumar e a beber mais do que é aconselhável. As pessoas que negligenciaram as suas relações ou que foram incapazes de resolver conflitos psicológicos ao longo de muitos anos podem vir a desembocar num estado de permanente discussão ou de perpétuo aborrecimento. Também se deve ter presente que nem todos aqueles que pareciam parceiros adequados durante os primeiros anos do casamento o continuam a ser. É normal ver um membro do casal ainda activo e empreendedor enquanto o outro decai. Isto pode acontecer por variadas razões, algumas psicológicas e outras devidas à doença. Há outros casais que apenas se mantêm juntos por causa dos filhos ou porque é difícil separarem-se.

Por outro lado, as pessoas que trabalham demasiado e andam cansadas perdem muitas vezes o interesse e a esperança no futuro, apegando-se pateticamente à rotina conhecida. Demonstram uma falta de interesse criativo, tanto na sua sexualidade como nas suas vidas, e começam a negligenciar o próprio corpo. Uma alimentação excessiva e pouco exercício torná-los-ão ainda menos preparados para o exercício sexual e podem chegar a ter falta de ar apenas por causa do esforço físico. A falta de uma boa condição física impedirá provavelmente a erecção e a acção para chegar ao orgasmo. Este efeito não será tão evidente na mulher; porém, nenhuma mulher que deseje manter a sua relação num estado feliz pode adquirir peso excessivo ou negligenciar a sua aptidão física e o seu atractivo.

Sexo também para os idosos

No último decénio, tem-se discutido com mais atenção a actividade sexual dos idosos. Ela exige um ajustamento tão cuidado como na meia-idade. As expectativas podem ser demasiado altas. Se um casal espera atingir o orgasmo tão frequente e facilmente como quando era jovem, acabará por ficar desapontado e frustrado. As pessoas tendem a acreditar que cada acto sexual deve terminar no orgasmo, mas na verdade não há nenhuma necessidade de isto se passar assim. Um casal idoso pode decidir não apontar para o orgasmo no que toca a um ou a ambos os parceiros. Ao contrário, pode decidir ter mais pausas para descanso durante o acto sexual, que pode levar mais tempo. Onde haja qualquer diminuição de energia e de capacidade física, pode também adoptar-se uma outra posição para realizar o acto sexual. Por exemplo, uma posição em que nenhum dos parceiros suporte o seu próprio peso: uma posição de lado pode constituir a resposta para este caso. Em alternativa, a masturbação mútua pode ser menos penosa. Se houver uma deficiência em matéria de lubrificantes naturais, é aconselhável aplicar qualquer óleo. Não se deve negligenciar a necessidade de falar ocasionalmente sobre o estado da sua relação e da sua sexualidade. Um casal que tenha conseguido evitar as dificuldades que se deparam às pessoas de meia-idade não deve negligenciar as novas dificuldades da velhice. Quando os casais idosos continuam a ser flexíveis e criativos, a sua vida sexual prolonga-se, evidentemente em seu benefício directo e para sua felicidade.

IV
Quem é que precisa de Terapia Sexual?

Muitas pessoas experimentam uma disfunção sexual moderada em certo momento das suas vidas, seja provocada pela fadiga, pelas drogas, por uma pulsão reduzida, por ressentimentos ou por outro tipo de factores. Na verdade, as variações na actuação sexual e na intensidade do prazer fazem parte do quadro normal. Seria surpreendente se isto não se passasse assim, já que todas as outras capacidades humanas estão submetidas a estas variações. Uma pequena alteração – um orgasmo fraco, um orgasmo que demorou muito, uma passageira incapacidade de erecção, e assim por diante – é apenas origem de um certo desapontamento. Somente quando estas alterações se tornam mais evidentes – e isto é uma questão de grau – é que a palavra disfunção deve ser usada. Porém, sofrer de uma disfunção não é em si mesmo anormal. Só quando a disfunção é persistente e penosa é que se deve pôr a hipótese de recorrer à terapia sexual. É evidente que o limiar da aflição sobe quando as pessoas têm uma grande expectativa a respeito do seu comportamento sexual. Qualquer desvio desse elevado e rígido nível é considerado como um desafio e um desastre. Aqui são justamente as expectativas que estão erradas, e não necessariamente a potência sexual.

Um problema que pode aparecer hoje em dia no casal resulta das novas expectativas das mulheres em matéria sexual, que foram consideravelmente elevadas e muito mais definidas. A tónica desvia-se da actuação do macho e do seu próprio prazer, para reforçar a ideia de que eles têm o dever de assegurar uma adequada experiência sexual às companheiras, que de outro modo se sentirão prejudicadas. Hoje em dia as mulheres esperam que os homens demonstrem uma grande habilidade durante as fases preparatórias do acto e que estejam conscientes do estado de excitação da mulher para terminar simultaneamente com um bom orgasmo para os dois parceiros. Estas exigências, que não podem deixar de se manter, podem desafiar o ego do macho e provocar problemas sexuais temporários. Contudo, se o macho for capaz de reconhecer a justiça desta nova corrente, reconhecerá também o maior potencial de prazer que ela oferece. Desde que a sexualidade da mulher seja aceite como um facto, estes problemas desaparecerão.

1. Pulsão sexual baixa

Onde existe uma considerável disparidade na intensidade da pulsão sexual no seio do casal surgem problemas de diferente grau de importância. Um parceiro pode querer sexo duas vezes por dia enquanto o outro se pode sentir perfeitamente satisfeito com relações sexuais uma vez por semana. Superficialmente, esta dificuldade pode parecer mais grave quando é o macho o parceiro dotado com a pulsão sexual baixa, porque no caso oposto a mulher pode pelo menos deitar-se, e consentir, mesmo que não sinta o desejo de participar. Contudo, isto pode também transformar-se num problema quando ela não quer ter relações sexuais e o homem espera uma resposta activa.

Estes problemas de disparidade da pulsão sexual devem ser sempre examinados cuidadosamente. Na maior parte das vezes, descobre-se que têm na origem problemas de comunicação e de técnica sexual. O parceiro que tem uma pulsão sexual baixa pode exigir mais tempo ou mais habilidade para responder mais frequentemente. O denominado parceiro de alta pulsão sexual deve estar preparado para se abster em favor de uma maior cooperação e de uma maior intensidade sexual. As disparidades podem também esconder problemas psicológicos: o parceiro de maior pulsão pode sentir-se inseguro da afeição do cônjuge e requerer por isso mesmo uma constante confirmação, ou então sentir-se atraído pela actividade sexual numa situação em que o companheiro de baixa pulsão se recusa ou protesta no início do acto. Seja como for, uma análise cuidadosa dos problemas particulares de cada casal pode muitas vezes conduzir a uma solução bastante aceitável.

Não há problemas se ambos os parceiros tiverem uma pulsão sexual baixa e não andarem a fazer exigências um ao outro. Se esse casal desejar ter família e tiver problemas de fertilidade pode necessitar de terapia sexual para aumentar a sua pulsão sexual. Usualmente, porém, os casais só procuram a ajuda da terapia sexual quando têm problemas de marcada disparidade de pulsão sexual.

A pulsão sexual baixa pode ser crónica e aparentemente fazer parte da personalidade. Costuma ser acompanhada por uma atitude de indiferença crónica relativamente aos actos sexuais, fantasias e pensamentos. Este tipo de pessoa quase nunca «aquece». Este estado crónico de pulsão baixa pode também ser provocado por um gosto marcado pelos álcoois, sedativos, barbitúricos ou heroína. Pode ainda ser causado por uma fadiga permanente, depressão, incapacidade médica, epilepsia, diabetes, deficiências hormonais, medicamentação, mas todas estas causas são normalmente óbvias.

O aparecimento súbito de um estado de baixa pulsão sexual, no decurso de uma vida caracterizada por uma pulsão normal, é normalmente sintoma de alguma disfunção temporária. As causas mais usuais de tal redução temporária são a depressão, a ansiedade, a pressão psicológica, a fadiga, um transtorno na vida pessoal, doença, gravidez e desarmonia conjugal. As reduções crónicas na actividade sexual ocorrem nos casamentos pouco felizes. Contudo, estas não são tanto reduções da pulsão sexual, quanto incapacidade para colaborar na actividade sexual. A masturbação ou outras soluções podem ocupar o lugar do sexo a dois.

O nível da actividade sexual de determinada pessoa em determinada altura é evidentemente determinado por muitos factores. As circunstâncias podem ter conduzido a uma situação em que a pessoa não esteja a utilizar a sua capacidade psicológica em pleno. Pode ser que tenha muito pouco contacto com pessoas sexualmente activas; pode estar isolada; pode crer que a sua vida sexual está de facto a chegar ao fim; pode ter tido uma infância submetida a padrões repressivos, que mais tarde a leva a eliminar ou ignorar a excitação sexual. As mulheres, particularmente, têm sido frequentemente programadas para se comportar segundo um perfil sexual baixo: apresentar uma atitude recatada e casta. Ou podem então ter-se unido a um parceiro sexualmente inactivo ou viver num quadro social repressivo. As pessoas nestas condições sentem-se perfeitamente bem e oferecer terapia sexual seria um acto de intromissão. Afinal de contas, não há objecções a que uma pessoa mantenha uma certa capacidade de reserva. De certo modo, é o que faz a maior parte das pessoas: têm mais talentos do que aqueles que usam. Contudo, se requerem ajuda, a terapia pode sempre fazer entrar estas pessoas numa vida sexual mais activa através de uma educação erótica.

2. Relações sexuais dolorosas

A terapia sexual deve, em princípio, ser aplicada às pessoas que se queixam de dor associada aos contactos sexuais.

Os problemas associados com a dor são comuns em ambos os sexos. O nome que se dá às relações sexuais dolorosas é dispareunia. Pensou-se tempos atrás que este era um problema exclusivamente feminino, mas hoje em dia verifica-se que não é assim. É contudo menos frequente nos homens. Alguns, de facto, queixam-se de dores durante o acto sexual, e isto pode ser causado pela sensibilidade anormal da glande associada com a falta de higiene ou infecção. Por outro lado, quando a pele que recobre a glande tem uma abertura demasiado pequena para que possa vir atrás descobrindo a cabeça do pénis, cria-se uma situação que também provoca dor.

Às vezes as mulheres podem sentir dores na vagina devido a uma má lubrificação. A causa mais comum deste fenómeno reside na excitação que não foi adequada ou no jogo sexual de preparação. Se a vagina é mal lubrificada, também pode provocar dor no pénis, que não desliza no seu interior com a habitual facilidade. Quando a lubrificação natural não é suficiente, há uma variedade de lubrificantes comerciais que oferecem grandes vantagens. A dor moderada na vagina também pode ser considerada como um protesto ligado a uma baixa pulsão sexual e a um baixo nível de estimulação; à falta de satisfação do parceiro; ao medo de engravidar; e às ansiedades associadas ao crescimento em ambiente repressivo e com experiências infelizes.

As infecções da vagina (a mais habitual é a provocada por um pequeno organismo, o tricoma, ou então por uma espécie de fungo) podem inflamar as membranas mucosas e alterar a acidez das secreções, tornando doloroso o acto sexual. Às vezes, quando uma paciente é curada deste tipo de infecções, tende ainda a associar a dor com as relações sexuais.

A senhora W. apresentou-se a tratamento porque seis meses antes tinha sofrido um grave ataque de fungos. Foi tratada desta doença e não houve mais sinais da infecção, mas ela ainda se queixava de dores durante a relação sexual. Tinha trinta e três anos e o marido trinta e nove. Estavam casados há dois anos e tinham vontade de ter filhos. Durante a primeira entrevista declarou que o marido não a procurava estimular de maneira especial e que nunca lhe mexia no clítoris. Sentia-se embaraçada com esta situação mas não foi capaz de lhe comunicar o seu desejo de estimulação do clítoris. Disse que sempre tinha gostado de se masturbar. Os seus pais frequentavam regularmente a igreja anglicana, mas não eram pessoas rígidas. Ela tinha sido crismada, mas abandonou a religião aos catorze anos. Teve relações com rapazes e tentou ter relações sexuais com dezassete anos. Porém, como a situação foi marcada por uma grande ansiedade, ela não foi capaz de gozar plenamente da introdução e não atingiu o orgasmo. Encontrou o seu futuro marido na *boîte* local. Não se sentia muito atraída por ele fisicamente, mas gostava da sua personalidade e das suas atenções. Um ano mais tarde tornaram-se noivos e desfrutaram do sexo duas vezes por semana na posição de homem por cima. Depois do casamento tornaram-se mais aventurosos e experimentaram outras posições; porém, ela não tinha preferência por nenhuma em particular, enquanto o marido gostava delas todas. Satisfazia-se rapidamente e punha-se a dormir logo depois do acto sexual, enquanto ela ficava acordada e sentindo-se frustrada.

Depois de uma infecção pulmonar, tratada à base de penicilina, ela apanhou uma infecção na vagina e sofreu bastantes dores nessa região. O tratamento curou-a, mas ainda sente dores ao fazer amor e só permite relações sexuais uma vez por mês. Ela afirmava que só sentia a dor quando o pénis entrava e ele começava a executar os movimentos rítmicos de penetração. Usaram uma geleia lubrificante, mas este expediente não deu resultado.

Dado que não havia explicação física para esta dor, talvez ela tivesse uma base psicológica... A terapia sexual passou por esta prova com considerável sucesso.

Têm-se registado casos de infecção vaginal quando à relação anal se segue o contacto vaginal. Se depois da relação anal se pretender continuar com a relação vaginal durante a mesma sessão, o pénis deve ser cuidadosamente lavado entre os dois encontros.

A dor originada pela aplicação local de certas substâncias deve também ser considerada. Têm sido responsabilizados tanto os desodorizantes como certas substâncias contraceptivas, agora largamente difundidas. O sintoma destas aplicações locais é uma sensação ardente e de irritação da pele.

As mulheres podem também queixar-se de dores depois da menopausa. Pensa-se que esta dor é provocada pela contracção das paredes vaginais, devido às mudanças da menopausa. Este problema é solucionado, quer por uma lubrificação extra, quer por uma terapia hormonal de substituição.

A dor aguda na pélvis também pode ser originada por factores psicológicos, mas deve excluir-se desde logo qualquer causa física antes de chegar a uma conclusão. As dores deste tipo são agudas e desagradáveis, dependendo a sua intensidade das estruturas afectadas. Os sintomas podem surgir de feridas e infecções que se teve durante a infância ou provenientes de um aborto mal sucedido. Também se tem de considerar a possibilidade de infecções no útero, nos ovários e noutras estruturas pélvicas, examinando o seu estado. Sempre que os sintomas persistam deve-se obter a opinião de um ginecologista.

A senhora G., dona de casa e mãe, queixou-se de dores desde o nascimento do seu bebé. Depois deste nascimento ela teve de ser cosida e ouviu a enfermeira dizer: «parece um pouco desgastada», e o médico afirmar: «de facto». Com vinte e dois anos, era bonita e vistosa. Disse que desejava fazer amor e que podia sentir-se excitada e lubrificada, mas que não conseguia ter relações sexuais porque lhe faziam doer. O ginecologista examinou-a e verificou que a costura estava boa. No momento da penetração torna-se tensa, as pernas ficam rígidas, e, quando o seu marido a penetra, sente dor. Tentou ficar na posição superior mas isso não alterou nada. Falou da masturbação e de quanto gostava desta actividade com o marido, que lhe mostrou onde ficava o clítoris. Ela desfrutou de orgasmos antes do nascimento do bebé e a partir daí masturbou-se sozinha. Desejava, no entanto, ter um orgasmo com o seu marido e queria mais filhos. Verificou-se que a senhora G. estava a reagir contra os acontecimentos desagradáveis do recente nascimento, particularmente às feridas e à costura, e que os seus sintomas podiam ser tratados com a terapia sexual.

3. *Vaginismo*

O vaginismo é um espasmo dos músculos que rodeiam a entrada da vagina e que impede qualquer intrusão ou penetração para o interior do órgão. Esta condição revela-se com vários graus de intensidade. Contudo, quando é grave, a penetração é quase totalmente impossível sem empregar uma força considerável. O vaginismo é um fenómeno dramático que só por si exige a existência da terapia sexual. A situação é evidente logo que descrita. O espasmo não se limita à abertura da vagina, mas pode afectar todo o corpo — nos casos mais extremos os joelhos mantêm-se firmemente colados, nem sequer permitindo uma aproximação à vagina. Os casais com este problema abandonam todas as tentativas de ter relações sexuais e usualmente todo o contacto sexual que implique os genitais femininos. O vaginismo é uma razão frequente para a não consumação do casamento. A história do caso é normalmente suficiente para elaborar o diagnóstico, mas é indispensável um exame físico. A tentativa de meter o dedo ou os dedos na vagina do modo habitual será quase impossível e é desaconselhável. A mulher pode recuar e optar por evitar o dedo que se aproxima. Quando o caso é menos grave o dedo pode ser consentido, mas encontra uma resistência cada vez maior. Enquanto o exame prossegue tornam-se evidentes os sinais de medo.

A maioria dos casos de vaginismo são causados por experiências infelizes durante tentativas de actos sexuais ou durante episódios de violação. O vaginismo é portanto considerado como uma resposta em caso de medo condicionado que persiste em face de qualquer comportamento semelhante no futuro. O vaginismo pode ser primário, quando antes não houve um período de penetração normal, ou secundário, quando se desenvolve numa mulher que até essa altura consentia a penetração normal. Nos casos de vaginismo primário é frequente ter havido uma educação sexualmente repressiva. Os casos secundários podem também ser produto de experiências desagradáveis ou traumas psíquicos.

Além destes casos, que podem ser denominados psicossomáticos, há casos de vaginismo secundário que se seguem depois de relações sexuais dolorosas provocadas por feridas ou doenças nessa zona. A cura de tais casos consiste, evidentemente, na cura prévia do desarranjo físico.

Num casal em que a mulher tenha vaginismo não é invulgar que o macho apresente um certo grau de impotência.

O senhor e a senhora R. foram a uma consulta. A senhora R. era uma mulher bonita que podia ser descrita como «excessivamente forte». O seu casaco laranja contrastava com o seu cabelo ruivo, chamando evidentemente a atenção. O senhor R. estava vestido com muita sobriedade, calmo; era um homem apagado com um certo ar de timidez. A senhora R. soube dos factos da vida através da sua mãe, mas antes a mãe tinha-a apanhado a masturbar-se. Nas palavras da senhora R: «Esbofeteou-me e eu senti-me mal». Deixou de se masturbar e sentiu-se culpada dessa actividade que antes tanto apreciava. Tinha vários amigos na escola e quando saiu tornou-se uma estenodactilógrafa que apreciava as festas e os bailes. Encontrou o seu marido contabilista no trabalho quando tinha vinte e quatro anos e ele vinte e seis. Ela sentiu-se atraída, embora ele fosse bastante exigente para que as contas fossem apresentadas limpas e sem emendas. A senhora R. tinha levado uma vida recatada e o senhor R. foi o seu primeiro «noivo». Ele sabia o que se devia fazer porque tinha lido livros sobre sexo e proporcionou-lhe alguma excitação bastante estimulante no clítoris, mas esperaram até ao casamento para efectivarem o acto sexual. Ele insistia num longo namoro, embora ela se sentisse bem preparada para o casamento. Tiveram uma grande festa de casamento e foram para Bournemouth, onde passaram uma desastrosa lua-de-mel. Ela dizia que se sentia «fechar» quando ele punha os dedos perto da vagina e que estava muito ansiosa.

Um ano depois, com a idade de vinte e sete anos, «alargaram-lhe» a vagina, no hospital local, dado que o hímen era muito espesso, mas isso não tornou as coisas mais fáceis para a penetração. Quando a examinaram fisicamente na clínica, aonde foi a uma consulta, o médico foi incapaz de inserir o seu dedo mínimo no canal vaginal, mesmo assegurando-lhe que isso não causava dor. Disse que odiava todos os procedimentos médicos, que experimentava satisfação sexual perfeita por meio da estimulação do clítoris e que, fosse como fosse, o marido não tinha erecções. Ele admitiu que era verdade e que desde a lua-de-mel lhe era difícil ter uma erecção. Quando tentava penetrá-la perdia a erecção. A impotência do senhor R. derivava provavelmente do vaginismo da sua mulher.

Masters e Johnson citam dois casos de mulheres que prefeririam parceiras lésbicas, e isto parece influenciar o desenvolvimento do vaginismo.

O vaginismo, ainda que dramático, não é, felizmente, difícil de tratar. Muitas mulheres voltaram a admitir uma penetração completa depois de curto tempo de tratamento.

4. Disfunção orgásmica

Há muitas mulheres que procuram a terapia sexual porque lhes é difícil ou impossível chegar ao orgasmo durante as relações sexuais sem um certo tipo de estimulação manual. Está implícita nesta situação a ideia de que a mulher deve poder atingir o orgasmo só por meio do acto sexual. Para decidir se esta dificuldade deve ser considerada anormal, tem de se conhecer a percentagem de mulheres que a apresenta e a percentagem destas que teve uma educação liberal. E também o que deve ser considerado ideal. Como a incidência desta dificuldade é desconhecida, só se pode tentar responder à última questão. A maior parte das mulheres gostaria provavelmente de atingir o orgasmo graças ao acto sexual exclusivamente, pelo menos algumas vezes. Segundo a revista *Forum*, que publicou um questionário, só um quinto das mulheres inquiridas podia chegar ao orgasmo sem necessidade de estimulação manual do clítoris. Entretanto, três quintos necessitavam não só de estimulação vaginal como também de estimulação manual do clítoris.

Para o terapeuta, não é uma decisão de facto difícil. Se o homem ou mulher deseja tentar mudar o padrão de conduta, por que não? Há imensas possibilidade de ajustamento. A situação mais triste é quando o homem procura as relações sexuais apenas para ter orgasmo, desinteressando-se depois e mesmo ignorando o estado da sua parceira. Na pior das hipóteses, este homem não permitirá qualquer tipo de automanipulação manual nem a oferecerá ele próprio. Mas, numa ligação cooperativa e fundada no conhecimento destas matérias, pode descobrir-se uma posição que permita a estimulação manual por parte dos dois parceiros.

O que se poderia dizer de uma mulher que só alcançasse o orgasmo por meio de estimulação manual durante o acto sexual, é que apresenta em grau moderado uma disfunção orgásmica. Um grau pronunciado de disfunção orgásmica é representado pela mulher que tem frequentes e sérias dificuldades em atingir o clímax por qualquer método durante a relação sexual e quiçá também durante a auto-estimulação, se isso tivesse sido tentado. Esta dificuldade, que se costuma denominar «frigidez», não fica bem caracterizada por esta palavra, já que o vocábulo se aplica amplamente a todo o tipo de disfunções femininas. Masters e Johnson estigmatizaram-no tanto pela sua ambiguidade como pela sua carga emocional.

A disfunção orgásmica não implica a pulsão sexual baixa nem uma resposta sexual diminuída. A mulher responde frequentemente de forma normal até à fase de *plauteau*. A sua dificuldade pode consistir apenas na incapacidade de atingir o orgasmo, apesar de todos os esforços, e apesar de se sentir excitada e lubrificada. Depois de desenvolver muito esforço, pode sentir-se magoada, embaraçada ou aborrecida, e desistir. Isto deixa-a frente a uma longa fase de resolução, num estado de tensão sexual muito intenso.

A incapacidade de atingir o orgasmo pode ser primária, quando tenha sido sempre impossível ou difícil atingir o clímax, quer durante as relações sexuais, quer durante a masturbação, e secundária, quando a dificuldade só aparece depois de um período em que se teve orgasmos normais. Ocasionalmente, a mulher ver-se-á incapaz de atingir o clímax com um homem, mas perfeitamente capaz de aí chegar com outro. Outras mulheres apenas sofrem desta disfunção durante certas partes do seu ciclo menstrual ou então por nenhuma razão evidente.

A maior parte dos terapeutas pensa que a causa mais comum é de tino psicológico, ainda que ocasionalmente a disfunção esteja relacionada com uma doença séria ou acção de medicamentos — essencialmente os usados contra a depressão e a ansiedade. Algumas mulheres imputam as suas dificuldades às pílulas anticonceptivas, que também são susceptíveis de alterar as respostas sexuais. Também existe uma crença muito corrente de que as pessoas com músculos pubiococcígeos pouco desenvolvido experimentam dificuldades no orgasmo. Uma formulação melhor diria que o treino dos músculos pubiococcígeos pode criar potência orgásmica.

As causas psicológicas são provavelmente muitas, indo desde a inadequada estimulação até uma relação interpessoal bastante pobre. Masters e Johnson investigaram as causas das disfunções primárias e secundárias. Uma educação religiosa em que o sexo é equacionado com pecado e castigo aparece como factor comum em muitos casos primários. Verificaram que muitas das suas pacientes femininas eram emocionalmente imaturas e que outras tinham companheiros cuja potência era duvidosa.

A senhora K. é um bom exemplo de uma mulher que sofre de disfunção orgásmica primária e que foi criada dentro de uma estrita moral religiosa em Inglaterra. Os seus pais evitaram falar-lhe dos factos da vida. Ela foi desagradavelmente surpreendida pelos períodos mas obrigou-se a debater a matéria com algumas raparigas da escola que funcionava no convento. Ela nunca discutiu a masturbação e não sabia o que era quando foi entrevistada inicialmente. Tinha levado uma vida dura. Com dezasseis anos, quando ainda andava na escola, foi seduzida pelo tio — foi uma experiência dolorosa e terrível, embora depois ele lhe demonstrasse afeição. O resultado desta experiência foi a gravidez; ela nunca sentiu qualquer problema em revelar que o seu tio era o pai da criança e os seus pais mostraram-se desgostados e punitivos quando descobriram que ela estava grávida. Fizeram-na abandonar a escola e ir para uma casa de mães solteiras, onde deveria esperar o bebé. Todas as raparigas da casa viviam com um medo espantoso do momento em que deveriam «entregar» os seus filhos para adopção, para nunca mais os verem. A senhora K. sentiu partir-se-lhe o coração quando isto aconteceu e decidiu jamais regressar a casa e seguir um curso de puericultura.

Chegou à clínica com o aspecto de quem tinha vivido bem, pois parecia muito mais nova do que os seus trinta e oito anos fariam supor. Tinha uma compleição ligeira e um penteado ondulado e à moda. Contou o que fizera durante os anos que iam dos dezasseis aos trinta e oito e descreveu o seu casamento com um pediatra apagado que conheceu durante o seu treino paramédico. Disse que se sentiu incapaz de lhe falar acerca do seu filho ilegítimo até depois do nascimento do seu primeiro filho. Ele mostrou-se calmo e compreensivo, mas ela sentiu-se envergonhada e embaraçada. Ele era uma pessoa de confiança, que nunca a conseguiu estimular adequadamente. Ela sentia-se inicialmente excitada, mas nunca conseguia passar a barreira e atingir o orgasmo. Ela achava-o demasiado calmo e cheio de boas maneiras e acabava por comportar-se reprimidamente, nunca se entregando de forma descontraída. Notou que principiava a estar obcecada com o orgasmo, queria-o desesperadamente e sentia-se extremamente desapontada por não o conseguir.

As causas da disfunção orgásmica secundária não estão tão claramente definidas, segundo os trabalhos de Masters e Johnson. Alguns casos são atribuídos a uma pulsão sexual baixa e outros a preferências de tipo lésbico. Outros teóricos pensam que é a incapacidade para «se deixar ir», para se descontrair completamente, que constitui a base do problema. Teoricamente, esta incapacidade pode ser causada pela ansiedade ou pelo sentimento de culpa; por outro lado, a mulher pode recuar perante esta descontracção por não confiar totalmente no amor do companheiro. Para ela, o momento do orgasmo representa uma perda de controle, um estado de vulnerabilidade potencial em que se revela tal como é. Outros terapeutas associam a anorgasmia secundária a más relações maritais.

Quando a preocupação principal da mulher é satisfazer e agradar ao companheiro, estará a vigiar a sua actuação com ansiedade e não atendendo ao seu próprio prazer. Se o seu orgasmo se aproxima ela pode pensar que perturba ou interrompe o seu companheiro deixando-o acontecer. Ela pode saber, por experiência ou intuição, que, se tem um orgasmo, o seu companheiro sentirá que o grande objectivo do acto — o orgasmo masculino — foi iludido. Uma mulher que queira ser conivente na manutenção desta desigualdade pode aprender a atrasar o orgasmo. Infelizmente, persistir nesta prática leva à perda do interesse sexual — a inibição foi longe de mais — e os orgasmos tornam-se esquivos. Embora estas formulações ajudem a explicar a anorgasmia, também é útil lembrar que há outros factores presentes, tais como ignorância e técnicas sexuais muito pobres.

A menina T., de dezanove anos, loura e bonita, uma secretária elegante, era profundamente ignorante dos factos da vida e desconhecia a sua própria anatomia. Quando apareceu não vinha tentar tratar um problema sexual, mas uma fobia a andar de avião. Ela e o seu amigo foram num passeio a Maiorca mas ela tinha medo de viajar de avião. Queixou-se também da sua vida sexual durante a entrevista de rotina, dizendo que não sentia grande prazer com o seu companheiro e perguntou se a podiam ajudar neste problema. Descreveu uma forma de masturbação no banho, provocada despejando água em cima de si com uma esponja. Nunca disse nada a ninguém e pensava que era uma coisa boa. Descobriu este expediente aos dezasseis anos. Entretanto, tinha debatido os ciclos menstruais com uma amiga, e a mãe, embora tivesse falado com ela sobre a menstruação, omitiu propositadamente qualquer referência aos factos da vida. Não sabia nada do clítoris.

Levou uma vida caseira até aos dezoito anos, altura em que se dirigiu a Londres para trabalhar. Encontrou então rapazes, um dos quais era mais velho do que os outros e foi ele quem a iniciou sexualmente. Ela gostou da experiência e atingiu o orgasmo. Contudo, ele devia ser um patife, porque a abandonou passado pouco tempo. No espaço de um ano ela percebeu o que queria e encontrou um rapaz seguro e em quem se podia confiar. O único senão era que ele não parecia ser um amante muito experimentado. O seu jogo de aquecimento era muito curto, e, pelo que disse a entrevistada, ele nem sequer era capaz de lhe mexer nos sítios certos. Porém, ela não sabia o que fazer. Gostava do amor que ele lhe dedicava, mas sentia-se desapontada por não atingir o orgasmo. Não desejava mudar de companheiro, pois até tinham decidido viver juntos, e além disso sentia-se genuinamente apaixonada por ele.

Muitas pessoas que apresentam fobias têm normalmente problemas sexuais. A menina T. e o seu amigo eram muito ignorantes em matéria sexual e a terapia sexual parecia uma opção evidente no que toca ao tratamento, que foi de facto bastante bem sucedido.

5. Impotência

A palavra impotência vem do latim *impotentia*, que significa uma falta de poder. A impotência é a persistente falta de capacidade para conseguir e/ou manter uma erecção suficiente para penetrar a vagina e concluir o acto sexual com a satisfação do macho. Masters e Johnson consideraram que a incapacidade de erecção era, em vinte cinco por cento dos casos, uma incapacidade persistente. Normalmente o homem que é impotente é incapaz de erecção antes da relação sexual, mas há alguns que a perdem durante a penetração ou pouco tempo depois dela. A impotência pode ser diagnosticada positivamente apesar de haver ejaculação, já que cada uma tem o seu próprio mecanismo.

Há, evidentemente, graus de impotência. Alguns homens só têm uma erecção completa imediatamente antes da ejaculação. Outros são capazes de manter uma erecção bastante satisfatória durante a masturbação, mas são incapazes de a manter durante a relação sexual. Estas pessoas, por definição, são consideradas impotentes.

A impotência primária existe quando um homem nunca foi capaz de ter um relação sexual normal por causa da sua falha na erecção, ainda que durante a masturbação a possa ter. A impotência primária é rara e Masters e Johnson apenas encontraram trinta e dois indivíduos num período de onze anos. Muito mais comum é o homem que foi potente durante algum tempo e que por qualquer razão se tornou impotente. Este estado é denominado «impotência secundária».

É difícil estabelecer a frequência da impotência na população geral. Passaram vinte anos desde que Kinsey descobriu que ela afecta um homem em mil na idade dos vinte anos, subindo aos vinte cinco em mil aos quarenta e cinco anos. Num recente número da revista *Forum*, um anúncio para impotentes para se apresentarem voluntariamente a fim de testarem um novo soro contra a impotência, fez aparecer 3457 respostas quando apenas cem eram necessárias. Provavelmente, a incidência da impotência aumentou a partir dos anos cinquenta.

A impotência tem causas físicas e psicológicas. É frequente operarem juntas. As causas psicológicas consistem num conjunto de factores de ordem pessoal e sociocultural. A maioria das autoridades nesta matéria sugerem que as causas fisiológicas respondem por cinco a dez por cento de todos os casos de impotência. Talvez hoje em dia estes números tenham de ser ligeiramente aumentados para levar em linha de conta os casos de impotência provocados pelos consumidores de drogas.

Antes que se diagnostique o caso como de causa psicológica, é necessário ter sempre em consideração a possibilidade de doenças orgânicas. Uma importante pergunta ajudará a ver claramente esta distinção. Pode o paciente obter uma boa erecção durante a masturbação, durante os sonhos, quando acordado ou com outro parceiro? Se a resposta for «sim», as causas orgânicas e físicas podem ser afastadas. Onde haja dúvida deve-se fazer um exame físico para excluir causas locais, tais como deformidades do pénis e outras. Um cuidadoso exame neurológico poderá eliminar a possibilidade de um desarranjo cerebral e doenças da coluna vertebral. Há uma poderosa presunção de causa física quando há uma disfunção simultânea na micturição. Deve-se também sempre procurar possíveis efeitos da diabetes. Por outro lado, desarranjos glandulares, incluindo doenças da tiróide, serão normalmente tão óbvios que só dificilmente poderão causar qualquer tipo de confusão.

Há também várias drogas que podem provocar impotência. A relação definida entre uma dada droga e a impotência é, a maior parte das vezes, identificada pelo paciente. Isto é particularmente assim no caso de medicamentos utilizados para controlar a alta tensão arterial (drogas anti-hipertensoras), que afectam directamente os mecanismos da erecção. O álcool, os sedativos, os medicamentos com ópio, tomados em quantidades suficientemente elevadas para produzir sonolência, pulsão sexual baixa ou debilitamento, podem provocar vários graus de impotência, embora a relação não seja muito clara. As dificuldades também aparecem quando tais medicamentos são receitados para situações psiquiátricas que, em si, afectam a potência sexual. Em tais casos deve levar-se a cabo um inquérito detalhado para poder extrair conclusões correctas. Os antidepressivos, especialmente os das séries tricíclicas, tais como a imipramina, têm sido considerados como causas de impotência, para lá dos já bem conhecidos efeitos inibidores da ejaculação. Ora, como estes medicamentos são normalmente receitados para situações depressivas, nem sempre é fácil decidir se é a depressão ou a droga a responsável pelo efeito. As mesmas observações se aplicam igualmente às fenotiazinas, que têm efeitos farmacológicos idênticos.

Uma das causas psicológicas mais vulgares da impotência é o condicionamento negativo. O comportamento ou o acto sexual associaram-se a algum acontecimento redutor de ansiedade e esta associação foi aprendida e incorporada na consciência da pessoa em causa. Assim, quando aparece a necessidade de erecção, em vez de se sentir o prazer da excitação sexual, a pessoa sente-se preocupada e ansiosa. Sensações desagradáveis inibem a erecção. As ansiedades deste tipo podem estar relacionadas com múltiplos acontecimentos desagradáveis que já ocorreram ou que poderão vir a ocorrer: uma infância dominada pela repressão sexual, hostilidade para com o companheiro, medo da gravidez, da doença, da descoberta ou da rejeição, ansiedade e temor de que a actuação sexual seja insuficiente para satisfazer quer os objectivos pessoais, quer as hipotéticas exigências do companheiro, medo de que a impotência se manifeste de novo, pressão psicológica, excesso de trabalho, medo de que surjam de novo doenças já experimentadas, tais como ataques cardíacos, e também receio de ter uma ejaculação prematura. A associação de tais medos com a incapacidade de erecção é um exemplo de condicionamento negativo.

A impotência provocada pela ejaculação prematura é um caso especial, dado que aqui a anormalidade primária é a própria ejaculação prematura. A impotência que desenvolve associada a esta condição aparece normalmente depois de uma longa experiência de dificuldades de ejaculação. A frustração repetida na demora da ejaculação leva ocasionalmente a uma sensação de incapacidade e a desavenças conjugais. Este é o quadro em que costuma aparecer a dificuldade de erecção. Em bom número de casos, a incapacidade de erecção não impede a ejaculação prematura, que acontece apesar de o pénis estar flácido. De resto, a impotência de erecção pode impedir qualquer resposta.

O condicionamento negativo ocasionado por uma educação repressiva é provavelmente uma das causas mais comuns e uma das mais acutilantes. Tipicamente, o rapaz teve um pai ou mãe dominantes, que condenavam fortemente o comportamento sexual. As primeiras experiências de masturbação foram perturbadas e associadas a uma sensação de culpabilidade e ao medo dos pais. Atitudes religiosas muito marcadas são muitas vezes características destas famílias e o conceito de pecado está frequentemente ligado ao comportamento desaprovado. O resultado de tudo isto é que se sedimenta a ideia de que o sexo é uma coisa pecaminosa e suja.

O senhor F., um homem corado, barrigudo, e professor da escola preparatória, com cinquenta e dois anos, marcou uma entrevista por causa da sua impotência secundária. Ele tinha sempre tido uma sensação de culpabilidade a respeito da masturbação e lembrava-se de o seu pai lhe dizer que se o apanhasse a masturbar-se lhe dava uma sova. O senhor F. era então um rapaz normalmente dotado para o sexo e não conseguia resistir à masturbação, que fazia depressa e com medo de o pai aparecer. O ambiente que encontrou na escola estadual foi pouco mais simpático e relaxante; lembrava-se do medo que tinha de um professor o descobrir. Ele associava o sexo com o proibido e sujo. Os outros rapazes andavam constantemente a discutir o sexo e ele sentia-se confiante pelas suas actividades, mas ficou bastante chocado quando um dos colegas descreveu como tinha travado relações sexuais com uma prima mais velha durante as férias da Páscoa. O senhor F. dava voltas à cabeça imaginando o que seria deitar-se com uma rapariga, mas nunca teve nenhuma oportunidade durante o seu tempo de escola ou quando seguiu para a tropa, onde havia uma grande falta de raparigas; tratava-se, de facto, de duas comunidades dominadas pelos machos. A sua sorte mudou quando encontrou a sua futura esposa numa festa de militares. Ela era uma rapariga bonita, magra, elegante, que debutava num magnífico vestido de seda e um chapéu de palha. Ele apaixonou-se por aquela beleza delicada logo que a viu. Convidou-a para o cinema no dia seguinte e ela tornou-se a sua primeira e única companheira. Do ponto de vista fisiológico, as coisas foram indo bem e ele teve boas erecções mas ambos queriam esperar até casar para ter relações sexuais completas. Quando se casaram, as coisas correram muito bem; ele tinha boas erecções e penetrava-a perfeitamente. Nasceram duas crianças e sentiam-se ambos felicíssimos.

Um dia o senhor F. estava um bocado tocado e perdeu a erecção quando tentava penetrar a mulher. Sentiu imediatamente que estava a ser punido pelas suas masturbações do passado e tornou-se extremamente ansioso. Evitaram o sexo durante uma semana e ele começou a preocupar-se cada vez mais quanto à próxima oportunidade: quando tentaram novamente voltou a suceder a mesma coisa. Este padrão continuou a manifestar-se até ao ponto de nem sequer conseguir ter uma erecção. Ele aceitou esta infeliz desgraça como um castigo merecido pelos seus pecados do passado e disse: «eu sabia que as coisas acabariam por modificar-se».

A culpabilidade a respeito do sexo pode aparecer por outras vias, por exemplo nos homens que mantêm uma ligação extramarital ou que visitam uma prostituta, quiçá aquando primeira vez. A impotência pode ser causada por dificuldades conjugais e o terapeuta tem de encontrar respostas para um certo número de perguntas. Que é que há quanto à desarmonia marital? A interacção entre os dois membros do casal é destrutiva ou ultraconcorrencial? A desarmonia é anterior à impotência ou existiu sempre impotência? É sempre necessário uma análise cuidadosa, dado que o ressentimento e a desarmonia podem existir de ambos os lados. Quando é o macho que se sente cheio de ressentimento, hostil e nada amoroso, a impotência pode ser o resultado de tal situação. O homem pode querer punir inconscientemente a sua esposa negando-lhe os seus favores sexuais, enquanto a mulher pode exprimir a sua agressão na crítica à sua actuação sexual. Os esposos que se sintam aborrecidos um com o outro, mas que se mantêm juntos por hábito ou conveniência, podem ser incapazes de se excitar convenientemente de forma a provocar um estimulo sexual. Muitos destes casais foram incapazes de introduzir novidade nas suas relações e devem ser ajudados com novas ideias e perspectivas — a interacção com um terapeuta sexual é em si mesma tão excitante e interessante como seria uma relação com uma terceira pessoa.

Uma outra forma de impotência, bastante negligenciada mas que parece ocorrer com mais frequência, pelo menos na Grã-Bretanha, é a que consiste numa baixa pulsão sexual. O homem com uma reduzida pulsão sexual é hoje em dia especialmente vulnerável a um parceiro dotado de uma alta pulsão e que faz excessivas exigências. Os homens costumavam ter o monopólio da persuasão sexual, mas a emancipação da mulher está a mudar este quadro. A mulher moderna pode pedir o que lhe apetece — pode efectivamente tomar a iniciativa.

É provável, ainda que não seja certo, que a impotência seja mais frequente em homens com personalidade neurótica (ansiosos, tensos, inseguros, susceptíveis a fobias, insónias e depressões, que sentem falta de confiança, obcecados, hipocondríacos, e assim por diante). Este tipo de personalidade é parcialmente herdado geneticamente.

Alguns homens são impotentes com as mulheres porque estão orientados para a homossexualidade. Presumivelmente, neste caso, a presença de uma mulher é insuficientemente excitante para haver uma adequada estimulação sexual.

O senhor J., um criado espanhol de vinte e três anos de idade, apresentou-se com impotência primária. Ele nunca tinha sido potente com uma mulher, embora tivesse erecções excelentes com outros homens. Estava refinadamente vestido e bem-posto. Era um bastardo e a sua mãe fingia que o pai tinha morrido. Acabou-se-lhe o dinheiro e ele foi enviado para um orfanato entre os sete e os treze anos. Os padres eram sádicos, mas os rapazes eram ternos e calorosos. Desfrutou da masturbação mútua com outros rapazes, mas sentia-se culpado depois destas experiências. Com treze anos, foi adoptado por pais idosos (o pai adoptivo tinha sessenta e três anos e a mãe adoptiva cinquenta e nove). Demonstraram-lhe uma grande afeição mas nunca lhe explicaram os factos da vida; estes, aprendeu-os ele dos outros rapazes no orfanato. Portanto, continuou a ter prazer com outros rapazes. O seu primeiro contacto com uma rapariga foi com uma prostituta parisiense. Não conseguiu ter uma erecção e sentiu-se sujo quando ela nem sequer lhe deixou dar um beijo. Mais tarde, encontrou uma rapariga inglesa em Maiorca, onde tinha arranjado um emprego como criado. Deu-lhe uma «camisa de Vénus» para usar quando estava com uma boa erecção, mas, como ele nunca tinha visto uma antes, perdeu imediatamente a erecção.

Voltou depois para Londres, sentiu-se sozinho, e estabeleceu uma ligação com outro homem no mesmo alojamento. Isto foi um fracasso porque o seu amigo tornou-se possessivo e ciumento a um grau quase paranóico. Encontrou depois uma criada no restaurante em que trabalhava. Ela era espanhola e tinham ambos muitas coisas em comum; eram sensíveis e apreciavam os escritos de Garcia Lorca. Beijaram-se e ele sentiu-se inicialmente muito excitado, mas foi dominado pela ansiedade quando falhou na manutenção do ritmo.

O senhor J. foi suficientemente estimulado para ter uma erecção inicial, mas provavelmente o seu condicionamento positivo estava mais relacionado com rapazes do que com raparigas.

A impotência pode também estar associada a um desgosto, normalmente condicionado por uma educação sexual defeituosa, pela ignorância e por uma inedequada explicação dos factos da vida. Alguns jovens acham os sonhos eróticos uma experiência traumática se forem ignorantes nestas matérias, e depois associam o esperma a coisas sujas e desagradáveis, especialmente se foram obrigados a limpar os lençóis. Alguns homens têm sensações desagradáveis associadas com os cheiros vaginais e os órgãos genitais das mulheres.

O aparecimento de impotência passageira é uma coisa que acontece a muitos homens. A experiência pode ser bastante enervante para alguns homens que têm grandes expectativas sexuais ou para os que têm uma tendência para se preocupar. A primeira experiência de impotência pode causar tanta ansiedade que a impotência pode aparecer subsequentemente. Afortunadamente, tais casos apenas requerem uma mulher paciente e simpática para que tudo volte a uma situação normal. A confiança pode ser o suficiente.

A diferença crucial de personalidade entre os homens que se tornam impotentes e os que não se tornam pode determinar a velocidade e os detalhes com que se implanta o condicionamento negativo. Uma experiência desagradável pode ser suficiente para tornar alguns homens muito ansiosos e subsequentemente impotentes, enquanto outros nem sequer se lembrariam dela. As pessoas de carácter neurótico e instável tendem a ser condicionadas mais rapidamente do que as de tipo estável.

Os psicanalistas já deram a sua própria explicação. Nuns casos, é a castração inconsciente da ansiedade que produz os efeitos. O complexo de Édipo estipula que o rapaz tem desejos incestuosos e possessivos relativamente à mãe — está a competir com o pai pelos seus favores e deseja matá-lo; o castigo pode ser a castração e assim, por generalização, o acto sexual é entendido como um perigo. De um ponto de vista histórico, a importância de alguns conceitos psicanalíticos não pode ser subestimada e mesmo hoje ainda impregnam grande parte do pensamento moderno. Contudo, as ideias e conceitos devem ser olhados como instrumentos do pensamento para explicar e predizer, e nesta função as ideias psicanalíticas não são tão eficazes como outras ideias modernas. Muitas estão demasiado vagamente definidas para serem objecto de análise científica e, ou são postas de parte, ou então são reformuladas com mais exactidão. Não há, no entanto, perigo de que se ignore os seus mais importantes pontos de vista.

6. Ejaculação prematura

A ejaculação prematura pode ser descrita como o condicionamento pelo qual o orgasmo e a ejaculação ocorrem persistentemente antes ou imediatamente depois da penetração da fêmea durante o coito; esta definição é amplamente utilizada. Masters e Johnson consideram um homem um ejaculador prematuro se ele não é capaz de controlar o seu processo ejaculatório durante um adequado espaço de tempo durante a penetração intravaginal de modo a satisfazer a sua parceira, pelo menos em cinquenta por cento das suas conexões coitais. Além disso, afirmam que, se a mulher é persistentemente anorgásmica por outras razões diferentes da rapidez da ejaculação do macho, a definição não tem validade, mas pelo menos têm o mérito de se afastar do conceito tradicional antes proposto. Por exemplo, a definição sugere que um homem sofre de ejaculação prematura se se «vem» dentro de trinta ou cinquenta segundos depois de penetrar. Os problemas de qualquer definição é que na prática tendem para a rigidez quando se aplicam a um fenómeno que tem uma ampla gama de expressão. Na prática, os terapeutas preferem falar de graus de ejaculação prematura. Por exemplo: «ele tem ejaculação prematura de grau médio». A ideia nuclear é bastante clara: o homem vem-se demasiado depressa, isto é, quer antes de entrar, quer pouco depois; não é deficiente quanto à estimulação ou à erecção, embora possa ser considerado como sobreestimulado.

Kinsey investigou a anormalidade desta condição. Estabeleceu que nos Estados Unidos é normal para os machos com níveis educacionais baixos tentar ter o orgasmo o mais depressa possível logo que tenham penetrado a sua companheira. Os machos de classes mais altas tentam mais frequentemente atrasar o orgasmo. Kinsey adiantou ainda que três quartos dos machos atingem o orgasmo dentro de dois minutos depois de o pénis ter penetrado, e que muitos machos atingem o clímax em menos de um minuto ou mesmo dentro de dez ou vinte segundos depois da penetração coital. Ele examinou outros mamíferos em que o macho ejacula quase imediatamente depois da introdução do pénis, e notou que isso é normal nos primatas mais próximos do homem. Os chimpazés só levam dez ou vinte segundos para ejacular.

Não se pode evidentemente argumentar que o que é verdadeiro para uma espécie seja necessariamente verdadeiro para outra. Porém, deste conhecimento podem derivar novas ideias e atitudes. Neste caso é valioso ter em mente que nem todo o comportamento humano rotulado como disfunção é uma disfunção biológica; pode ser a incapacidade de viver segundo um modelo ideal.

Sejam quais forem as causas, a ejaculação prematura encontra-se associada a muita desgraça e ruptura de casamentos, porque os parceiros numa situação deste tipo parecem incapazes de a manobrar. A situação pode ser mais frequente nos Estados Unidos, mas o número de casos referidos em Inglaterra continua a aumentar. Felizmente, não é difícil de curar.

As causas físicas são provavelmente muito raras, mas devem ser consideradas num homem que se torne num ejaculador prematuro depois de muitos anos de normalidade. A autora americana Helen Kaplan cita casos provocados por inflamação da uretra do macho ou da próstata. Por aqui se vê novamente que, onde haja uma perda de controle urinário ou defecatório de origem neurológica, pode ocorrer a incontinência ejaculatória. Isto pode encontrar-se nos casos de esclerose muito difundida e outras doenças que provoquem a degenerescência do sistema nervoso central.

Os que estudaram a história de muitos casos de ejaculação prematura pensam que a maior parte dos casos são referidos por instigação da mulher — é normalmente a sua insatisfação que leva o problema ao terapeuta.

Descobre-se então normalmente que a situação existiu ao longo de toda a vida sexual do paciente. Até mesmo aquando da masturbação em adolescente, a resposta ejaculatória era excessivamente rápida. Alguns destes homens parecem possuir uma forte pulsão sexual e ter casado com mulheres sexualmente inibidas. Mas talvez isto seja mera probabilidade.

Há um outro grupo de homens que tendem a ter personalidades neuróticas, ansiosas e inseguras. Estes homens tiveram normalmente durante a infância relações bastante difíceis com os pais. Se a culpa é da criança ou dos pais, é um ponto obscuro; talvez de ambos.

Numa série de casos recolhidos por John Johnson, em três para cada dezoito a ejaculação prematura surgiu depois de um grande período de normalidade. Em dois casos o homem casou-se de novo; um com uma «frígida» e outro com uma «apaixonada». A mulher do terceiro começou a perder o interesse pelo sexo logo que nasceu um filho. Dois destes homens possuíam uma grande pulsão sexual.

Masters e Johnson pensavam que eram principalmente as camadas mais cultas que recorriam a um terapeuta sexual, quiçá porque os homens de pouca cultura sentem pouca responsabilidade pela sexualidade das suas companheiras. As mulheres de classe média e cultas também são provavelmente as que mais encorajam os seus maridos a procurar ajuda. Alguns psiquiatras americanos consideram que é a maior liberdade sexual das mulheres hoje em dia que pode provocar o aumento dos problemas dos homens. Obviamente há uma frustração considerável para a mulher que se excita durante a preparação para o acto sexual, com a penetração, e depois se vê abandonada, quando o seu homem «se vem» prematuramente e perde o interesse e a erecção. No homem que tem uma tendência para a ejaculação prematura, uma mulher cada vez mais exigente pode vir a limitar mais ainda a resposta sexual. Este efeito pode ser produzido tanto pela sua excitação, como pela ansiedade que ela pode induzir no seu esposo. Infelizmente, quando ocorrem dificuldades sexuais os intervalos entre os encontros sexuais tornam-se mais espaçados. Isto produz naturalmente um estado de maior excitação, que por sua vez pode apressar a ejaculação.

Há também uma sugestão, baseada em certo trabalho laboratorial em Londres, de que o período refractário do homem com ejaculação prematura seja extremamente curto. Isto é, eles serão capazes de obter uma erecção satisfatória e o orgasmo pouco depois do primeiro fracasso. Como este segundo orgasmo não surge usualmente com a velocidade do primeiro, isto sugere imediatamente um método de cura; esta questão é debatida no capítulo dedicado ao tratamento.

Muitos terapeutas pensam que as experiências da primeira relação sexual influenciam o desenvolvimento do subsequente «tempo de ejaculação». Entre os homens americanos com mais de quarenta anos, Masters e Johnson observaram que a experiência com uma prostituta é muito corrente. Pensaram que as impacientes exigências das prostitutas, com o olho no relógio, poderiam ter condicionado uma resposta rápida. As gerações seguintes podiam ter sido levadas à ejaculação prematura por experiências sexuais iniciais sob pressão da rapidez, nos bancos de trás dos carros dos pais, na sala depois de os pais saírem, em vários lugares públicos, tais como cinemas, e nos transportes públicos, ou nos jardins e no campo, nas zonas rurais. Nestas condições, ser apanhado é um facto iminente e a rapidez de ejaculação uma vantagem.

Por outro lado, Clifford Allen pensa que a prática do coito interrompido pode estabelecer um padrão de ejaculação prematura. O coito interrompido é a técnica de «retirar»: quando o orgasmo está iminente, o macho tira o pénis o mais depressa possível. Este método requer um controle considerável — exige uma observação constante do estado de excitação sexual — e está associado com um estado de ansiedade a respeito da gravidez e, pelo menos para alguns, pode encorajar a rapidez. Quando se estabelece um padrão de actuação rápida é difícil suspendê-lo. Dado que o método é uma técnica contraceptiva, talvez se use agora menos, salvo para aqueles a quem a contracepção está proibida. Masters e Johnson acreditavam que o método era perigoso por causa do estado mental tenso que engendrava. Para a fêmea, a introdução rápida seguida por umas quantas penetrações convulsivas antes de uma abrupta retirada e do orgasmo do macho pode ser uma coisa muito insatisfatória. Porém, se o coito interrompido não se pode evitar, todo o processo pode ser rodeado e a fêmea chegar ao orgasmo, quer por uma boa preparação, quer por uma acção pós-coital. Alan Cooper verificou que muitos dos seus pacientes com ejaculação prematura mostravam ansiedade física durante o acto sexual. Estas manifestações corporais de ansiedade incluem a boca ou olhos secos, palpitações, respiração rápida ou irregular, tremuras, músculos tensos, e outros efeitos menos comuns e idiossincráticos. Pode também haver ansiedade física combinada com a estimulação sexual. As pessoas de personalidade neurótica são mais susceptíveis de demonstrar ansiedade em mais situações do que as pessoas normais. Quando Alan Cooper comparou homens com ejaculação prematura com homens com impotência, descobriu que os primeiros eram mais neuróticos.

Um sinal muito comum de ansiedade é o desejo de urinar. As pessoas nervosas desejam urinar mais frequentemente do que as pessoas calmas. Num nível extremo de ansiedade, quando por exemplo a ansiedade aparece rapidamente ou chega ao medo, pode haver uma passagem involuntária de urina. Clifford Allen comparou a perda de controle da urina, a incontinência urinária devida ao medo, com a perda de controle do sémen. A hipótese pode enunciar-se do seguinte modo: a continência urinária é aprendida mas pode ser rompida pelo medo; o controle ejaculatório pode ser aprendido e pode ser rompido quando surge um medo intenso. A origem deste medo pensa-se que reside na adolescência ou infância, como acontece com o rapaz que cresceu com a crença de que a masturbação é perigosa, quiçá pensando que as suas masturbações juvenis provocaram uma doença incurável e sem esperança. Ele encara o próximo encontro sexual com uma mistura de esperança e medo. Este medo é suficiente para provocar um novo ataque, e assim se cria um círculo vicioso.

O senhor Y. queixava-se de ejaculação prematura, que redundou em impotência ocasional. Era um homem bem vestido, elegante, de cabelo cinzento, com quarenta e cinco anos de idade. O seu pai tinha sido um notável advogado e muito disciplinador. Desejava que o seu filho seguisse os seus passos e ficou deliciado quando o senhor Y. foi admitido num colégio de Oxford para aprender leis, mas ficou furioso quando soube que o filho recusou a ideia de ser advogado e escolheu ser solicitador. O senhor Y. escolheu este caminho por ser um homem tímido e pouco agressivo. Nas suas próprias palavras, «a ideia de gastar o resto dos meus dias em debates enchia-me de medo e foi por isso que fui contra os desejos do meu pai pela primeira vez».

Os pais do senhor Y. nunca lhe disseram nada sobre sexo, que ele discutiu com os rapazes da escola pública, mas deram-lhe um livro para ele ler sobre a matéria. Descrevia-se a si mesmo como altamente dotado sexualmente, dado que se masturbava diariamente, e conseguiu acariciar furtivamente uma amiga da sua irmã durante as férias da escola, apesar de sentir medo de ser apanhado. Às vezes, quando acariciava, era capaz de ejacular roçando-se nas pernas da rapariga. Mencionou quão excitado se sentia quando teve a sua primeira experiência sexual com uma rapariga depois de terem estado a nadar despidos: ela estimulhou-lhe directamente o pénis com as mãos, mas ele veio--se antes de conseguir penetrá-la. Mais tarde ele teve a sua primeira relação sexual com a mesma rapariga, quando tinham ambos dezanove anos, num baile. Teve sucesso, mas foi muito rápido, embora ela ficasse rapidamente satisfeita (era a sua primeira experiência; o seu hímen rompera-se durante uma caça à raposa).

Ele esteve muito apaixonado por essa rapariga e ficou muito magoado quando ela casou com um amigo seu. Encontrou a prima dela na boda do casamento e sentiu-se imediatamente atraído por ela. Ambas tinham o mesmo cabelo ruivo, olhos azuis e seios pequenos e rijos. Não foi nada surpreendente casar-se com ela um ano depois.

A senhora Y. era muito diferente da sua adorável prima. Recusou-se a ter relações sexuais antes do casamento, consentindo apenas ligeiras carícias e insistindo em que se esperasse até à lua-de-mel (que passaram em Barbados). Nada tem de surpreendente que ele ejaculasse logo depois de a ter penetrado. Ela não teve nenhuma sensação especial e continuou virgem durante uma semana até ele conseguir penetrá-la completamente. Ela admite que não estava bem lubrificada por essa altura e muito mal informada sobre matérias sexuais. As coisas melhoraram um pouco, mas o senhor Y. fracassava em excitar a sua esposa porque era incapaz de manter a erecção por tempo suficiente. Quando o seu primeiro filho nasceu (quinze meses depois do casamento), ela nunca tivera um orgasmo. Decidiu continuar fiel ao marido e teve mais dois filhos até que resolveu fazer uma operação a fim de os evitar. O senhor Y. continuou a fazer amor três noites por semana com a sua mulher, e bastante excitado, apesar de ela não responder e se sentir frustrada. Por fim, ela decidiu ter uma ligação e encontrou-se com um homem que descreveu como «socialmente seu inferior» mas possuidor de uma boa técnica, que lhe deu o tão desejado clímax que ela não conseguiu durante o seu casamento. Cruelmente, informou o marido de que tinha arranjado um «garanhão» com quem se encontrava duas vezes por mês e troçou dele pela sua falta de virilidade, comparado com o seu amante. Isto provocou-lhe uma maior ansiedade e deu origem a uma impotência parcial, já que passou a perder a erecção no momento de penetrar, depois de ter ouvido a história da mulher.

A hipótese de que é a ansiedade que provoca a ejaculação prematura exige mais investigação. Pode não ser fácil estabelecer uma distinção laboratorial entre ansiedade e excitação sexual, porque, embora as experiências sejam diferentes, a maior parte dos efeitos somáticos são semelhantes.

Kinsey descobriu que os homens com ejaculação prematura têm uma menor pulsão sexual que elementos idênticos da população normal. Isto é apreciado pela frequência orgásmica. Este resultado é bastante contrário à hipersexualidade de alguns dos casos de Johnson e ilustra a complexidade da matéria. Por outro lado, o estádio a que chegou a disfunção condiciona muita coisa. Depois de muitos anos de ejaculação prematura, o carácter desesperado da disfunção pode começar a inibir a actuação sexual. Masters e Johnson descobriram que a evacuação prematura persistente leva à impotência secundária de erecção. Puseram a claro que alguns casais tentaram evitar a dificuldade montando um sistema que evite o desencadeamento do orgasmo. Provavelmente, o mero facto de se comportarem assim chama a atenção para a disfunção — pode aumentar a ansiedade e portanto promover a situação ou o desenvolvimento do fracasso na erecção.

Os psicanalistas da escola freudiana pensam que os homens nesta situação têm intensos e inconscientes desejos sádicos para com as mulheres. A ejaculação prematura seria então um castigo. O que é verdade é que o tratamento analítico não oferece, mesmo com anos de tratamento, a cura que o tratamento baseado em métodos comportamentais pode originar muito rapidamente.

7. *Ejaculação bloqueada*

Esta é a incapacidade persistente de ejacular na vagina durante as relações sexuais. O mesmo problema pode aparecer, no entanto, durante a masturbação, com ou sem a presença de um companheiro. É o contrário da ejaculação prematura e é uma disfunção muito menos usual. Masters e Johnson lidaram apenas com dezassete casos do que eles denominaram «incompetência ejaculatória».

Os casos podem ser primários, quando o homem nunca foi capaz de ejacular, ou secundários, quando ele perdeu essa habilidade. A terapia sexual é moderadamente feliz nestas situações. O equivalente a este desarranjo na mulher é a anorgasmia ou incapacidade para ter orgasmo.

Poucos casos de ejaculação bloqueada terão uma causa física, mas às vezes os medicamentos hipertensores e as fenotiazinas receitadas para as doenças psíquicas podem afectar a ejaculação e dar origem a um atraso. Outras causas físicas são a diabetes, doenças da próstata ou feridas na uretra posterior provocadas pela gonorreia, mas todas elas são pouco frequentes.

A experiência clínica com casos de ejaculação bloqueada sugere que alguns casos são devidos a uma pequena pulsão sexual e outros ao aborrecimento e à falta de imaginação em matéria sexual. Mas este problema também surge em homens que parecem adequadamente dotados. Só se pode tecer hipóteses a respeito destas situações e postular que esses homens estão insuficientemente excitados ou que, por outro lado, são incapazes de se relaxar a ponto de permitir a libertação do orgasmo. A impossibilidade de nos entregarmos completamente à excitação sexual — abandonar aquela parte da mente que está a calcular, a observar e a preocupar-se — pode auxiliar na compreensão do problema. É tentador tratar destes casos induzindo uma atitude de descontracção noutras esferas — como cantar, gritar, dançar ou mexer-se convulsivamente.

Tal como em muitas outras dificuldades sexuais, nesta também aparece uma educação sexualmente repressiva com muita culpa e muitas proibições. Experiências individuais traumáticas podem possivelmente provocar alguns casos: por exemplo, ser apanhado ou interrompido durante o acto sexual por personalidades com autoridade e desaprovadoras. Masters e Johnson citam um caso em que a situação foi criada por um homem que apanhou a mulher em adultério. Os mesmos autores citam quatro casos extraídos de um total de doze em que o adultério figura nos antecedentes. Este episódio é susceptível de reforçar o trauma num homem que já tenha um certo grau de bloqueio orgásmico. Há a suspeita de que, em alguns casos, o medo da fecundação provoque o bloqueio da ejaculação: há o caso do homem que mostrava à mulher querer a gravidez, mas que perante o terapeuta admitiu algumas dúvidas a esse respeito.

O senhor R., um condutor de autocarros com vinte anos, apresentou-se na clínica por causa de bloqueio da ejaculação e porque estava casado há oito anos e permanecera sem filhos. Era medianamente alto, musculoso, vestido informalmente, e um homem confiante. Ela parecia frágil e com pouca saúde, mas tinha uma boa ficha na fábrica local de brinquedos.

A senhora R. frequentou a clínica de ginecologia para examinar o seu problema de «infertilidade», e depressa se descobriu que a causa residia na ejaculação bloqueada. A senhora R. desejava ansiosamente ter filhos mas o seu marido parecia mais interessado nas corridas de motocicleta. Chegou até a incorporar a motocicleta nas suas fantasias e comentou que se sentia entusiasmado com Marianne Faithful correndo em «Girl on a Motorcycle». Disse que até mesmo estas fantasias se esfumavam após «foder durante duas horas». Limitava-se a meter e tirar e mantinha uma boa erecção, embora a mulher afirmasse que lhe fazia doer. Por outro lado, não lhe faltava imaginação em matéria de posições sexuais. Tentaram e desfrutaram com o sexo oral mas nunca praticaram a masturbação mútua. Não fizeram amor antes do casamento. Ele sublinhou que provavelmente ficaria louco se a senhora R. usasse um fato ajustado de couro negro e guiasse uma motocicleta. Ele pediu-lhe uma vez que ela o fizesse, mas ela nem sequer queria guiar a carinha da família, porque não se sentia segura. Tinha mais medo ainda da motocicleta e não gostava nada de viajar atrás.

Os problemas maritais parece que criam «uma situação biopsíquica» em certos casais. O problema mais comum é o do marido que pensa que a esposa é dominante e controladora; alimenta ressentimentos e a sua resposta a esta situação é uma falta de entusiasmo sexual ou a incapacidade de confiar na companheira sexual. Estes sentimentos actuam como uma barreira para a resposta sexual final, que é bloqueada. Alguns comentadores denominam este fenómeno um acto de rebelião.

Certo retardamento na ejaculação está normalmente presente depois de uma grande actividade sexual durante um curto período de tempo, ou durante as relações sexuais que se realizam no período refractário (o período normal depois de uma ejaculação — que dura um espaço de tempo variável —, durante o qual é impossível uma nova ejaculação, ainda que possa haver erecção). Tal situação pode ocorrer com mais frequência na idade avançada, quando não se pode atingir ou mesmo desejar a ejaculação em qualquer momento.

O acto de *coitus reservatus* é um acto em que o sémen é retido. É uma prática pouco comum que quiçá pode ser adquirida com muita prática e determinação. A relevância da ejaculação bloqueada é mais aparente que real.

8. Causas maritais da disfunção sexual

Os problemas maritais são muitas vezes as causas das disfunções sexuais. Porém, alguns casais podem ter uma relação conjugal muito pobre e possuir uma boa vida sexual apesar das suas discussões e disputas. As dificuldades maritais podem reflectir e causar, simultaneamente, a desarmonia sexual.

É provável que uma das causas mais comuns do sexo de fraca qualidade num casal seja o fracasso na comunicação do que realmente querem. Isto pode dar origem a uma falta de harmonia, o que é fatal para desfrutar do sexo satisfatoriamente. Muitos casais que não conseguem comunicar os seus desejos nunca chegam às fases de «excitação» ou de *plateau*. Não dizem um ao outro como e onde desejam ser acariciados ou, se há ressentimentos, punem-se mutuamente por não terem conseguido oferecer um «aquecimento» adequado. Alguns casais, tendo falhado em comunicar aquilo que realmente os excita e os bloqueia, ainda esperam respostas sexuais imediatas. Um parceiro pode saber que o outro gosta de um determinado comportamento sexual, tal como o sexo oral, mas decide ignorar tais desejos, provocando assim muita frustração.

A comunicação entre o senhor e a senhora P. era excepcionalmente pobre e havia frequentes disputas. O senhor P. era particularmente insensível e chauvinista e recusava-se a ajudar nas tarefas domésticas, embora ambos trabalhassem como dentistas. A senhora P. não era nenhum anjo e perdia a cabeça muitas vezes, estilhaçando os pratos durante as discussões. Originariamente eles foram recomendados pelo Centro de Aconselhamento Conjugal, porque não faziam quaisquer progressos na sua terapia. A senhora P. foi examinada pelo seu ginecologista por causa de dor durante as relações sexuais, a qual, verificou-se, era devida mais a factores psicológicos do que físicos.

A senhora P. era uma mulher de vinte e sete anos, com aparência *hippy* e com uns óculos grandes que lhe davam um aspecto de mocho. O senhor P. tinha vinte e oito anos e era um homem bastante impressionante, alto e com uns olhos azuis muito vivos. Conheceram-se num dos hospitais dentários de Londres e apaixonaram-se à primeira vista, mas os pais da senhora P. insistiram que ela devia acabar os seus estudos antes do casamento. Ambos tinham tido boas relações sexuais com outras pessoas antes de se encontrarem e quando se comprometeram continuaram a sentir-se excitados um pelo outro mas não tiveram grandes oportunidades para relações sexuais prolongadas. Quando finalmente casaram, o lado sexual depressa se deteriorou. O senhor P. agia como se tivesse um direito sobre a cooperação sexual da sua mulher, nunca prestava atenção ao momento em que a mulher desejava fazer amor, e tendia a beijá-la quando ela não desejava ser tocada. Os seus protestas despertavam muitas vezes amargas disputas e ele sentia-se indesejado. Mesmo quando davam início à relação sexual, só podia haver uma velocidade para ele: a satisfação dos seus desejos era o único objectivo. Ela disse: «Pelo modo como se comporta eu podia ser uma boneca de borracha.» Apesar de tudo, ele parecia verdadeiramente apaixonado por ela e desejoso de que a relação melhorasse.

As dificuldades também podem aparecer quando os parceiros não conseguem coordenar a altura adequada. Talvez um parceiro se sinta excitado e sugira fazer amor, enquanto o outro leva uma hora para se preparar. Não pode surpreender que depois encontre o que começou irritado ou desmotivado. Avanços feitos fora de tempo podem também provocar problemas. É pouco razoável fazer avanços sexuais quando o parceiro está cansado, ansioso ou incapaz de actuar sexualmente.

Talvez o meio mais adequado para impedir a excitação sexual e o desejo seja tornar o parceiro irritado ou hostil. Isto interfere com a pulsão sexual e desmotiva a pessoa, com o resultado adicional de que não há prazer nem relaxamento. Alguns casais discutem, insultam-se e criticam-se precisamente antes de fazer amor. Outra forma de matar o desejo é pressionar deliberadamente o parceiro, referindo-lhe que anteriormente não esteve convincente ou que ela não estava bem lubrificada.

Alguns casais não se limitam a discutir antes de fazer amor, mas censuram-se e criticam-se quase todo o tempo. Ora estas discussões podem transformar-se num passatempo. Ainda que o processo possa parecer doloroso, é muito possível que um ou ambos parceiros obtenham uma certa estimulação que lhes falta na sua inter-relação. A excitação emocional e a raiva, muitas vezes seguida pelo alívio das lágrimas e do perdão, pode ser um substituto para a interacção sexual que não tem nem estimulação nem alívio. Há frequentemente um sistema emocional de duas vias, que combina o medo de ser rejeitado ou abandonado pelo companheiro com o ódio momentâneo e a hostilidade a esse companheiro, que muitas vezes acaba por ser odiado.

As discussões e as querelas podem representar uma contínua luta pelo poder na inter-relação. Ambos os parceiros desejam dominar e controlar-se um ao outro. O homem pode responder a esta luta pelo poder manifestando uma incapacidade para ejacular ou para ter erecção – compreendendo perfeitamente que isto frustra a mulher. A mulher pode recusar-se a ter relações sexuais ou orgasmos por razões semelhantes. É uma descoberta importante a de Lobitz e de LoPiccolo de que as mulheres que têm anorgasmia secundária tendem a não responder à terapia sexual se têm uma relação interpessoal pobre em que haja um conflito com o companheiro.

Uma outra fonte de discórdia e conflito marital é o papel de cada um dos elementos do casal. Alguns indivíduos falham em assumir o papel de macho ou fêmea que o outro exige. Muitas vezes, se um homem se recusa a afirmar-se nas actividades da vida, a sua companheira não lhe dará a oportunidade de se afirmar na cama; recusar-se-á a colaborar durante o «aquecimento». Esta dificuldade só aparece quando um parceiro deseja que o outro adopte um determinado papel e este entende que é um papel antipático.

Há também o indivíduo que busca o reatamento da relação filho/pai, o parceiro que deseja ser dependente — o que é uma exigência que pode não agradar ao outro e dar origem a um conflito. Alguns homens desejam que as suas mulheres sejam mais passivas e acanhadas do que elas querem ser. Isto é uma coisa que pode muito bem causar hoje em dia conflitos, dado que as mulheres se tornaram mais livres e reivindicam direitos sexuais iguais.

Uma outra maneira de exprimir a hostilidade para com o companheiro é procurar deliberadamente tornar-se pouco atraente: barba por fazer, não se lavar, cheirar a alho ou a álcool quando o parceiro não gosta destes cheiros; ser excessivamente gordo ou magro; fumar, tirar a cabeleira postiça para fazer amor, e assim por diante.

As áreas de conflito entre alguns casais são muito amplas; por exemplo, a educação do filho, a direcção do orçamento familiar, a qualidade e horário da refeição, o trabalho doméstico, as compras e as limpezas. Pode haver problemas com os pais, os sogros, ou outros parentes, especialmente se vivem na mesma casa. As condições da própria casa podem ser inadequadas. Em certas famílias, os adultos podem ir todos trabalhar, aparecendo depois cansados e irritáveis. Os casais que têm muitas preocupações verificam que o sexo é sempre sacrificado de uma maneira ou de outra.

Os casais que passam a vida a discutir estes problemas quotidianos podem na verdade estar a utilizar esses temas como uma desculpa para não examinar as motivações. A verdadeira causa da irritabilidade pode estar na própria relação interpessoal, nos encontros sexuais de fraca qualidade, ou em qualquer outro factor externo à relação. Os terapeutas têm de estar preparados para procurar debaixo da superfície.

A última área delicada é a da confiança. Muitos companheiros sentem-se inseguros e preocupados quanto à fidelidade. Isto leva a uma ansiedade ciumenta e a um fracasso em responder sexualmente, e, por outro lado, a um aumento das exigências sexuais que o outro parceiro se revela incapaz de satisfazer.

9. Sintomas neuróticos e psicossomáticos

Ter um problema sexual é muitas vezes a última coisa que um paciente está disposto a admitir. Isto deve-se talvez ao facto de ter sido criado numa família sexualmente repressiva e não falar ou pensar sobre sexo com liberdade, ou por se sentir envergonhado com esta possibilidade. Um fracasso sexual ameaça todo o respeito que o paciente se deve a si mesmo. Aqui, acreditar que o problema existe acarreta a possibilidade de terapia, de humilhação, e quiçá, o pior de tudo, a possibilidade de um contacto sexual renovado.

Por muitas razões, pois, é mais conveniente e menos ameaçador apresentar a infelicidade de outra maneira — com uma explicação ou uns sintomas que estejam relacionados mas que não levem directamente ao problema. Uma queixa característica são as dores nas costas ou comichão na vulva (*pruritus vulvae*) ou no ânus (*pruritus ani*). Num interrogatório mais apertado, o paciente pode revelar também uma certa infelicidade e depressão a respeito da própria vida.

Há também o caso das pessoas que são totalmente inconscientes da causa das suas dificuldades; vêm com queixas e crêem com inabalável convicção que não se torna necessário qualquer outro inquérito sobre as causas da sua infelicidade. Suponhamos que as queixas se referem a dores das costas ou *pruritus*; sugerir que as dificuldades sexuais são a causa das queixas, seria uma sugestão recebida com muita indignação.

Os sintomas ou doenças que aparecem nestas condições são denominados psicossomáticos. As dificuldades residem na mente (a *psique*): por exemplo, o medo de relações sexuais. Em vez de se sentir como um desarranjo psíquico, aparece como manifestação física (ou somática).

Esta mudança de atenção dos sintomas psíquicos para os somáticos não é o único tipo de apresentação diversificada. O paciente pode igualmente queixar-se de tensão e dores na cabeça, depressão ou ansiedade, sintomas que podem muito bem ser totalmente verdadeiros, mas apesar de tudo secundários.

A infelicidade e pressão continuadas podem originar outros tipos de desarranjo psicossomático, que também podem ser considerados como doenças de pressão psicológica; por exemplo, a úlcera péptica ou a colite. Ainda que estas pessoas tenham também problemas sexuais, é normal descobrir que há outros desajustamentos mais proeminentes, ou que a situação é de grande complexidade e de longa data.

Quando o terapeuta chega à conclusão de que um problema é psicossomático, torna-se necessário um grande cuidado para não se ignorar qualquer doença física. O paciente deve ser visto por um cirurgião especializado ou médico, e mesmo assim não se pode ter uma segurança completa. Porém, o cirurgião ou médico pode eliminar normalmente a possibilidade de existir um problema físico que exige tratamento e, se os sintomas indicarem possíveis causas sexuais, pode-se tentar como hipótese a terapia sexual. Se os sintomas forem provocados por dificuldades sexuais e se estas dificuldades forem tratadas com êxito, os sintomas devem desaparecer.

Um fracasso na vida sexual, em vez de produzir sintomas físicos, pode, por outro lado, causar sintomas puramente psíquicos que a pessoa pode ou não relacionar com a frustração sexual. Na sua forma mais simples, a frustração sexual pode sentir-se como ansiedade ou como uma inabilidade para se relaxar, um sintoma não muito afastado da frustração corrente. Os níveis mais sérios de infelicidade, sentidos como depressão crónica em vários graus, resultam normalmente de uma combinação de insatisfação com a vida em geral ou com a relação em particular, de que a frustração sexual é uma parte.

Os outros sintomas psíquicos podem também em parte ser causados pelo fracasso sexual. A disfunção orgásmica secundária ocorre bastante frequentemente nas mulheres agorafóbicas (agorafobia é o medo de deixar certos lugares considerados seguros, tais como a casa).

A senhora D. podia ser descrita como uma mulher muito bela, mas também muito neurótica. Desejava tratamento para a sua agorafobia, e teve de ser acompanhada à clínica pelo seu marido. Formavam um par bizarro. Ela poderia ter sido um bom modelo se não tivesse decidido ser uma mãe e dona de casa a tempo inteiro. Estava bem vestida e pálida, com cabelo castanho-escuro enquadrando a sua face muito fina e expressiva. Cada vez que se apresentava para o tratamento, usava um novo e impressionante vestido e gostava obviamente de gastar o dinheiro do senhor D. e de parecer jovem, com os seus trinta e seis anos. A sua diferença de idades não era grande mas o senhor D. parecia mais ter cinquenta e quatro anos que quarenta e quatro, já que mostrava possuir um excesso de peso. Lembravam irresistivelmente a Bela e o Monstro; ele, sob a forma de uma grande, gorda, loura e vermelhusca criatura.

Ela sofria de agorafobia há onze anos e parecia que nada em particular o tinha provocado. Não sabia como se tinha tornado trémula, nervosa e apavorada. Notou que os tranquilizantes a faziam sentir-se pior e não podia certamente desfrutar dos seus três filhos. Viu que podia realizar muitas das coisas que o seu marido lhe pedia sem sair de casa, já que a maior parte delas se resumia a receber os seus amigos de negócios e preparar grandes jantares.

Verificou-se que tinha falhas quando interrogada sobre a sua vida sexual. Disse tão enfaticamente que a sua vida sexual estava bem e que não tinha nada que ver com a sua agorafobia, que foi necessário tentar conhecê-la com muito tacto. Acidentalmente veio a saber-se que ela passou a não gostar do sexo desde que casara, há onze anos. Gostava de se masturbar, antes de se casar, e sentiu-se excitada pelo senhor D. quando se comprometeram, ainda que ele não a levasse ao orgasmo. Quando se casaram, ela teve o seu primeiro filho e gradualmente começou a não gostar do contacto sexual com o marido, que entretanto começava a ganhar cada vez mais peso. Achava-o pesado em cima dela e, como ele não queria tomar outra posição, ela tolerava os seus avanços relutantemente porque queria mais crianças. Verificou-se que eles não tinham sexo há mais de quatro anos, desde o nascimento do último filho. Ela masturbava-se fantasiando com homens magros, excluindo o marido das suas fantasias. Afirmou que «gosto de um homem com uma silhueta fina, ainda que algumas mulheres gostem de um marido rechonchudo». O senhor D. disse que inicialmente se sentiu tão feliz com o casamento que não pôde evitar ganhar peso. Entendeu que isto a afectou e que se tornou menos atractivo fisicamente. Esta verificação provocou-lhe ansiedade e criou um círculo vicioso, porque ele passou a comer mais enquanto a senhora D. passou a exprimir a sua insatisfação através da agorafobia.

Do mesmo modo, determinados sintomas neuróticos, tais como a claustrofobia (medo de lugares fechados, elevadores, lugares cheios de gente, quartos pequenos, e assim por diante), encontram-se normalmente em homens com impotência de erecção. Os problemas sexuais em geral também ocorrem provavelmente com mais frequência em pessoas dominadas pela ansiedade. Tais sintomas neuróticos não são provavelmente em regra as causas das dificuldades sexuais, mas tendem a coexistir em qualquer carácter particular.

Determinados sintomas psicossomáticos parecem existir para tornar o sexo impossível ou difícil. Algumas mulheres que se queixam de dores nas costas dizem que as relações sexuais as agravam, e isto pode conduzir a que se evite totalmente o sexo. Outro sintoma de ansiedade pode aparecer durante os avanços sexuais e a fase de «aquecimento», e inibe completamente o desenvolvimento do estado normal de excitação — pode não aparecer a erecção ou pode não se manter, ou então a lubrificação vaginal não se realiza. A pessoa pode queixar-se de tensão, dificuldade em respirar, náusea ou transpiração excessiva, entre uma variedade de outras queixas possíveis.

O vaginismo é a mais dramática manifestação psicossomática, cujo objecto é o evitamento do contacto sexual. Alguns casos de impotência também podem ser entendidos dentro deste esquema.

V
Avaliação de problemas individuais

1. *A entrevista inicial de avaliação*

O tratamento das perturbações sexuais é uma espécie de contrato entre o paciente e o terapeuta. Antes de tal contrato se aceitar, os pacientes têm de conhecer o que se lhes oferece e o terapeuta tem de sentir que ele ou ela têm uma ideia clara do problema e das suas causas — o que pode ser complexo. Nem a terapia nem a confiança podem ser eficazes sem que os indivíduos sejam conhecidos como pessoas e como histórias.

A descrição completa do problema; o seu desenvolvimento; a história sexual; a história das relações que se teve; a relação actual; as atitudes e personalidades do casal; o seu estilo de vida; o modo como utilizam os tempos livres; como usam a sua imaginação; e a natureza do seu trabalho. Tudo isto são elementos importantes e juntos constituem a história do paciente.

Na verdade, existem duas histórias sobrepostas a considerar: a história pessoal de cada indivíduo e a história da relação do casal, esteja casado ou associado de outro modo.

O terapeuta quererá antes de mais conhecer o que é mais importante: a natureza do problema. Os pacientes podem «rotular-se» erroneamente como anormais, afirmando quiçá que são impotentes ou frígidos, quando, por exemplo, são capazes de gozar um orgasmo a fazer amor, mas incapazes de ter outro nas vinte e quatro horas seguintes. É essencial descobrir exactamente o que é que o paciente quer dizer quando ele ou ela inicialmente apresentam uma «perturbação classificada».

A especialidade pela qual o paciente foi remetido pode ser útil aqui: se o paciente foi visto por um psiquiatra ou um ginecologista talvez exista uma história detalhada. Contudo, há muitos indivíduos que foram examinados por médicos e outros especialistas que não tiraram apontamentos da sua vida e que talvez nem sequer fizeram um diagnóstico válido. Nestes casos, a história tem de ser elaborada com consideráveis detalhes.

As clínicas especializadas em perturbações sexuais registam normalmente a história completa e isto é olhado, quer como uma oportunidade para obter os factos, quer como um meio para começar a conhecer e a avaliar os pacientes como pessoas. As clínicas variam quanto ao tempo que podem dedicar a cada paciente e a cada área da sua história pessoal, e algumas pedem em primeiro lugar aos pacientes que preencham alguns formulários para dar informação não directamente relacionada com a história sexual ou o problema: idade, ocupação, família, estado de saúde e doenças; métodos de contracepção, e assim por diante. Depois disto, a entrevista inicial pode principiar.

Algumas clínicas nos Estados Unidos da América utilizam a rotina completa de Masters e Johnson, consagrando um dia inteiro à história pessoal do paciente. No seu método, terapeutas dos dois sexos trabalham juntos como uma unidade e cada terapeuta começa por obter a história do paciente do mesmo sexo. Quando chega ao fim, o paciente muda para o terapeuta do sexo aposto, criando-se uma situação macho/fêmea. Os benefícios deste método parecem óbvias. Ambos os pacientes sentirão ser mais fácil discutir assuntos embaraçosos com uma pessoa do mesmo sexo. As mulheres preferirão falar inicialmente da masturbação e do orgasmo com outras mulheres que também vivem esses problemas íntimos, e do mesmo modo os homens poderão achar os sonhos eróticos e a masturbação coisas mais fáceis de descrever falando com um homem que se deparou com problemas idênticos. Quando se percebe a mudança, o material potencialmente embaraçante, as admissões difíceis, já foi esperançosamente comunicado e está disponível para o segundo encontro. Aprender a falar da sua própria sexualidade é, em si mesmo, um começo. No segundo encontro de sexo oposto, cada terapeuta discute as relações do casal e as atitudes de um para o outro.

Ainda não se sabe claramente se a compartipação dos co-terapeutas de Masters e Johnson oferece vantagens substanciais, mas a verdade é que muitos terapeutas trabalham isoladamente, quer por vontade pessoal, quer por necessidade. Além disso, enquanto Masters e Johnson devotariam um dia inteiro à história pessoal do cliente, isto não é praticável nas clínicas com muito trabalho. Não é na verdade possível, contudo, tomar a história de um indivíduo em menos de uma hora e, se um clínico ou terapeuta mostram pressa, isso não pode deixar de diminuir a sua resposta ao tratamento. Os pacientes, tal como o sexo, não respondem satisfatoriamente à rapidez.

Se o terapeuta trabalha sozinho, há várias maneiras de obter a história. Um sistema consiste em deixar o paciente apresentar primeiro o problema, outro em escutar primeiramente o paciente do mesmo sexo, e, embora haja algumas dificuldades em penetrar em áreas sensíveis ou «tabu» com o paciente de sexo oposto, tal facto pode ser normalmente superado com tacto e com experiência.

Todos os terapeutas devem estar familiarizados com o vocabulário sexual de uso quotidiano e o das anteriores gerações. É evidente que os terapeutas não devem demonstrar embaraço ao ouvir ou utilizar coloquialismos tais como «foder» ou «tirar os três»; nem devem mostrar surpresa se algumas palavras não forem entendidas. Se o paciente mostra incompreensão, o termo deve ser explicado ou então substituído por um sinónimo. Por exemplo, «masturbação» compreender-se-á melhor por outras palavras como «auto-estimulação», «auto-relaxamento», «punheta» ou pelo termo religioso pejorativo «auto-abuso».

Durante a primeira entrevista, o terapeuta encontra-se em posição para deduzir muito mais do que aquilo que forneceu a resposta verbal do paciente. A atitude geral do paciente é reveladora, quer ele ou ela estejam seguros e peremptórios, quer inseguros e tímidos. O modo como ele ou ela olham para o terapeuta também mostra não só as capacidades sociais e atitudes, como também as áreas em que existe certa vergonha. Muita gente sente-se embaraçada ao discutir as suas masturbações, as suas erecções, o seu clítoris ou os seus orgasmos, e mostrará este sentimento de muitas maneiras; os olhos podem baixar, a voz falhar, podem tornar-se nervosos; as mãos podem permanecer imóveis ou estar constantemente a mexer na cara, no nariz ou nos lábios.

A maneira como as pessoas se sentam é também provavelmente significativa: algumas sentam-se rigidamente direitas, sugerindo um estado de alerta; outras descansam com aparente relaxamento; umas cruzam as pernas, o que pode sugerir uma atitude defensiva; outras parecem inconscientes das suas partes sexuais, comportando-se como se elas não existissem; outras ainda pavoneiam o seu corpo a modo de desafio. A entrevista é um espaço de tempo para estudar e ser estudado — estabelece-se uma comunicação recíproca. As roupas e outros pormenores incorporam sinais que são rápida e inconscientemente avaliados; penteado, adornos, a qualidade e corte da roupa; o esquema geral das cores; a quantidade de maquilhagem e a sua distribuição; a quantidade de corpo exposto, quer directa, quer indirectamente, especialmente pescoço, braços, pernas, seios e áreas genitais. O paciente entra como um anúncio de si mesmo, um anúncio que pode revelar a um simples olhar o que levaria horas a descobrir pelo telefone. Os que são inseguros, hesitantes ou deprimidos anunciar-se-ão de uma maneira, os felizes, seguros e simpáticos de outra; os sexualmente reprimidos apresentar-se-ão de um modo, os liberais de modo diferente. O jogo de ler as pessoas é ligeiramente complicado para aqueles que vestem uniformes ou fatos muito formais; mas mesmo os banqueiros e homens de negócios conseguem descobrir maneiras de se anunciar de modo individual e peculiar.

Há também os sinais de nervosismo: pode observar-se transpiração na testa ou senti-la quando se aperta a mão. As pessoas nervosas podem tremer com as mãos ou com a voz e pestanejam muitas vezes. Ocasionalmente, o terapeuta pode até mesmo ver o pulsar de uma veia no pescoço do paciente. Corar ou mostrar uma coloração avermelhada na pele são sinais muito comuns de vergonha e tensão, tal como também o é a boca e os lábios secos. Outra indicação é dada pela respiração, cuja anormalidade as pessoas nervosas ou extremamente excitadas não podem esconder.

A ira e a suspeita podem também produzir as mesmas reacções, e nestes casos as expressões faciais são frequentemente reveladoras. Franzir as sobrancelhas, engolir em seco, transpirar, lamber os lábios, olhar intimidatoriamente, são avisos de ira. Quando se mostram os dentes isto também pode significar medo. A pessoa que está continuamente a sorrir pode assinalar o seu desejo de aplacar, cativar ou conquistar o terapeuta, de quem pode ter receio. Os terapeutas têm de encarar o facto de que a maior parte dos pacientes responderão a eles como seres sexuais e que, enquanto estiverem a ler os pacientes, os pacientes também os estarão a ler. É uma vereda estreita que o terapeuta e os pacientes têm de calcorrear. O encontro trata de sexo, pode acontecer uma excitação sexual e trocar-se-ão sinais sexuais. As normas actuais ditam que deve existir uma barreira — o comportamento sexual entre o paciente e o terapeuta é tabu. Todavia, o terapeuta pode ser carinhoso e caloroso — diminuir a sexualidade do paciente não faz parte dos objectivos dele.

Denominar a primeira entrevista como sessão de avaliação e de registo da história pessoal do paciente *é* só salientar as suas funções mais evidentes. O terapeuta, em muitos aspectos, já está a fornecer terapia ao dar segurança, ao abrir muitas áreas difíceis, ao demonstrar que certos assuntos não são o perigo que era suposto representarem, ao preparar o relaxamento sobre matérias que provocavam tensão no paciente, e assim por diante. O terapeuta pode assumir a posição de árbitro do que é normal: informando o paciente, por exemplo, de que masturbar-se depois do casamento é muito normal e saudável ou que o sexo oral é perfeitamente admissível e até desejável.

Obter a história pessoal é uma habilidade que tem de ser aprendida. É possível esquecer-se de perguntar mesmo as coisas mais evidentes na massa de pormenores, especialmente quando a tarefa não é facilitada. A maneira mais segura e fácil de garantir que os mais importantes assuntos foram cobertos é seguir sempre a mesma sequência e começar com uma estrutura de referência.

Uma regra de ouro da terapia sexual é a de que o terapeuta nunca deve impor o seu juízo de valor aos pacientes. O terapeuta deve tentar introduzir novas ideias, mas o casal não está obrigado a aceitá-las e o terapeuta existe principalmente para ajudar o paciente a atingir os seus próprios objectivos. O comportamento do paciente nunca deve ser julgado como bom, mau ou errado, excepto relativamente ao efeito que tal comportamento tem na obtenção dos objectivos desejados. E este objectivo deve ser discutido e acordado entre o casal e o terapeuta. Onde pareça haver diferenças de objectivo entre os elementos do casal, torna-se necessário chegar a um compromisso. Quando se verifique que os objectivos são inalcançáveis, ou onde não se consiga um acordo entre os membros do casal, ou onde os objectivos possam afectar negativamente outros, o tratamento não deve principiar.

O desenvolvimento sexual

Esta parte da história deve ser registada com bastante detalhe. Deve saber-se como o paciente conheceu os factos da vida: foram colhidos aos poucos de outras crianças ou teve alguma educação sexual na escola ou com os pais? Se os seus pais não discutiram o assunto, por que é que não? As primeiras ligações sexuais eram boas ou más? Estão associadas ao prazer ou à culpabilidade?

À mulher deve-se-lhe perguntar sobre o principio da menstruação: que idade tinha? Estava preparada? Compreendeu o que estava a suceder? Quem lhe disse? Ficou aterrorizada? Deve obter-se pormenores dos seus primeiros períodos: eram dolorosos, frequentes ou irregulares? Que é que sentia emocionalmente a respeito do ciclo menstrual — satisfeita por ser uma mulher e poder ter filhos ou então embaraçada e envergonhada por ele?

Ao homem deve-se-lhe pedir que descreva as suas primeiras experiências de erecção. Teve ejaculações em sonhos? Como é que se sentia? Compreendeu esse fenómeno? Foi punido ou fizeram-no sentir culpado a respeito destas primeiras experiências?

Quer os rapazes, quer as raparigas têm orgasmos cedo, às vezes em sonhos, às vezes durante o dia. Façam perguntas acerca disto — eles ocorrem antes da puberdade e mesmo depois.

Agora pode perguntar-se sobre as alterações da puberdade. Sentiu-se o paciente espantado com o crescimento dos pêlos? Com o desenvolvimento dos seios? Com o comprimento do pénis? Com o aparecimento de acne? Corava? Pensava ele ou ela ser deficiente em qualquer sector do comportamento sexual? Pouco atractivo, talvez? Como é que os pais e a família trataram esta nova personalidade? Como é que ele ou ela se davam com o sexo oposto? Tinham amigos do sexo oposto ou principalmente do mesmo sexo? Deve perguntar-se a todos os pacientes se se sentem satisfeitos com o sexo que têm e também se os seus pais se sentiam. As atitudes masculinas e femininas dependem de certo modo das atitudes dos pais. Pergunte-se de que papéis gostavam nos jogos infantis e se esses papéis concordavam com o seu sexo. Andavam muito tempo vestidos com as roupas do sexo oposto ou vestiam-se com as roupas interiores dos pais?

Ao falar destes primeiros períodos, pergunte-se se algum adulto lhes fez propostas sexuais ou os seduziu para uma actividade sexual. Viram alguma vez adultos em actividade sexual, por acaso, ou com intencionalidade? Como se sentiram? Foram violados?

Investigue-se sobre a atmosfera familiar e as atitudes dos pais: sentiam-se facilmente envergonhados pela sexo, por perguntas sexuais, por acontecimentos sexuais na televisão? Eram amorosos um para o outro à frente dos filhos? Pergunte se os pais puniram alguma vez o paciente por algum acto sexual ou qualquer acto envolvendo os órgãos sexuais. Brincou o paciente a qualquer jogo sexual, com ou sem bonecas — jogos que envolviam fantasias de médicos e enfermeiras —, jogos sexuais com animais de estimação, e assim por diante? Foi alguma vez punido por isto?

Aqui fica uma boa ideia para esclarecer em pormenor a unidade familiar em que o paciente foi criado. Descubra-se a idade dos pais no ano em que nasceu o paciente. Ainda são vivos? Que tipo de relação mantinham (amorosa, distante, formal, conflituosa, calorosa, e assim por diante)? Avalie-se as suas circunstâncias sociais e atitudes a respeito dos tempos livres, dinheiro e amigos. Era uma família aberta ou fechada e hostil aos estranhos? Teve o paciente irmãs ou irmãos? Se assim foi, relacionavam-se bem? Entrou alguma vez o sexo nessas relações? Pensa o paciente que os seus pais tinham uma vida sexual correcta? Para algumas pessoas é difícil imaginar os pais em actividade sexual, o que provavelmente se deve à cortina de silêncio que eles lançaram sobre a matéria. Pergunte se o paciente sente que está a repetir alguma das suas faltas ou defeitos. Que trabalho tinham o pai ou a mãe? Passavam muito tempo em casa? Com que se parecia a relação entre o pai e a mãe — era amorosa e apaixonada? Se os pais se separaram pergunte porquê e como isso afectou o paciente. Quem criou o paciente? Os pais voltaram a casar? Pergunte se a reunião era importante na família, e obtenha uma ideia dos valores morais dominantes.

Descubra-se como o paciente aprendeu a masturbar-se e que técnicas usava. Ainda que estas perguntas demonstrem ser embaraçantes, as respostas revelarão, apesar de tudo, quão aventuroso e imaginativo o paciente costumava ser e pode ainda ser. Muitas pessoas utilizam uma espécie de fantasia durante a masturbação — pergunte-se que tipo de fantasia usava mais frequentemente e se as fantasias se desenvolveram ao longo dos anos. Muita gente nega o uso de fantasias. Pergunte-se também quanto tempo levava para chegar ao orgasmo e se empregava algumas ajudas artificiais. Era necessário vestir-se e masturbar-se em algum lugar determinado? Onde o fazia normalmente?

Durante este tipo de debate as respostas que o paciente dá podem revelar ignorância ou crenças erradas — esteja-se atento a isso e, se não houver tempo para as discutir, tome-se nota para lidar com elas mais tarde. Não tenha medo de dizer: «Vamos tratar disso na próxima sessão».

O desenvolvimento sexual do indivíduo durante a adolescência pode ser depois explorado. É preciso perguntar sobre a frequência de contacto com o sexo oposto. Tiveram contactos sexuais cedo, tais como marcar encontros, beijar e acariciar? Até onde foram? Era o seu contacto com o sexo oposto fácil, frequente e agradável ou cheio de ansiedade e embaraço? Eram atractivos ou impopulares, dominantes ou submissos? Atraentes ou sisudos? Descubra-se a idade e as circunstâncias do primeiro contacto genital e os seus sentimentos sobre a masturbação mútua, beijo com a língua e a estimulação de outras zonas erógenas. A posição perante o sexo era primeiramente romântica ou puramente sexual? O primeiro contacto genital foi contra a sua vontade? Brutal ou inábil? Como se sentiu?

Quando as relações sexuais se estabeleceram como uma rotina é necessário pedir algumas descrições do curso dos acontecimentos: o aquecimento é satisfatório quanto à duração e ao modo de estimulação? Falam com o companheiro sobre o sexo durante o acto? O seu comportamento sexual afasta-se do completamente convencional ? Que posições empregam? Deixam normalmente a luz acesa? Fizeram amor alguma vez no campo? Normalmente, vestidos ou despidos? Pergunte-se a ambos os sexos quantos orgasmos desejam e quantos costumam ter. Pergunte-se às mulheres se atingem o orgasmo só durante a penetração ou se é necessário alguma estimulação clitoral. O parceiro proporciona essa estimulação ou fá-la ela mesmo? Considera isso justificável?

Cada indivíduo poderá ter tido vários companheiros sexuais. Discuta como difere o sexo em cada relação. Pergunte as qualidades que parecem atrair o paciente e investigue-se se essas qualidades ainda possuem esse poder. Descubra se o paciente tem qualquer tipo de dificuldade para arranjar companheiros para actividades sexuais ou sociais. Estiveram alguma vez comprometidos para casarem com outra pessoa, ou casaram-se previamente? Descrevam estas relações. Há crianças do casamento anterior ?

O primeiro contacto sexual ou genital com o mesmo sexo foi com uma pessoa mais velha ou mais nova? As experiências homossexuais ou outras experiências não convencionais devem ser abordadas com bastante tacto, mas também numa base factual — estes contactos, no fim de contas, são bastante comuns. Investigue-se sobre homossexualidade na prática e em fantasia. Muitas pessoas são bissexuais; algumas exprimem esta tendência inteiramente natural, outras descobrem saídas sexuais invulgares, tais como o travestismo, o exibicionismo e o voyeurismo. Algumas actividades sexuais levam as pessoas a confrontar-se com a lei. Tudo isto deve ser investigado.

O companheiro

Nesta parte da investigação, pode examinar-se a natureza da relação e as qualidades do companheiro. Por que é que se sentiu atraído a paciente por esta pessoa em particular? Qual a sua aparência? A personalidade? Cresceu o amor? Foi amor à primeira vista ou principalmente desejo sexual? Qual a atracção pelas qualidades intelectuais mostradas pelo companheiro ou pelas qualidades da personalidade? Eram qualidades que o paciente possuía, ou gostava o paciente desse parceiro por causa da diferença? Tinham muitas actividades e interesses em comum? Em que sentido difeririam as suas personalidades? Era um deles mais dominador? Mais peremptório? Mais seguro? Em que grau é algum deles, ou ambos, ansioso, neurótico ou inseguro? Há alguma qualidade que eles detestam no companheiro?

Descubra o modo como mudou a relação entre eles. A transição da paixão e do arrebatamento para uma existência mais baseada no companheirismo é difícil? Aplicaram-se a conhecerem-se um ao outro antes de se juntarem? Em que sentido mudaram os parceiros durante a relação interpessoal? Continuaram fisicamente saudáveis e atraentes ou não? Desenvolveram maus hábitos, tais como o fumar, beber ou jogar?

A natureza do contrato do casal deve ser investigada; interessa também saber se os parceiros entendem que o contrato está a ser cumprido por ambos. Será preciso renegociar o contrato em qualquer sentido? São livres de mudar o acordo se o desejarem? Os contratos variam evidentemente, mas, quer dentro do casamento, quer fora, há normalmente um conjunto de expectativas que regulam o comportamento de cada um dos parceiros mas que podem ser quebradas ou menosprezadas se não forem regularmente redefinidas. Discutem porventura eles a natureza do contrato que os liga?

Deve passar-se à relação sexual neste momento. Se até agora não foram elucidados os detalhes do comportamento sexual juvenil, devem ser obtidos nesta altura. No estado actual da sua relação qual é o padrão do seu comportamento sexual? Quem é que normalmente toma a iniciativa — é sempre o mesmo elemento? Fazem amor sempre pela mesma altura ou é suposto fazê-lo? Ou, pelo contrário, o comportamento sexual surge espontaneamente em qualquer momento? Andam usualmente demasiado afadigados para fazer amor? Onde é que fazem normalmente amor — na cama? Fazem sempre amor na sala ou em qualquer outra parte? Utilizam uma posição especial e começam sempre assim? Gostam ambos das mesmas actividades e posições? Experimentam posições pouco usuais? O terapeuta necessita possuir detalhes da actividade sexual de aquecimento: como é que fazem, qual a sequência, se o modo como se tocam e estimulam é satisfatório ou se necessita de ser melhorado, se se interrogam um ao outro sobre o assunto?

Muitos casais são demasiado inibidos para pedir favores especiais aos seus parceiros, excessivamente tímidos para indicar a melhor maneira de os estimular, e isto deve ser investigado, assim como se falam um com o outro durante a actividade sexual de preparação. Nesta fase tem grande importância a manipulação genital? Se tem, como a fazem? Mutuamente ou em sequência? A masturbação mútua substitui porventura a relação sexual e é satisfatória? Deve perguntar-se a cada membro do casal se fazem sexo oral e, se o fazem, tente saber se gostam: o homem aprecia o *cunnilingus* e a mulher o felácio? São hábeis? Sabem onde e como usar a língua e os dentes? Como é que lida a mulher com a ejaculação: engole-a, toda, em parte, ou não? Gostaria? Gostaria ele de ejacular na sua boca? Estas perguntas pareceriam demasiado íntimas durante o período de recolha da história pessoal, e o terapeuta pode deixá-las até ao momento de discutir o sexo oral durante a terapia.

Deve também descobrir-se o modo da relação sexual e o espaço de tempo necessário para a inserção antes do orgasmo. Alcançam ambos o orgasmo durante as relações sexuais: Às vezes? Sempre? Nunca? Tentam regular os seus orgasmos de forma a que ambos atinjam o orgasmo juntos ou ejacula um antes do outro? Algumas mulheres acham que devem demorar o seu clímax até o homem ter o seu. O homem deve dizer se gostaria que a mulher tivesse primeiro o seu orgasmo e, se não, porquê. Quantos orgasmos são tentados e obtidos por cada parceiro é a questão que deve então ser debatida. Muito frequentemente a actividade orgásmica é primariamente em benefício do homem. A mulher pode nem sequer estar consciente de que é capaz de ter vários orgasmos com um pequeno ou inexistente período refractário. Conhece esta capacidade ou não a explora?

Depois de ter o orgasmo, a pessoa sente-se satisfeita e relaxada? Que é que fazem a seguir? Certificam-se se o companheiro satisfez os seus desejos sexuais imediatos ou perdem o interesse, põem-se a dormir, a falar ou a fumar? Se for necessário, o homem sente-se capaz de estimular manualmente a mulher? Para o orgasmo? Pergunte se o casal continua com uma segunda relação sexual e estude o seu padrão. Quanto tempo depois da primeira? Durante quanto tempo pode ainda continuar a actividade sexual? Há algum elemento do casal que acorde o outro para finalidades sexuais e como é que o acordado reage?

Em relações duradoiras, as pessoas estabelecem normalmente uma frequência sexual ou orgásmica característica; é preciso descobrir qual ela é. E também se há diferenças entre as necessidades de cada um dos companheiros. Há conflito por essa razão? A frequência orgásmica pode evidentemente incluir o orgasmo induzido pela masturbação.

Têm de realizar-se cuidadosos estudos sobre os gostos sexuais de cada indivíduo. Um deles pode ter pedido uma determinada actividade (por exemplo, que se vista de um modo peculiar ou que assuma determinado papel) ao outro e ter visto esse desejo negado. Ou, por outro lado, pode ter tido medo de pedir — por exemplo, esconde-se frequentemente o desejo de manipulação ou penetração anal. O problema neste ponto pode ser assim resumido: «Há alguma actividade sexual que você deseje ou tenha fantasiado e que nunca sentiu coragem para pedir ou que lhe foi negada?»

O casal ou pessoa teve alguma vez sexo em grupo, esteve numa orgia ou teve relações sexuais com outro casal? Foi o paciente alguma vez infiel? Tentou o masoquismo?

Na discussão da sexualidade deve estudar-se a natureza e o aparecimento da fantasia. Qual é o assunto da fantasia? Quando é que se utiliza a fantasia? As pessoas utilizam a fantasia principalmente na masturbação e durante as relações sexuais. As fantasias que se empregam durante as relações sexuais são às vezes utilizadas ao longo do acto até ao orgasmo. Podem concentrar de tal modo a atenção do indivíduo que este esquece o companheiro. Passam-se também as coisas assim? As pessoas inibidas raramente contam aos seus parceiros as suas fantasias. Fá-lo esta pessoa em particular? Também há pessoas que não têm fantasias. O paciente tem sonhos sexuais?

A relação interpessoal também deve ser examinada no seu lado não sexual, no seu quadro social e pessoal. Interrogue-se acerca da vida social do casal. Compartilham-na com amigos comuns? Têm algum tipo de actividade social que realizem sozinhos? Insiste um ou outro em estarem sempre juntos todos os dias e todas as tardes do ano? Pergunte-se à pessoa se ela é ciumenta e possessiva em qualquer grau. Numa festa ou encontro social andam juntos? Preocupar-se-iam se a sua esposa estivesse a namoriscar com outra pessoa ou dançando intimamente com essa pessoa? Crêem que existe um padrão para os homens e outro para as mulheres, no comportamento social e sexual?

Como unidade funcional, quem é que toma as decisões? Como se encontram distribuídas as tarefas da casa? O marido ajuda nas tarefas domésticas, nas limpezas e na educação dos filhos? Discutem as finanças e estabelecem um plano? Há algum membro do casal que sinta que existe uma injustiça enorme contra ele? Quantos filhos têm? Desejaram-nos? Concordaram com a sua vinda? Se não há nenhum, porquê? Está o casal a tentar ter filhos agora? O terapeuta deve perguntar cuidadosamente as relações de cada filho com cada um dos pais. Podem aparecer desavenças sobre os métodos de educação. Os pais usam muitas vezes os filhos como peões nos seus conflitos.

Chegados aqui, deve neste momento investigar-se a situação financeira da relação: é confortável? O tipo e intensidade de trabalho que cada um tem de fazer deve ser estudado. Há porventura algum parceiro esgotado por trabalho excessivo ou preocupado com o seu estatuto social? Domina o trabalho a vida do paciente? Sofreu o seu trabalho por causa dos seus problemas sexuais?

As práticas contraceptivas podem ter sido já discutidas, especialmente se causaram problemas. Seja como for, devem ser investigadas, dado que o medo da gravidez ou um fracasso da fertilidade pode estar na origem de algum problema, assim como qualquer técnica contraceptiva.

Nesta fase já será bastante evidente o modo como o problema sexual afecta a relação. Afastou cada vez mais o casal ou tem um efeito aparentemente pequeno sobre a sua afeição mútua? Na pior das hipóteses, o casal desejará separar-se. Discutiu-se isso alguma vez? Sentem-se os membros da relação metidos numa armadilha e que não têm qualquer opção? O quadro por esta altura pode parecer muito negro, mas se se pode ainda obter algum prazer o amor pode ser reanimado.

Os sentidos

A última parte da entrevista é uma tentativa para avaliar a sensualidade do casal e a sua capacidade de responder à sensação em qualquer forma que se apresente. É preciso então descobrir as sensações que procuram a maior parte das vezes. Tenta-se também saber se eles vão pela vida fora como que programados para um único objectivo inflexível — como se as instruções não admitissem nenhum desvio para o inesperado e o novo. Descobrir a sua capacidade de resposta, de flexibilidade, e avaliar a sua capacidade para mudar.

Muitas pessoas não estão inteiramente conscientes do efeito dos sentidos na estimulação sexual. Na verdade, muita gente desconhece a ampla gama de estímulos sexuais que os seus sentidos lhes podem oferecer. Há uma grande quantidade de pessoas que estão condicionadas a responder a determinados tipos de estímulos. O processo inicia-se em casa e continua a reforçar-se ao longo de toda a vida. Encontra-se provavelmente no seu ponto mais alto quando o indivíduo se está a desenvolver sexualmente e faz as primeiras associações entre a excitação sexual e os acontecimentos ou estímulos (sejam eles quais forem) que costumam concorrer no momento crítico. Isto pode explicar a vasta gama de estímulos a que as pessoas respondem e que vão desde aventais de borracha até à cor púrpura. Estes estímulos não têm o mesmo poder de evocação das sensações sexuais; podem despertar sensações muito ténues ou concentrar todo o poder de um fetiche.

Qualquer pessoa responde a diferentes estímulos-chave; o estímulo que excita uma pessoa pode deixar a outra completamente indiferente. Que é que então excita sexualmente esta pessoa em particular? É o tocar, o acariciar, o beijar, o olhar ou ouvir? Enquanto umas pessoas parecem responder principalmente a padrões visuais, outras reagem a vozes e sons, e outras ainda ao calor, ao toque e à proximidade.

Os parceiros devem dizer o que para eles é visualmente excitante: certas partes do corpo? Vestido? Despido? Em transição, isto é, despindo-se ou vestindo-se? Ou apenas as roupas? As cores ou a textura? Com pêlo ou brilhantes? Os materiais negros com brilho são muito populares. Muitas pessoas gostam de fotografias do sexo oposto — fotografias de excitação sexual ou de actividade sexual. Tais pessoas prefeririam provavelmente que os estímulos fossem de certo modo vivos ou que, por exemplo, estivessem dotados de movimento como nos filmes, mas os filmes eróticos não são fáceis de encontrar e muitas vezes são de má qualidade. A beleza da sexualidade humana não é muito frequentemente filmada com compreensão. Os membros do casal gostam de olhar para outras pessoas que se apresentam nestas actividades? Gostariam de ver um *show* de sexo ao vivo? Observar outras pessoas em actividade sexual pode ser ao mesmo tempo erótico e instrutivo — esses filmes podem constituir uma valiosa parte da terapia sexual.

Quer os homens, quer as mulheres mostram ocasionalmente uma certa ansiedade por se sentirem excitados ao ver uma pessoa do mesmo sexo: por exemplo, quando um homem vê outro homem num filme com uma erecção pode começar a ter uma também e poderá dizer: «isto é terrível, sou homossexual». Podem estar descansados; é perfeitamente normal ter um interesse homossexual em certo grau. De facto, quanto mais coisas excitem uma pessoa, tanto melhor.

Durante a excitação sexual os parceiros olham um para o outro? Gostam? Que é que os excita mais? Gosta um deles de ver o outro vestido de modo peculiar? Em determinadas ocasiões sociais ou durante as relações sexuais, ou durante o aquecimento?

Em seguida, o terapeuta deve interrogar os membros do casal acerca dos sons do sexo. Gostam de murmurar ou ouvir carícias verbais? Gostam de discutir o sexo enquanto o estão a fazer? São excitados por sons sexuais? Pela respiração, pelos suspiros, pelos risinhos, pelos gemidos, pelos gritos? São propositadamente barulhentos durante o acto sexual? Isso excita-os? De que tipo de voz gostam? De que tipo de música? Sabem de algum tipo de música sexualmente excitante? Usam-na durante as relações sexuais? Qual é? *Pop*, música tradicional, baladas? Alguns ritmos fortes podem ter um efeito sexualmente excitante — há pessoas que afirmaram ter sido excitadas pelo «Bolero» de Ravel, e as canções indianas e a música *reggae* pode ser muito estimulante. O ritmo de um tambor primitivo pode levar a uma actividade sexual frenética entre as tribos que praticam orgias rituais de tipo sexual.

Outras pessoas acham a palavra falada muito excitante e podem excitar-se sexualmente ouvindo excertos de literatura erótica. Outras pessoas preferem ouvir gravações eróticas com pessoas a fazer amor.

Muitas pessoas sentem-se estimuladas por histórias em que haja muitos pormenores de comportamento sexual. Podem preferir estas descrições aos filmes porque podem utilizar a sua imaginação de um modo muito mais aberto; e talvez porque tenham unia imaginação literária e não visual. Quiçá as pessoas deste tipo gostassem que lhes lessem histórias eróticas. Já tentaram ou gostariam de tentar?

O sentido do tacto está muito mais desenvolvido nuns do que noutros, mas é muitas vezes esquecido. As mulheres estão provavelmente mais condicionadas para responder ao tacto que os homens. As crianças, que são menos conscientes de si mesmas do que os adultos, quando se aproximam de uma escultura num museu começam a explorá-la imediatamente pelo tacto. A necessidade de ser apertado, apalpado, agarrado, acariciado ou massajado durante o contacto sexual é muito forte nalgumas pessoas. Deve perguntar-se ao casal se gostam de ser tocados e de como gostam de tocar. Há algumas superfícies que os excitem em especial e que eles achem particularmente sensuais: seda, *nylon*, pele, borracha, cabelo, veludo, pêlo, tecido, e assim por diante? Já pensaram em tocar superfícies com uma nova atenção — aprendendo a sentir de novo? Gostariam de ter uma sessão com o seu companheiro em que se massajassem e tocassem tão sensualmente quanto possível? Primeiro um e depois o outro, de forma que o único objectivo fosse dar e receber prazer? Já fizeram isso? Já alguma vez utilizaram um creme para se massajarem um ao outro? Gostaram ou gostariam de tentar? Masters e Johnson sublinharam a importância de usar um creme suave para estas actividades durante o tratamento. Verificaram que os pacientes que não gostavam deste creme ou loção se portaram mal no tratamento. Deste modo, a reacção inicial do paciente a esta discussão pode mostrar ao terapeuta quão cauteloso ele deve ser quando receitar estes exercícios de tacto.

O sentido do cheiro vem em último lugar, ainda que um indivíduo sem cheiro seja impensável. O sentido do cheiro pode ser tão excitante como qualquer outro sentido. As pessoas variam consideravelmente a este respeito e o condicionamento sempre revelou ser uma poderosa influência. Um homem pode, por exemplo, associar um determinado cheiro com certa mulher que o repeliu e isto pode levá-lo a ignorar outra mulher que use o mesmo perfume. Durante a excitação sexual, as glândulas sudoríparas produzem um considerável cheiro que ambos os sexos podem achar excitante. De que é que gosta o casal? Preferem que cada um utilize perfume ou somente os cheiros corporais? Excita-os o cheiro do suor, como sucede com muitas pessoas? Os cheiros especificamente sexuais dos genitais — como é que o paciente reage a eles? Algumas pessoas gostam deles em qualquer altura; outras nunca; outras ainda unicamente quando se encontram sexualmente excitadas. Os cheiros sexuais desagradam ao paciente?

No final da investigação sobre as sensações, o terapeuta saberá o grau de sensualidade dos pacientes, se os pacientes necessitam aprender de novo os prazeres dos sentidos e se o desejam.

2. O exame físico

O exame físico pode ter lugar durante o primeiro encontro, dependendo de como seguiram as coisas. É normal organizar uma mesa redonda depois das duas entrevistas individuais para discutir aspectos peculiares e o programa de tratamento, e, se houver tempo, pode então realizar-se a observação física.

O procedimento é baseado em algumas fórmulas americanas que exigem a presença dos dois terapeutas e dos dois pacientes.

Partindo do princípio de que um dos terapeutas é qualificado do ponto de vista médico, será então esse terapeuta que fará o exame. Se nenhum terapeuta tiver treino médico, pode chamar-se um colega médico para os ajudar. Se a clínica tratar pacientes individuais em qualquer fase de tratamento, então o paciente terá de ser examinado sozinho.

O exame físico tem vários objectivos — eliminar a possibilidade de existirem doenças físicas e educar cada um dos indivíduos sobre a anatomia sexual do outro. Muita gente nunca examinou detalhadamente os genitais do sexo oposto. Neste ponto, os pacientes do sexo masculino são particularmente ignorantes. O exame físico assegurará que os terapeutas e os pacientes estarão sempre a falar das mesmas partes da anatomia. O modo e o detalhe do exame tem por fim tranquilizar o casal e fazer-lhes ver que os genitais não são uma coisa de que se deva ter vergonha, e que, portanto, tenha de ter escondida. O exame deve ser feito em completa intimidade.

Primeiramente, o exame é feito pelo terapeuta médico, que usa luvas cirúrgicas. Em seguida, o paciente é examinado pela sua ou seu parceiro, que não deve usar luvas. O outro terapeuta deve permanecer na sala, atento e parecendo relaxado e amigável.

O exame é realizado pelos dois parceiros, cada um por sua vez. A anatomia geral das partes sexuais deve ser cuidadosamente indicada, quer em linguagem técnica, quer em linguagem coloquial, o que dará ao exame um aspecto menos formal. Os pacientes podem ser examinados segundo uma ordem qualquer, e o que se examinar em primeiro lugar deve despir-se da cabeça aos pés e deitar-se num divã. Se ele o pedir pode fornecer-se um lençol.

O exame do terapeuta deve ser feito sem pressa, calmamente, completamente. O exame constitui portanto um «modelo» para o companheiro, que depois o repete. Em certa medida, o exame pretende ser uma dessensibilização para aqueles que podem ter medo de tocar os seus companheiros ou até mesmo as suas próprias áreas genitais.

Enquanto um indivíduo estiver a examinar os genitais do outro devem ser ambos cuidadosamente observados. Como é que abordam a tarefa? Delicadamente, rudemente ou com o toque adequado? Estão nervosos ou embaraçados? É preciso ver também se o paciente hesita ou se recua — como sucede com as mulheres com vaginismo.

O exame da mulher

O terapeuta começa por examinar a vagina. Usa-se normalmente uma luva de borracha e aplica-se um lubrificante que torna a inserção mais confortável. O terapeuta insere primeiramente o indicador e depois o indicador e a dedo médio. A gama de respostas ao exame vaginal é muito ampla e a maneira como a mulher reage é extremamente importante. Uma mulher com vaginismo de qualquer grau tornar-se-á tensa em várias partes do corpo, dependendo esta contracção da severidade da anomalia. As mulheres profundamente afectadas afastam-se e fecham as pernas; em graus menos profundos é a entrada vaginal que se contrai e em casos muito ligeiros o terapeuta só notará uma pequena rigidez ou afastamento. Onde não exista nenhum problema de medo e onde a mulher esteja habituada a estas observações, a penetração e o exame revelarão um relaxamento completo. As mulheres com treino em relaxamento profundo também respondem com muita facilidade. A maioria das mulheres normais enquadram-se entre os extremos de um relaxamento completo e de um severo vaginismo. Uma mulher que demonstre uma tensão ligeira não é necessariamente anormal, porque afinal de contas está a ser examinada abertamente por um estranho.

Sempre que seja possível ao terapeuta médico fazer uma profunda penetração digital, ele deve tentar verificar se há alguma patologia local: por exemplo, fibróides, cicatrizes dolorosas, quistos nos ovários e assim por diante.

Pede-se então à mulher que contraia o músculo pubiococcígeo. Se não está habituada, deve-se-lhe dizer para proceder como se estivesse tentando reter o fluxo de urina, que é semelhante, embora não completamente, à retenção da defecação. Ela deve estar familiarizada com os dois tipos de habilidade muscular, que devem ser bem compreendidos. Esta facilidade com o músculo pubiococcígeo desempenha um papel no treino da resposta orgásmica e é uma actividade agradável ao macho que deve ser utilizada durante as relações sexuais.

O seu companheiro deve então inserir o seu dedo indicador, usando também um lubrificante adequado, e depois, se possível, o indicador e o dedo do meio. Quando o conseguir, a mulher deve tentar apertar os dedos com o músculo pubiococcígeo como anteriormente. Deve-se-lhe depois pedir para mostrar as suas partes anatómicas com a ajuda de um espelho. O clítoris, a cabeça do clítoris, os lábios menores, os lábios maiores, o orifício da uretra e a entrada da vagina. Tem de se repetir para qualquer uma destas partes a nomenclatura técnica e coloquial. Se ela nunca o tinha feito anteriormente, o acto de ver os seus genitais sob um novo ângulo aumenta a informação de que ela já dispunha. A mulher deve então indicar ao companheiro as suas partes mais sensíveis do ponto de vista sexual. Ela pode mostrar-se muito tímida neste ponto; é um problema de oportunidade se deve ou não ser pressionada para o fazer. Se ela não indicar as suas áreas sensíveis, o terapeuta deve fazê-lo em seu lugar. Durante tal exame, é muito normal que se manifeste um certo interesse sexual, o que é provavelmente um bom sinal.

Ocasionalmente o exame pode revelar alguma anormalidade, que irá requerer uma observação mais prolongada noutra ocasião por um ginecologista ou a utilização de um instrumento de observação vaginal que permite ao médico observar directamente a vagina e examinar o colo uterino, entre outras coisas. Se uma mulher desejar ver o seu próprio colo uterino, pode-se-lho mostrar com um espelho.

O exame do homem

Esta observação deve ser conduzida pelo terapeuta médico e pela companheira. O escroto do homem, os testículos e partes associadas devem ser examinados. O pénis é apalpado e inspeccionado, bem como a pele, que é puxada para trás para deixar à vista a glande. O médico deve também examinar as glândulas linfáticas locais. A presença de qualquer descarga uretral pode ser notada, assim como quaisquer feridas, infecções, hérnias e assim por diante. Quando o terapeuta médico se declara satisfeito e conclui que todas as partes estão normais, a mulher deve examinar todo o aparelho por si mesma. Os pormenores da anatomia dos testículos não são muito importantes, mas podem ser explicados brevemente. O pénis deve ser examinado pormenorizadamente. A pele que o cobre (se existe), a glande, os sulcos, o freio, a verga, e a localização da uretra. Tudo isto deve ser mostrado, sentido e denominado, quer formalmente, quer coloquialmente. Pede-se então ao homem que diga quais as partes que, quando tocadas, lhe dão prazer sexual. Ele pode mostrar-se acanhado, e neste caso o terapeuta masculino pode indicar as áreas que pensa que são excitantes, com pormenores quanto ao método de as estimular adequadamente.

Atitudes

É vitalmente importante incluir ambos os parceiros no exame físico, não só para assegurar que as partes importantes sejam conhecidas, como também para perceber a sua atitude perante a situação. Os inseguros e hesitantes serão incapazes de o esconder durante o exame, quer como sujeitos, quer como objectos. O acto de cooperar nesta situação nova e semipública também indica uma atitude mais aberta; o paciente que recusa ou objecta pode não querer mudar a sua conduta. Também é uma aprendizagem. Os pacientes que são muito nervosos, seja por que motivo for, podem, na atmosfera calma do exame, mudar beneficamente de atitude. O paciente que é rude e insensível também se revelará como tal e poderá ganhar uma nova perspectiva interior sobre si mesmo e o seu comportamento.

Os actos de exame e exposição também podem ser considerados como uma espécie de cerimónia — uma nova situação social que funda uma ligação entre o casal e os terapeutas e que promove aquele nível de confiança e intimidade em que a terapia pode florescer. Virá indubitavelmente o dia em que a actividade sexual completa será uma parte muito natural do programa de ensino, mas nesta altura ainda não se está nessa fase.

3. *A avaliação das atitudes*

Para lá da sua utilidade na reconstrução da história do paciente, os questionários podem fornecer informação útil para o futuro. Os questionários podem ser preenchidos pelo paciente sozinho e podem complementar a história pessoal em pontos muito importantes. Numa clínica com muito movimento, pode obter-se deste modo bastante informação enquanto o terapeuta está noutro lado, e esta informação pode ser usada quando da investigação sobre a história pessoal do paciente, quer para introduzir determinadas matérias, quer como material de referência para comprovar a impressão obtida numa conversa normal ou para confirmar que não se deixou para trás nenhuma pergunta. Este questionário põe uma quantidade estandardizada de perguntas concebidas de tal maneira que cada opinião fica registada em toda a sua amplitude. Apresenta também vantagens do ponto de vista da investigação: dado que a forma é padronizada, pode comparar-se as pessoas umas com as outras, os casais, homens e mulheres, e ver as diferenças entre homens e mulheres numa multiplicidade de casais. Ora, todas estas descobertas podem ser apreciadas à luz do êxito do tratamento, que se virá a conhecer mais tarde. Podem também servir como um indicador para medir o efeito do tratamento e as mudanças de atitude no casal observado e para os comparar com outros casais semelhantes.

O uso de questionários não é indispensável e até pode fazer com que certos pacientes achem a clínica impessoal; todavia, onde os questionários são apresentados de modo amistoso, com a explicação de que eles apenas constituem uma ajuda preliminar, é difícil encontrar pacientes que se sintam ofendidos.

Há uma escala muito útil que foi desenvolvida no Instituto Holandês de Investigação Sexológica Social. O questionário tem o nome de Escalas de Experiência de Sexualidade ou EES (Sexuality Experience Scales). Há dois conjuntos de perguntas, um para homens e outro para mulheres. Os companheiros preenchem separadamente as suas fichas e não devem comparar as suas respostas. O terapeuta quer conhecer as suas atitudes isoladamente e há algumas áreas em que difere a sexualidade masculina e feminina, o que exige diferentes perguntas. O EES tem oitenta e quatro perguntas e deve ser preenchido em vinte minutos.

O questionário cobre várias áreas diferentes, tais como moral sexual, sexualidade das crianças, sexo pré-matrimonial, educação sexual das crianças, o modo como as pessoas respondem aos diferentes tipos de estimulação sexual, fantasia, preferências por diferentes actividades sexuais, atitudes para com o casamento e para com o casamento actual, ligações sexuais e compatibilidade sexual. Dão-se agora alguns exemplos dessas perguntas:

M19 – Gosta de tentar diferentes posições nas relações sexuais? *M14* — Parece-lhe bom que as crianças acima dos dez anos vejam os seus pais nus? *M12* — O seu marido é sexualmente inibido e envergonhado?

Após cada pergunta há um conjunto de respostas padronizadas que exprimem graus de acordo ou desacordo com a afirmação. A pessoa que responde tem de assinalar aquela que está mais próxima da sua atitude. Um exemplo de uma pergunta completa é o seguinte:

M5 — Penso que ver fotos e filmes sexualmente excitantes é:

- ☐ 1. Muito agradável.
- ☐ 2. Agradável.
- ☐ 3. Pouco agradável.
- ☐ 4. Muito desagradável.

Usar ou não usar estas escalas é uma questão que diz respeito aos terapeutas individuais e às clínicas; na prática, muitas clínicas acham-nas úteis.

Há outras escalas e algumas muito boas. Além disso, há escalas preparadas para avaliar mudanças de pontos de vista ao longo do tempo. Usando estas escalas poder-se-ia, por exemplo, avaliar a mudança provocada pela educação ou só pelo tempo.

VI

Tratamento

Há duas ordens de considerações no tratamento: a teoria e a prática. Em certa medida, as decisões acerca da prática estão baseadas na teoria, mas muitas vezes são influenciadas por questões de conveniência ou moralidade. Trataremos primeiro das questões práticas e depois dos fundamentos do tratamento. Nem a prática nem o tratamento podem ser idênticos para qualquer paciente, de modo que também se examinam as opções possíveis.

1. Prática

A clínica

Os pacientes visitam normalmente o terapeuta numa clínica, marcando uma entrevista. O terapeuta tentará assegurar-se de que o encontro tenha lugar num sítio atraente e informal, ainda que isto seja frequentemente difícil de arranjar num quadro institucional. Será melhor se o terapeuta não se sentar atrás da secretária, excepto quando toma as extensas notas necessárias à recolha da história pessoal do paciente. É importante fugir à imagem estereotipada que as pessoas têm de uma clínica, dos terapeutas, dos médicos, como pessoas graves, formais e autoritárias e durante o próprio tratamento é melhor que o terapeuta adopte uma atitude informal, que use fatos normais e não uma bata branca, e que ofereça cadeiras confortáveis numa sala agradável e moderadamente iluminada.

Também é aconselhável que não receba telefonemas durante as sessões de tratamento, já que quebram a sequência de raciocínios e podem dar aos pacientes a impressão de que o terapeuta não tem tempo para lhes dedicar. A meta deve ser uma atmosfera calma e descontraída, e se possível, alegre e humorística. Nestas condições, o tratamento terá muito mais possibilidades de êxito.

Os terapeutas

Algumas clínicas podem oferecer dois terapeutas de sexo oposto para cada caso, segundo o método de Masters e Johnsan. Certos terapeutas consideram este esquema essencial, e indubitavelmente ele apresenta muitas vantagens.

A interacção entre o paciente e o terapeuta tornar-se-á mais fácil com este método, dado que muitas pessoas acham mais fácil falar e contar os seus problemas a pessoas do mesmo sexo, especialmente quando se trata de assuntos sexuais e muito íntimos. Por outro lado, dois terapeutas fazem com que seja possível a qualquer paciente pedir para falar com um deles em particular quando ele ou ela se sintam inibidos para se abrir completamente.

A interacção do tratamento assemelhar-se-á também mais a uma situação social comum — um casal encontrando-se com outro. Há um certo prazer e desafio, simultaneamente pessoal e sexual, quando se encontra presente o sexo oposto. Quer os homens, quer as mulheres, passarão a comportar-se melhor e a agressividade diminui.

Um casal que se encontre com um terapeuta forma uma relação triangular. Em tal situação, o casal pode competir pela atenção e simpatia do terapeuta. Qualquer dos pacientes pode tentar estabelecer uma aliança com o terapeuta contra o outro elemento. Os terapeutas são humanos e têm de estar em guarda. As entrevistas iniciais com os casais podem ser fontes de tensão para qualquer terapeuta, ainda que bem ajustado. Muitas vezes há uma certa ansiedade e os pacientes podem mostrar-se agressivos e hostis um com o outro e também contra o terapeuta. Dois terapeutas podem lidar mais eficazmente com isto o com outras situações. Em qualquer troca verbal de informação, enquanto um terapeuta permanece activo, falando e tomando notas, o outro pode estar passivo. O terapeuta em atitude passiva pode notar coisas que o activo não capta e porque não está imediatamente comprometido no processo pode manter uma posição mais reflexiva e desinteressada.

Além disso, o terapeuta passivo pode intervir para cortar qualquer discussão ou hostilidade potencial; um terapeuta feminino pode intervir para reassegurar qualquer dos pacientes, se eles parecem inseguros e ansiosos. As mulheres podem muitas vezes dizer coisas a um homem hostil que um homem hesitaria em proferir. Por outro lado, o terapeuta masculino pode revelar--se capaz de impressionar um paciente feminino com uma ideia que ela não aceitaria de um terapeuta do seu sexo. Ambos os terapeutas devem usar o seu encanto para superar situações difíceis. Além disso, parte da pressão psicológica do terapeuta desaparece quando se mostra camarada.

Depois de uma entrevista terapêutica, os dois terapeutas podem comparar impressões e planear activamente o tratamento futuro, e aqui também duas cabeças e dois pontos de vista diferentes são muitas vezes, ainda que não invariavelmente, melhores do que uma. Para os terapeutas relativamente inexperientes, constitui um excelente método de treino trabalhar durante um certo tempo com uma pessoa mais experiente em determinado número de casos.

Contudo, não há nenhuma prova segura de que dois terapeutas tenham melhores resultados do que um só, e as clínicas têm de escolher entre estes dois métodos. O sistema baseado em dois terapeutas tem algumas vantagens teóricas: pela lei das probabilidades, o paciente tem mais possibilidades de encontrar um terapeuta adequado ou pelo menos um terapeuta de que goste; duas cabeças e duas personalidades são, na maior parte das situações, melhores do que uma; e o sistema é mais confortável e interessante para o terapeuta, e provavelmente para os pacientes também.

Todavia, não se deve desencorajar os terapeutas que por decisão própria ou por necessidade trabalham sozinhos. Quase sempre um terapeuta é melhor do que nenhum e muitas vezes melhor do que dois. E, além disso, há também a considerar a grande falta de terapeutas sexuais.

Entrevistas

A maior parte das clínicas estabelece com o tempo uma sessão com uma duração padronizada; a maioria considera que a entrevista entre os três quartos de hora e uma hora é a melhor. Quando há muitas coisas a debater, a hora pode ser esticada e quando a sessão terapêutica corre bem ou se revela muito desgastante o tempo pode ser reduzido. Lá para o fim da terapia ou mesmo depois de a terapia ter efectivamente acabado, o casal pode vir à clínica por períodos curtos para ver se tudo vai bem eu para receber conselhos sobre qualquer problema adicional.

Algumas clínicas tratam os pacientes com base num curso intensivo; outras, por entrevistas espaçadas. No método intensivo, os pacientes instalam-se num hotel que fique perto e visitam a clínica diariamente ou várias vezes por semana num período de cerca de duas semanas, após o qual a terapia está frequentemente terminada. Durante um curso tão intensivo, o paciente pode ter recebido mais de catorze horas de terapia.

Este sistema exige que o terapeuta recorra exclusivamente à entrevista, o que nem sempre é possível numa instituição. Também é necessário que os pacientes arranjem o tempo disponível, subtraindo-o ao trabalho, aos filhos e a outras responsabilidades. Para muitos pacientes, o encargo financeiro pode parecer demasiado elevado. Algumas clínicas são dirigidas numa base de pagamento de honorários, ainda que privadas; este sistema é quase universal nos Estados Unidos; na Europa também existem algumas clínicas grátis.

A maioria das clínicas europeias utilizam as «entrevistas espaçadas». Trata-se em parte de conveniência e em parte de fidelidade ao modelo médico, e também parcialmente de uma questão de crença. A maioria dos terapeutas europeus crê que o método das entrevistas espaçadas é tão eficaz como o método intensivo, que está mais em voga nos Estados Unidos. Segundo o método das entrevistas espaçadas, os pacientes são submetidos a encontros de uma hora, separados por intervalos de uma semana ou mesmo um mês. Nas primeiras fases do tratamento, as entrevistas são normalmente semanais e, mais tarde, já quase no fim do tratamento, passam a ser mensais. Há muitas vezes uma entrevista que se marca para depois do tratamento e que pode ter uma periodicidade variável, de seis em seis meses, por exemplo. Esta entrevista apresenta benefícios mútuos: para o paciente, por razões óbvias, e para o terapeuta, que pode comprovar os resultados do seu método.

Durante as entrevistas iniciais, o terapeuta tem uma oportunidade de avaliar as probabilidades de êxito do tratamento. Os pacientes são normalmente aceites para tratamento, ainda que as possibilidades de êxito pareçam muito pequenas. Se há uma oportunidade, vale a pena iniciar o tratamento. Se não se registar qualquer tipo de progresso depois de umas quantas sessões de tratamento, a terapia pode terminar, mas a verdade é que os terapeutas têm uma alta taxa de êxitos, ainda que o sucesso seja às vezes somente parcial.

O contrato para a terapia

A decisão de aplicar tratamento corresponde ao terapeuta e à clínica e o «contrato» será, portanto, apresentado depois. Aos pacientes é-lhes oferecida terapia, e o terapeuta trata de lhes explicar em que consiste e como se aplica e eles têm de decidir se aceitam ou não. O terapeuta, por seu lado, tem de fazer determinadas exigências que devem ser cumpridas, e os pacientes, por sua vez, exigirão, em muitos casos, que se lhes assegure que não serão obrigados a fazer nada contra a sua vontade, que não haverá sexo em frente de outras testemunhas, e outras coisas mais.

A terapia recomendada neste livro integra as ideias que se seguem, que devem ser apresentadas aos pacientes. O terapeuta explicará que o tratamento consiste numa série de encontros com uma determinada duração e frequência, em que haverá uma discussão livre dos problemas sexuais do paciente. Em cada encontro, o terapeuta marcará um conjunto de trabalhos para casa que os pacientes tratarão de realizar o melhor possível. Os primeiros serão fáceis e exigirão pouco esforço, mas, à medida que o tempo for avançando, tornar-se-ão mais ambiciosos até alcançar um comportamento sexual adequado e completo. Começa-se com as carícias, com os afagos, com a estimulação, com a massagem de áreas não genitais — o que se denomina focagem das sensações. Na fase seguinte, procura-se estimular os genitais, o que se chama focagem das sensações genitais. Não se pretende o orgasmo neste estádio, mas a verdade é que pode acontecer. A seguir vem o sexo oral. As técnicas serão explicadas em pormenor quando o paciente atinge o estádio adequado na terapia, e dar-se-lhe-á todo o apoio para as incluir no seu comportamento normal. Pode explicar-se aos pacientes que o sexo oral é completamente opcional mas que será uma grande ajuda se se sentirem capazes de o levar a cabo. O terapeuta poderá dizer: «vejamos primeiro como é que correm as primeiras fases». Os últimos passos dizem respeito à relação sexual e incluem alguns ensinamentos sobre as posições.

Quando ambos os parceiros têm uma grande ansiedade, o terapeuta terá de tranquilizá-los de que se utilizarão técnicas para lidar com o problema. As técnicas incluem o relaxamento e a graduação, e as ansiedades serão, além disso, amplamente debatidas.

O terapeuta não só terá de explicar que os pacientes hão-de percorrer estas fases de tratamento, mas também terão de tentar assumir uma nova atitude a respeito de toda a sua vida sexual. Além disso, explicará que vai tentar abrir-lhes a mente para novas ideias e apoiar uma atitude nova e sem preconceitos relativamente ao sexo para o tornar alegre e agradável. Isto implica por parte do paciente o empenhamento da vontade em ler e estudar uma matéria quiçá previamente ignorada ou rejeitada como pornográfica, com o objectivo de conhecer mais coisas a respeito do sexo em geral e também de ter prazer.

O estilo de vida pessoal do paciente também será discutido, dado que há gente que leva uma vida literalmente antagónica com o prazer sexual; o terapeuta tentará persuadi-los a repensar as suas vidas e a usar a imaginação e criatividade, não só em novas condutas sexuais, como também na libertação das suas fantasias.

A reformulação geral das atitudes e a persuasão para levar uma vida mais orientada para o prazer — encorajamento a ser sensual — é denominada «reorientação». A reorientação é uma fase do tratamento que não aparece na mesma sequência das outras fases, dado que as ideias reorientadoras são discutidas em todas as sessões. No ponto três deste capítulo discutir-se-á mais pormenorizadamente a reorientação, mas a ideia geral deve ficar clara.

Neste encontro inicial, o terapeuta sublinhará que, se um casal está a ser tratado, tem de compreender que está a ser tratado enquanto casal, e compenetrar-se desse facto. Se um dos parceiros se recusar a considerar-se como responsável pelo êxito do tratamento, há todas as possibilidades de este falhar. Se qualquer dos parceiros continuar com a sua ligação, será obrigado a deixá-la a fim de maximizar as possibilidades de unidade sexual e de prazer entre o casal original.

Os pacientes poderão perguntar se se discutirão os seus problemas maritais. A resposta é «sim», desde que a terapia sexual ocupe a maior parte do tempo do encontro. O terapeuta pode sublinhar que, quando o casal começar a ter prazer um com o outro, alguns dos chamados problemas maritais desaparecerão. Outros problemas serão, na melhor das hipóteses, redefinidos, em vez de se transformarem em cavalo de batalha entre os membros do casal.

Muitos pacientes manifestam uma grande curiosidade pelas razões que motivam certas recomendações ou tarefas concretas e alguns ficarão mais bem motivados se isso lhes for explicado racionalmente. Deste modo, o terapeuta tranquilizará os pacientes de que não se dará nenhum passo sem uma boa razão, e que esta razão lhes será explicada se o desejarem.

Depois de discutir todos estes assuntos, os pacientes decidem se querem ou não o tratamento. Se assim for, preparam-se as coisas e o tratamento pode principiar. A decisão, embora complexa, pode normalmente ser tomada na sessão seguinte ao registo da história pessoal.

2. Fundamentos

Passaremos agora aos fundamentos do tratamento e às opções que o terapeuta tem para superar os problemas individuais de maneira flexível.

Alívio da ansiedade

Um dos princípios fundamentais do tratamento descrito neste livro é o alívio da ansiedade associada ao comportamento sexual. Há muitos casos em que os pacientes se revelam extremamente ansiosos em todas as matérias relacionadas com o acto sexual e com a conduta sexual. Alguns pacientes demonstram ansiedade logo que tocam o parceiro ou lhe tomam as mãos. Esta ansiedade é normalmente constituída depois de uma série de fracassos. Na linguagem da teoria da aprendizagem, a ansiedade foi gerada por castigos repetidos. Para o terapeuta, portanto, um óptimo ponto de partida é eliminar qualquer medo relativo a um fracasso no futuro. Quando o fracasso ocorreu durante as relações sexuais, diz-se aos pacientes que, para começar, não se deve tentar novamente qualquer outra relação sexual. O único comportamento sexual que pode ser permitido é acariciar, massajar e abraçar-se. A eliminação da ansiedade a respeito do acto propriamente dito liberta imediatamente os pacientes das inibições, e o prazer torna-se novamente possível. O castigo foi substituído pela recompensa. Os pacientes já não necessitam remoer sobre a ideia do fracasso.

O alívio da pressão da ansiedade está incorporado na ideia de «tarefas» graduais. Ao princípio, pouco se espera do casal, mas, à medida que o êxito parece provável, eles ganham cada vez mais confiança. Os casais voltam muitas vezes pouco depois de ter realizado uma só «tarefa», dando mostras de uma forte esperança e um grande prazer. A confiança sexual aumentará à medida que as tarefas forem sendo cumpridas com sucesso.

Quando a ansiedade é muito profunda e até torna os primeiros passos num problema difícil, o alívio pode ser tentado por meio do relaxamento seguido de dessensibilização. Logo que se atinja o relaxamento físico, verificar-se-á que também se atinge o relaxamento mental. O paciente torna-se capaz de libertar a mente da ansiedade e pelo menos passa a conseguir criar, em pequenos períodos de tempo, um espaço de calma e de repouso.

Este tipo de relaxamento pode ser utilizado de duas maneiras. Os pacientes podem ser aconselhados a principiar a usá-lo nas relações sexuais — quiçá durante certas partes do acto sexual onde mais se sente a pressão da ansiedade. O segundo procedimento consiste na dessensibilização, que se realiza do seguinte modo: em primeiro lugar, estabelecem-se listas graduadas («hierarquias») das ansiedades dos pacientes. No fim das listas encontram-se as ansiedades menores, como as relacionadas com tocar o corpo do companheiro. Mais acima, incorporam-se as maiores, como por exemplo tocar os genitais do parceiro. No cimo da lista, estão as ansiedades mais graves: uma ansiedade profunda pode experimentar-se no momento em que o pénis está quase a penetrar na vagina.

Os pacientes são aconselhados a relaxar-se, e quando relaxados são convidados a imaginar um medo menor. Se ele lhes causa ansiedade, diz-se-lhes para se relaxarem novamente e esconjurar o pensamento. Eventualmente este ciclo de relaxamento e imaginação de medos revelar-se-á capaz de eliminar a ansiedade do pensamento: o medo foi associado ao relaxamento e à calma e não à ansiedade. A sequência repete-se então novamente para o medo que se segue na lista. Num curso completo de dessensibilização, o terapeuta pode ir de baixo para cima, ainda que seja mais normal utilizar o relaxamento-dessensibilização como um complemento às tarefas calibradas para realizar em casa, que constituem o núcleo do tratamento. A semelhança das tarefas calibradas do tratamento com os medos graduados do processo de dessensibilização é evidente.

Educação e aprendizagem sexual

A ideia de partir de uma tarefa, de um comportamento, de uma resposta para outra, tem dois objectivos. O primeiro é aliviar a ansiedade e adquirir confiança. O segundo é a formação de novos padrões de comportamento, de novas respostas comportamentais. O paciente começa a aprender novos caminhos. É um processo de educação. Esta educação e aprendizagem é o segundo grande princípio do tratamento.

O terapeuta gasta muito tempo a discutir a conduta sexual com os seus pacientes. Durante a discussão, descobrir-se-ão áreas de erro e ignorância e isso, se possível, deverá ser mudado. O terapeuta tentará introduzir o debate em tantas áreas da sexualidade quantas possíveis, para que os pacientes tenham o maior número de oportunidades para revelar as suas atitudes ou medos, ainda que tentem escondê-los. Parte desta exploração pode ser feita durante o registo da história pessoal e outra parte durante a terapia, quando os pacientes mencionam normalmente os seus medos espontaneamente.

Durante todo o tempo, o terapeuta desempenha a função de educador. Estará a dar lições sobre a conduta e também sobre as técnicas.

Em matéria de técnica, o terapeuta pode dar instruções apoiadas na palavra falada, escrita ou ilustrada em cassetes de vídeo, e depois o casal pode tentar esse comportamento em casa. Estas instruções técnicas podem ser sobre técnicas de masturbação, de sexo oral, ou sobre a arte de fazer amor. Os pacientes aprendem então, por si mesmos, o comportamento apropriado, juntamente com as respostas e sensações associadas. A progressão com base nos comportamentos fáceis e simples, tais como tocar e massajar, até ao sexo oral ou mesmo relações sexuais, mais tarde, passando pela masturbação mútua, pode ser olhada como a construção de uma resposta sexual total. Cada parcela da resposta total é ensinada e estabelecida separadamente, até que toda a resposta sexual esteja eventualmente organizada.

A ideia de construção forma a base de outro conceito, que é o de «dar forma» ou «moldar». O terapeuta descobre que parte do acto sexual já está estabelecido no repertório sexual do paciente. Isto pode constituir uma base para novas ideias e actividades. O paciente pode ir do conhecido para o desconhecido sem esforço. E a partir das capacidades existentes pode começar-se a moldar outras respostas. É isto que se denomina «moldagem». O terapeuta pode começar a partir da capacidade que o homem impotente possui para se masturbar. A resposta é a base sobre a qual se tem de construir a resposta seguinte. Neste caso, talvez a companheira o possa masturbar. Este é um passo pequeno, mas novo. A partir desta nova resposta, o comportamento seguinte pode ser o sexo oral. O homem aprende então a obter prazer com a permanência da glande do seu pénis na boca da companheira, mantendo durante todo esse tempo a sua erecção. O último passo pode ser a inserção e a penetração na vagina. Os behaviouristas diriam que as respostas foram «moldadas». O conceito pode ser aplicado a outros comportamentos sexuais, em que se procede segundo o método das aproximações sucessivas até se instalar o comportamento desejado.

Terapia de estimulação

A terapia de estimulação é a última componente fundamental do método. Se a pulsão sexual puder ser aumentada, a actuação sexual e o prazer só poderão vir a ser beneficiados. O terapeuta atinge este resultado de dois modos: primeiro, eliminando proibições que impedem uma agradável actividade sexual; segundo, alargando o leque de interesses e comportamentos sexuais dos pacientes. Para muitos pacientes, o leque de comportamento sexual não está completamente aberto, porque estão sob o domínio da ansiedade, mas noutros é por causa das proibições ou da ignorância. Os métodos capazes de aumentar a pulsão sexual são a seguir descritos no subcapítulo que tem como título «Reorientação».

Terapia marital

Durante a terapia, e antes mesmo de a começar, pode tornar-se evidente que se tem de dedicar algum tempo a falar sobre o casamento. As possibilidades de más interacções entre duas pessoas não têm limite e vão das pequenas irritações até à violência e à crueldade mental. As relações podem tornar-se muito complexas, os elementos do casal podem adoptar posições inamovíveis e é extremamente fácil ver-se inapelavelmente envolvido no conflito, ou confundido.

Neste método, as dificuldades do casal são abordadas de duas maneiras. Uma ordena que se melhore a interacção sexual, que melhorará, consequentemente, a relação pessoal. E isto é muitas vezes exacto. A outra abordagem consiste em estudar cuidadosamente a área de preocupações e ver se uma simples análise pode sugerir uma solução do tipo «dar para obter». A um nível muito simples, em que os dois companheiros têm, por exemplo, queixas exageradas um do outro, pode negociar-se um acordo nessa base. Deste modo: «Se me revelares os pormenores das finanças da família de forma que eu desempenhe um papel nelas, eu mostrarei mais entusiasmo ao receber os teus amigos»; quiçá a um nível mais profundo o acordo seja doutro género: «Se gastares algum tempo a conversar comigo, eu tentarei ser mais entusiástica na minha vida sexual»; ou: «Sairei mais vezes contigo se mostrares mais interesse pelas crianças». Qualquer casal poderá ter muitas áreas de desacordo que podem ser equilibradas deste modo.

Quando esta abordagem é sistemática denomina-se «terapia de contrato». O casal é remotivado para fazer certos sacrifícios no interesse de uma maior harmonia e de uma maior cooperação sexual. Mas ela deve ser apresentada positivamente para que as tarefas sejam pedidas e não proibidas (a formulação não deverá ser do tipo «eu não dormirei contigo a não ser que...»).

Também se revelará uma lição valiosa ensinar um casal a falar um com a outro. As conversas anteriores talvez tenham fracassado porque o casal não é capaz de manter o diálogo sem discutir muito. Isto pode dever-se ao facto de um parceiro ou ambos começarem a sentir-se de certo modo desafiados, e retiram-se para uma atitude de amuo, de hostilidade ou de fingida indiferença. O terapeuta deve sugerir modos de superar esta situação. Um método é reservar um certo espaço de tempo por semana para discutir os problemas maritais, com a obrigação de se manterem calmos. Outra regra é a de interromper a discussão em determinado momento — não se deve tentar solucionar tudo imediatamente. Uma vez estabelecido o hábito da comunicação, quer os problemas maritais, quer os sexuais podem ser discutidos.

Os terapeutas sexuais não gastam normalmente muito tempo a interpretar as razões por que uma pessoa se comporta de determinado modo geral. Todavia, dão algumas explicações racionais para o comportamento peculiar de uma pessoa, se esse comportamento é um desafio ao casamento ou à terapia sexual: «Tu gastas todo o teu tempo a ver desporto na televisão porque gostas de te imaginar um homem famoso, talvez para esquecer os outros fracassos»; «Talvez não te preocupes com o teu aspecto porque não te exibes lá fora como uma pessoa atractiva — tu recusas-te a correr o risco de ser rejeitado ou de cair no ridículo». Muitas outras interpretações similares podem aparecer durante o tempo da discussão, mas, em geral, os terapeutas sexuais extraem as suas interpretações dos princípios behaviouristas e tentam apelar mais para o senso comum do cliente do que para o seu inconsciente. As interpretações ou explicações devem ser expressas de forma simples; se o paciente as não entender, o terapeuta estará provavelmente a ser demasiado geral ou então não entende o que ele ou ela querem dizer. Em qualquer dos casos, é necessário voltar a pensar o problema. Ocasionalmente, é perfeitamente normal o terapeuta dizer: «Não sei» ou «só posso fazer especulações», já que muitos comportamentos são difíceis de explicar. O paciente que supõe que o terapeuta possui todas as respostas ficará desapontado, mas ficará satisfeito se for persuadido de que o tratamento funciona muitas vezes porque se descobriu que assim é na prática.

Há muitas outras maneiras de abordar a terapia marital, mas o livro não tem por fim descrever todas elas. Os aspectos matrimoniais da terapia podem ocupar uma parte substancial do tratamento, mas nós recomendamos que ele seja mantido a um nível facilmente compreensível, específico e behaviourista.

3. Reorientação

Depois de se reconstruir a história pessoal, a terapia como tal pode começar e este ponto três descreverá a primeira fase. Na verdade, é impossível obter a história sem responder ao mesmo tempo ao paciente de um modo simultaneamente apropriado e terapêutico. O tom de voz, as inflexões do discurso e a construção das frases variará para cada elemento do casal e estabelecer-se-á gradualmente um certo tipo de relação interpessoal. Na maior parte dos casos, o casal sairá com uma nova esperança e com a ideia de que a sua inter-relação sexual pode ser reconstruída de novo. Isto, pelo menos, deve ser o objectivo.

As pessoas que têm um problema atolaram-se numa situação que foram incapazes de resolver. Ninguém gosta de fracassar, tanto mais numa área tão importante para o respeito próprio, e as repetidas tentativas de encontrar uma solução apenas aumentaram os fracassos. São necessárias novas ideias. O solo tem de ser preparado de novo.

Comprometimento igual

A primeira fase do tratamento denomina-se reorientação — ainda que, como já se explicou, não seja uma fase que apresente sequência, dado que as ideias reorientadoras são discutidas em todas as sessões. A reorientação reflecte a esperança de que ambos, o homem e a mulher, aprenderão, em certo sentido, a trabalhar juntos para o mesmo fim e com uma atitude comum — duas pessoas com a mesma orientação.

Muitas vezes, antes de chegar à clínica já um membro do casal decidiu que ele ou ela é o indivíduo «doente» e que o outro é o normal, ou pelo menos o que se encontra mais perto dessa qualificação. Esta atitude encontra-se em quase todos os grau. Na pior das hipóteses, indivíduo «doente» assume toda a culpa, que se associa depressão e a uma sensação de fracasso — fracasso em viver um ideal. Inversamente, em casos extremos, o indivíduo «normal» pode mostrar-se satisfeito consigo mesmo e tomar uma atitude de indiferença, como que dizendo: «só vim para ajudar o meu companheiro doente».

Durante a interacção da reconstrução da história pessoal a atitude dos pacientes deverá ter sido observada pelos terapeutas, o que lhes dará algumas ideias. O companheiro que se oferece a si próprio como «doente» pode ser facilmente identificado e a distancia que separa os membros do casal pode tornar-se evidente quase imediatamente. Quando um dos indivíduos nega qualquer culpa, qualquer compromisso, a distância pode ser muito grande. As atitudes reais do casal podem somente começar a revelar-se na sua autenticidade à medida que a terapia avança, dado que um ou ambos podem estar «fossilizados» numa atitude para com o cônjuge que crêem ser correcta mas que de facto não faz mais que esconder a correcta. Por outra lado, a atitude para com o terapeuta também pode ser concebida com a finalidade de esconder sentimentos, como a hostilidade, que o paciente pensa ser desagradável ao terapeuta, e portanto inaceitável.

Assim, em primeiro lugar, é necessário estabelecer as atitudes correctas. Como afirmação de princípios, deve familiarizar-se o casal com a ideia de que daí para a frente nenhum deles jamais se poderá considerar livre de responsabilidades no que diz respeito à situação. Se houver alguma coisa que tenha de ser tratada «oficialmente», isso será a relação sexual *do casal*. Pode dar-se o caso de um indivíduo mostrar mais anormalidades que o outro; contudo, o objectivo da terapia é a criação de um novo clima sexual entre *esse* homem e *essa* mulher. (Naturalmente, a afirmação brusca de que ambos têm responsabilidades na situação criada arriscar-se-á a suscitar indignação ou cólera, que somente contribuirá para reforçar as dificuldades. Ninguém se deve dedicar à terapia se não possui ou é incapaz de manobrar com uma boa dose de tacto.)

Se é um problema levar um membro do casal a aceitar a ideia de responsabilidade, o terapeuta pode sublinhar que a sua técnica ou abordagem ao parceiro necessita de ser melhorada e que fazer amor é uma situação que envolve duas pessoas. A dificuldade pode ser só parcialmente superada e um parceiro pode ainda insistir numa atitude de afastamento; porém, desde o momento em que se expresse um certo comprometimento, o tratamento pode principiar e a dificuldade pode ser gradualmente ladeada.

A ideia de um comprometimento e uma responsabilidade iguais implica que o casal frequente conjuntamente as sessões terapêuticas. Só quando um membro do casal tem alguns problemas adicionais profundos e pessoais é que deve ser visto isoladamente para discutir os assuntos que não estão directamente relacionados com o matrimónio. Em todas as outras situações, o casal deve aparecer conjuntamente para o tratamento de um problema comum: as suas relações.

Segurança e vergonha

A não ser que haja circunstâncias excepcionais que o impeçam, deve neste momento incutir-se uma nova e firme segurança no casal para que o tratamento resulte. Até agora, o terapeuta terá provavelmente afirmado: «Avaliarei melhor a situação quando tiver na minha mão todos os pormenores de que necessito», e ainda que só um terapeuta experiente possa dar uma opinião abalizada sobre o provável desenlace do tratamento, o optimismo pode basear-se nos resultados que foram obtidos por outros. Os métodos modernos da terapia sexual têm boas possibilidades de êxito e faz parte do tratamento abordar o problema com optimismo. Os pacientes terão as suas próprias dúvidas, evidentemente, mas pode instilar-se uma certa segurança através da conversa: «Há muitas pessoas que foram tratadas por este método e no seu grau há uma boa possibilidade de êxito.» Ou: «Nós utilizamos o método Masters e Johnson modificado e também temos por objectivo aumentar o seu apetite sexual»; «Você precisa de vir x vezes», e assim por diante.

Nos casos em que a vergonha é um problema, torna-se necessário superá-la. Muita gente acha difícil falar abertamente de assuntos sexuais, mas deve ser explicado que isso constitui uma parte tão essencial do tratamento como o deveria ser da educação de toda a gente. Os pacientes podem ser tranquilizados de que somente lhes será dada a oportunidade de aprenderem um determinado número de coisas acerca do sexo, o que muitos outros pacientes já aprenderam na escola ou nos livros. Os terapeutas descobriram que esta vergonha é facilmente superada se conduzirem a conversa de maneira franca e aberta. Quando os pacientes vêem que o seu terapeuta fala acerca de matérias tabu, tais como masturbação pura e simples, sem embelezamentos, acabam por segui-lo rapidamente. É muitas vezes possível identificar «áreas de vergonha» nas entrevistas iniciais. Os terapeutas podem ver como os pacientes reagem a determinadas perguntas. Assuntos tabu, fantasias tabu, e muitos outros temas sexuais associados com falácias podem provocar preocupações e vergonha. Mas, se forem discutidos de modo calmo e aberto, isso já constitui em si mesmo um alívio, e a vergonha desaparece em pouco tempo. O terapeuta deve sempre tentar tranquilizar o paciente a respeito de «pensamentos e fantasias tabu» e o tratamento pode consistir em «recompensar» as respostas francas e abertas da pessoa inibida por meio de sorrisos e encorajamento verbal.

A terapia behaviourista não considera necessária entender o processo pelo qual se produziram os sintomas para os tratar. Por outro lado, quando o paciente está preparado e é capaz de entender essas explicações é provável que também as queira ouvir e as ache proveitosas e em certo sentido tranquilizantes.

Algumas explicações são extraídas de experimentalistas como Pavlov e Skinner, outras são baseadas em factos fisiológicos e especulações, mas ainda permanecem áreas em que a teoria não é apoiada pelos factos experimentais e onde uma pessoa só se guia pelos novos ideais, pelo hábito ou pela moralidade. Por exemplo, é fundamental para o método que as mulheres desempenhem um papel igualmente activo ao do companheiro no comportamento sexual, ainda que naturalmente diferente. Ora, nem a psicologia, nem a teoria behaviourista estão suficientemente desenvolvidas para especificar a relação entre um bom ajustamento sexual e um estado de felicidade. Há muitos outros exemplos. Mas, salvo estas áreas de incerteza, nenhum terapeuta sexual teme expor as bases racionais do seu método, cuja força reside nos resultados documentados, fora a simplicidade dos factos que os apoiam.

Os pacientes são também informados de que as fases do tratamento são cuidadosamente trabalhadas e eles só enfrentarão essas fases quando estiverem preparados para o fazer. Serão também reassegurados de que as suas respostas sexuais se desenvolverão naturalmente durante as diferentes fases do tratamento e que não serão forçados ou impelidos a determinada resposta sexual. Se eles se concentrarem nas diferentes carícias, deixando-se ir ao sabor das sensações, desfrutando com elas, em vez de lutarem pelo orgasmo ou pela erecção, as recompensas não se farão esperar. Se os pacientes se estiverem sempre a observar (como que assistindo a um espectáculo) em busca de reacções, tornar-se-ão demasiado conscientes de si mesmos e as respostas sexuais não aparecerão. Se os companheiros tratarem de agradar um ao outro e dar-se mutuamente prazer, perder-se-ão no acto e nas respostas sexuais e a excitação dominará naturalmente as operações.

Ansiedade

Certos tipos de ansiedade estão invariavelmente associados a quaisquer problemas e um terapeuta experimentado descobrirá facilmente as suas manifestações, como já foram descritas no livro. Nas situações sociais normais estes tipos de ansiedade decrescem para níveis que nem sequer são sentidos como perturbadores. Se tal não sucede, o terapeuta deve perguntar ao paciente a que é que isto se deve e tentar reduzir o seu impacto por um reforço da confiança ou por técnicas de relaxamento. O terapeuta deve sempre lembrar-se de que as pessoas escondem normalmente certas áreas e que distorcem a verdade em pequena e grande escala. Contudo, não será difícil chegar a um grau razoável de honestidade em que seja evidente uma atmosfera de boa vontade e amizade.

Os pacientes que mostram uma grande ansiedade podem estar deliberadamente a esconder pensamentos, sentimentos e falácias. Podem pensar que revelar tudo isto mostrá-los-á como seres inadequados e fracos ou forçá-los-á a admitir que lhes faltam ideais, pelo que serão ridicularizados e rejeitados. Podem também pensar que os seus sentimentos são, por qualquer razão, inaceitáveis. Em alguns casos, o paciente desconhece a razão por que está ansioso e é este tipo de ansiedade sem causa aparente que muitos casais interpretam como hostilidade recíproca. É usual sentir hostilidade quando uma pessoa se sente ameaçada por outras pessoas ou por acontecimentos externos, mas ela pode sentir-se igualmente ameaçada pelos seus próprios impulsos, tais como a ira ou a mágoa, que, se forem expressos, podem levar à rejeição. Alguns pacientes temem exprimir afeição e amor porque aprenderam no passado que a exibição destes sentimentos teve como recompensa a desaprovação e a rejeição. Outros, por várias razões, nunca aprenderam a exprimir estes sentimentos de uma maneira aberta e livre. Por esta razão, quando estes sentimentos se desenvolvem, aparece a ansiedade, e às vezes sob a aparência de hostilidade. Compartilhar as emoções é uma parte da boa comunicação entre o casal, que normalmente leva a uma compreensão mais profunda, uma reeducação da ansiedade e um melhor envolvimento sexual.

Afirmação

Certas pessoas ansiosas são também tímidas. Falta-lhes a capacidade de se auto-afirmarem e, portanto, de controlarem importantes acontecimentos da sua vida quotidiana. Por exemplo, as pessoas inseguras falam frequentemente com uma voz apagada e podem ter dificuldade em olhar directamente nos olhos da pessoa com quem estão a falar. Podem também ter receio de exprimir abertamente as suas emoções. Isto aplica-se do mesmo modo ao amor e ao ódio. Por outro lado, as pessoas inseguras não conseguem em muitos casos trilhar o seu próprio caminho e os indivíduos mais seguros acabam por lhes impor o seu.

Na associação matrimonial, a incapacidade para manter uma atitude de segurança pode ter sérias consequências. O companheiro inseguro pode alimentar um ressentimento sem esperança, que pode chegar facilmente a uma hostilidade passiva; esta manifesta-se numa evidente falta de calor, de entusiasmo, de cooperação sexual e iniciativa ou no amuo constante. O terapeuta descobrirá rapidamente este comportamento, até mesmo se um dos parceiros não o mencionar. Tornar-se-á evidente nas sessões seguintes. O companheiro mais seguro falará mais e mostrar-se-á mais enfático. Adoptará (ele ou ela) frequentemente uma atitude agressiva, falará alto e olhará decidida e fixamente. O mais tímido pode ser mais rapidamente «espremido».

Nos últimos anos desenvolveram-se métodos para lidar com estes problemas. São normalmente referidos como treino de reforço da confiança pessoal ou terapia de eficácia pessoal. Estas técnicas podem ser ensinadas por um único terapeuta, mas são-no normalmente numa situação de grupo (isto é, com vários terapeutas e um grupo de pacientes). Se se revelar necessário o reforço da confiança pessoal no processo terapêutico, o treino far-se-á sob a orientação do terapeuta e dos co-terapeutas, se houver algum.

O treino, em poucas palavras, baseia-se no conselho e na prática. O terapeuta dará conselhos directos sobre o modo de comportamento e demonstrará em seguida o que esteve a sugerir. Pode, por exemplo, dizer ao paciente: «Quando estiver a falar com a sua esposa deve adoptar uma atitude firme, mas paciente; deve tentar olhá-la directamente nos olhos de vez em quando. Observe bem enquanto eu lhe mostro como se faz. Depois você vai tentar.»

Esta demonstração do comportamento correcto é denominada modelagem. Se a esposa se vai queixar dos procedimentos do seu marido, o terapeuta feminino pode desempenhar o papel da esposa e manter uma atitude mais decidida em confrontação trocista com o verdadeiro marido. Quando for dado o «modelo» de afirmação pessoal, a mulher tentará pô-lo em prática na presença dos terapeutas. Do mesmo modo, se o marido se queixar que acha difícil mostrar afeição, o terapeuta masculino pode oferecer uma demonstração, pondo o braço à volta do terapeuta feminino de forma calorosa, e com outras expressões afectivas adequadas. Ora, este «modelo» pode ser posto em prática pelo homem com a sua companheira. Seja como for, podem sempre suceder-se sugestões e debates sobre o tema.

A tónica é sempre colocada de preferência no encorajamento e na recompensa e nunca na crítica. Mesmo quando um paciente fracassa claramente num ponto determinado, o terapeuta só deve dizer: «Tenho a certeza de que você fará melhor da próxima vez», ou quiçá chamar a atenção do paciente para um aspecto em que ele tenha obtido êxito, apesar de este ter pouco significado.

Como outros aspectos da reorientação, o treino de reforço da afirmação pessoal pode realizar-se ao longo do processo terapêutico e, uma vez que se trata de terapia sexual, a ênfase deve ser posta na afirmação sexual. Se o terapeuta crê que o fracasso de auto-afirmação é profundo, então o treino de reforço deve processar-se noutro centro. As técnicas deste tipo de treino estão excelentemente descritas em alguns dos livros referidos no apêndice.

Um novo estilo de vida

Algumas pessoas com problemas sexuais só conseguiram desenvolver uma pequena parte do seu potencial sexual por causa das condições em que nasceram e foram criadas. A actividade sexual não necessita de ser ensinada como uma actividade de quarto de dormir. De facto, é uma actividade ou uma actividade potencial que se pode realizar em quase todas as situações. A actividade sexual é, na verdade, um aspecto de uma atitude total a respeito da sensualidade. Hoje em dia há muitas pessoas que se desligam dos prazeres sensuais da vida, e andam demasiado absortas, preocupadas e inquietas para cheirar as flores, contemplar as belezas da natureza, gozar os prazeres do repouso, da acção, da comida, para desfrutar dos seus filhos e muitas outras delícias. O terapeuta ensina as pessoas a gozarem as suas sensações completamente, a não se sentirem envergonhadas por gostarem sexualmente das pessoas que passam na rua ou dos colegas no trabalho e a não se inibirem de pensar nas suas fantasias sexuais. A terapia tenta libertar todos os sentidos.

O terapeuta pode sugerir formas descontraídas de gozar mais intensamente os tempos livres: o casal pode jantar fora mais vezes, passear com os amigos, procurar e ver filmes eróticos ou ler livros eróticos ou pornográficos. É evidente que a pornografia também pode ser utilizada para aumentar a excitação sexual, e os casais que têm problemas sexuais normalmente não se demoram muito em actividades sexuais. Podem ter a ideia de que toda a acção sexual se deve realizar em meia hora. No fim de contas este pode ser o melhor tempo para eles, mas não há nenhuma razão válida que impeça uma abordagem mais demorada do contacto sexual. Em vez de iniciar a actividade sexual logo depois de se lavarem, o terapeuta pode aconselhar um período de relaxamento com música ou qualquer outra distracção. Talvez o casal deva ocasionalmente passar o dia inteiro na cama; ou fazer amor num quarto diferente, ou mesmo ao ar livre. Os pacientes poderiam ter sido excessivamente tímidos para pedir aos seus companheiros a colaboração numa variação fantasiada da actividade sexual. Quando estas inbições são reveladas, o terapeuta pode sugerir a realização da fantasia. Muitos homens gostariam que as suas mulheres ficassem com as meias, os soutiens, ou outras roupas íntimas e excitantes, durante o acto sexual. As mulheres, por seu lado, poderiam gostar de uma relação sexual mais ou menos vigorosa, mais preparação, e muitas vezes mais estimulação sexual depois do primeiro orgasmo. Os pacientes devem ser encorajados a elaborar um repertório mais amplo de actividades sexuais e a continuar por essa via.

Mas, acima de tudo, devem ser encorajados a descobrir uma nova sensibilidade sensual em todos os aspectos da sua vida.

Fantasia

Uma parte vital da reorientação é o encorajamento e o desenvolvimento da fantasia. O uso da imaginação pode conseguir tanto noutras actividades que é inimaginável não deixar a fantasia ampliar a vida sexual e a criatividade das pessoas. Os pacientes que viram a sua sexualidade reprimida durante a infância, é vulgar terem também reprimida a sua fantasia. As fantasias sexuais tornaram-se pensamentos culposos e indecentes. Esta atitude tem de ser eliminada. A vida fantasiosa dos pacientes já deveria ter sido anteriormente explorada, mas agora o terapeuta pode tentar moldar ou formar, a sua orientação e conteúdo, fazendo a sugestão directa de que as fantasias são úteis e agradáveis. Os pacientes que tenham dificuldades inultrapassáveis em imaginar fantasias excitantes podem ser ajudados pelo terapeuta com uma lista de fantasias viáveis. Deve pedir-se a alguns pacientes para inventarem e escreverem fantasias sexuais, que podem ser debatidas e melhoradas pelo companheiro e pelo terapeuta, ou transformadas quiçá num jogo. Pelo que toca a outros pacientes, pode-se-lhes sugerir romances pornográficos ou filmes eróticos, a partir dos quais podem extrair certas ideias pessoais. Livros deste género foram amplamente publicados e há uma lista no apêndice desta obra. Pode então reviver-se as fantasias da adolescência. Os filmes eróticos e os filmes pornográficos permitem também ao paciente visualizar as fantasias mais claramente. Tal como outras actividades, a capacidade para fantasiar melhora com a prática.

Há algumas pessoas que só consentem a si mesmas uma fantasia limitada e acham que a sua utilização durante as relações sexuais com o parceiro está errada. Isto pode ser discutido. A maior parte dos terapeutas diria que ter fantasias sexuais durante a primeira parte da preparação sexual e da relação propriamente dita é perfeitamente normal e desejável, e recomendam o uso das fantasias durante as partes do tratamento chamadas autofocagem, focagem das sensações e focagem das sensações genitais. O terapeuta poderia sugerir que à medida que a excitação aumentasse a pessoa se rendesse mais à sensação que ao pensamento. Todavia, não existem regras nesta matéria, e por isso o casal deve discutir este aspecto com o terapeuta.

4. Relaxamento e treino muscular

Treino de relaxamento

O relaxamento é uma técnica prévia e extremamente útil ao paciente. Pode ser aplicada sempre que o paciente se sentir tenso antes ou durante as tarefas domésticas e pode ainda ajudar os pacientes na aprendizagem de um novo estilo de vida, ajudando-os a aceitar as coisas calmamente, a descontrair-se no trabalho ou outras actividades não sexuais.

Os pacientes podem sentar-se numa cadeira confortável, tirar os sapatos e desapertar as roupas. Pede-se-lhes que fechem os olhos e ganhem consciência dos seus corpos. Devem dar atenção à maneira como respiram e aos pontos do corpo submetidos a tensões musculares.

A respiração profunda é a primeira parte da técnica de relaxamento que deve ser aprendida. Ensinam-se os pacientes a respirar lenta e profundamente, expandindo o abdómen à medida que inspiram, e depois dilatando a cavidade torácica até encherem os pulmões completamente. Durante a inspiração, pode-se pôr suavemente uma mão sobre o baixo ventre e os pacientes são aconselhados a reter a respiração por alguns segundos e depois a expirar lentamente pela boca, deixando descer o abdómen e relaxando a cavidade torácica e o estômago, expelindo o ar dos pulmões mais profundamente do que o habitual. A expiração pode ser acompanhada por um suspiro audível. Pede-se aos pacientes que realizem esta operação cinco vezes e com calma, assegurando-os previamente de que tudo se tornará mais fácil com a prática. Este método de respiração profunda e rítmica é recomendado para as sessões de relaxamento.

Depois de se ter estabelecido o padrão respiratório, a sequência seguinte ensina ao paciente a diferença entre a tensão muscular e o relaxamento. O terapeuta demonstra vários modelos de tensão e em seguida acompanha os pacientes nos exercícios, comprovando se as instruções são correctamente seguidas. Os pacientes devem tentar realizar cada uma destas actividades de tensão durante a inspiração, aguentar a posição durante dez segundos e depois relaxar quando expiram. As actividades de tensão por ordem de execução são: curvar o dedo dos pés e comprimir o pé contra o chão; pressionar os calcanhares contra o chão e levantar a ponta do pé para o ar; contrair os músculos das coxas, juntando os joelhos e tornando as pernas rígidas; contrair as nádegas; contrair o estômago como se fosse receber um soco; curvar os ombros e contrair os músculos dos braços; apertar os maxilares, franzir as sobrancelhas, revirar os olhos e contrair conjuntamente todos os músculos.

Uma vez realizadas estas tarefas, os pacientes são aconselhados a continuar sentados com os olhos fechados e a fazer umas quantas inspirações lentas e profundas; e a consciencializar-se do seu bem-estar físico — um estado de abatimento que se espalha por todo o corpo durante cerca de três minutos. Em seguida, são convidados a imaginar uma rosa branca num fundo negro tão claramente quanto possível, concentrando a sua atenção nesta tarefa durante um minuto e respirando profundamente durante a acção. Depois o terapeuta pode pedir que os pacientes visualizem outras cenas, por exemplo estarem sentados em casa relaxadamente. Para finalizar a sessão, o terapeuta diz aos pacientes para abrirem os olhos depois de contar até três, e sugere que quando os seus olhos se abrirem eles se sentirão descontraídos mas alerta.

Dá-se aos pacientes uma folha com instruções de relaxamento para lhes lembrar a sequência de actividades e pede-se-lhes que repitam os exercícios diariamente; depois das refeições, é uma altura excelente.

As instruções respeitantes à focagem das sensações vêm a seguir; se os pacientes se mostrarem ansiosos a seu respeito, podem imaginá-las durante uma sessão de relaxamento.

O músculo pubiococcígeo (PC)

Os exercícios de Kegel são pensados para ajudar os pacientes a reforçar e a obter um maior controle sobre o músculo pubiococcígeo. Este músculo é o músculo de apoio dos genitais, quer nos homens, quer nas mulheres. Há uma correlação entre um bom desenvolvimento deste músculo e a intensidade orgásmica, e estes exercícios são especialmente aconselhados aos pacientes que têm dificuldade em obter um orgasmo ou são afectados por problemas de impotência.

Os exercícios de Kegel tinham a intenção original de ajudar as mulheres a restaurar a tensão do músculo da vagina depois de dar à luz. Os companheiros destas mulheres são muitas vezes beneficiados por esta melhorada tensão vaginal.

Os exercícios do músculo pubiococcígeo aumentam a intensidade das sensações na área genital e incrementam o prazer durante a fase preparatória do acto sexual e durante as relações sexuais. Intensifica-se a circulação sanguínea na área genital e isto aumenta a capacidade de resposta sexual. Os exercícios podem também ser utilizados para capacitar os pacientes a incrementarem o seu controle sobre os orgasmos.

O músculo pubiococcígeo pode contrair-se fazendo como se se fosse parar o fluxo de urina. Se isto for difícil, pede-se aos pacientes para praticar enquanto estiverem a urinar, repetindo o processo várias vezes, de modo a não urinarem de cada vez mais que uma quantidade equivalente a uma colher de chá.

Os pacientes podem medir o seu progresso observando os movimentos do músculo PC num espelho pequeno. Diz-se às mulheres que se deitem, ponham um dedo na vagina e contraiam o músculo. Senti-lo-ão actuar no dedo. Os homens são aconselhados a colocar um dedo de cada lado do pénis durante a contracção do músculo PC. Deste modo, podem ver como o músculo move ligeiramente o órgão e também sentir o vigor da contracção. Os pacientes devem praticar dez contracções em seis ocasiões diferentes cada dia que passa — talvez quando tomam uma bebida ou sempre que atendem o telefone. Pede-se-lhes que façam durar três segundos cada contracção. Este é o programa normal para a primeira semana. Durante a segunda semana, descreve-se uma nova técnica baseada numa rápida sucessão de contracções e relaxamentos. Por este método, contrai-se e descontrai-se o músculo com a máxima rapidez até se ganhar gradualmente um certo controle. Este processo deve aplicar-se seis vezes por dia e o número de contracções deve aumentar de dez para vinte. Depois deste treino inicial, os exercícios estimulantes do músculo pubiococcígeo podem ser combinados com a respiração profunda. Os pacientes são ensinados a contrair o seu músculo PC durante a inspiração e a relaxar toda a região pélvica quando expiram.

Outra maneira de descrever este processo é pedir à paciente que contraia toda a área pélvica como se estivesse a tentar sugar água pelos genitais. É às vezes mais fácil explicar tudo isto às mulheres pedindo-lhes que imaginem que têm um tampão à entrada da vagina e que estão usando o músculo PC para o chupar para dentro. Pede-se-lhes depois que expulsem essa água imaginária, que se descontraiam como se estivessem a relaxar os intestinos, mas com mais atenção à área genital que à área anal, expulsando ao mesmo tempo o ar dos pulmões. A descontracção deve durar pelo menos três segundos. Além disso, as pacientes são levados a tentar inalar, aspirar, descontrair-se e expirar dez vezes, logo depois a fazer uma sequência de contracção e relaxamento outras dez vezes, e finalmente a continuar com as mesmas contracções normalmente espaçadas, aumentando cinquenta cada sessão. Estes exercícios de descontracção ou relaxamento da região pélvica têm fama de contribuir para o aumento da circulação do sangue na vagina e para uma melhor lubrificação.

Deste modo, as pacientes aprendem a concentrar-se nas sensações vaginais e, quando estas se manifestam, elas podem tentar gozar algumas fantasias sexuais, associando-as à imagem do companheiro.

Às vezes, os pacientes dizem que os seus músculos parecem fatigar-se demasiado depressa; todavia não se devem preocupar, porque a fadiga é o resultado normal do exercício de qualquer novo grupo de músculos. Pode recomendar-se um descanso de poucos segundos entre cada conjunto de exercícios. Logo que se tenha adquirido um bom grau de controle, será suficiente praticar entre dez e vinte cinco contracções por dia.

5. Os passos básicos do tratamento de qualquer disfunção

Focagem das sensações

Logo que se tenha ganho uma nova confiança em si mesmo, compreendido os objectivos da reorientação e aprendido as técnicas básicas do relaxamento, o terapeuta estará apto a introduzir o casal nas fases sequenciais do tratamento.

Deve-se em primeiro lugar dizer aos dois membros do casal que estão a desfrutar de uma nova oportunidade de se juntar fisicamente e de explorar as suas sensações e sentimentos e que, para começar, as relações sexuais estão proibidas. O terapeuta lembrar-lhes-á que as suas atitudes e progressos serão amplamente debatidos nos seus mais ínfimos pormenores em cada visita ao centro de tratamento. Os êxitos e dificuldades que porventura tenham encontrado na realização das tarefas recomendadas serão discutidos detalhadamente, a fim de que as novas tarefas e modificações de conduta sejam aprovadas por ambos. Os pacientes inteligentes depressa se aperceberão da ideia básica do tratamento e passarão a fazer as suas próprias sugestões e modificações dentro dos amplos princípios do tratamento.

A primeira tarefa denomina-se focagem das sensações. Consiste em carícias mútuas, no toque e nas mensagens suaves. É vital ter um sítio cálido e confortável para estas operações; não interessa que seja o quarto de dormir ou a sala de estar ou até mesmo a cozinha. Pode inclusivamente ser uma boa ideia tomar primeiramente um banho quente, especialmente se um dos companheiros se sente tenso ou contraído. É importante dar bastante tempo a esta acção: cada sessão deve durar aproximadamente entre meia hora e uma hora. E deve ser realizada com a luz acesa.

Deve explicar-se que os indivíduos vão tentar explorar novas sensações, as sensações de se tocarem vagarosa mas firmemente, as sensações da carícia leve, da massagem suave, da arranhadela ligeira, e dos apertões fortes. Experimentarão sensações que já terão esquecido ou que quiçá nunca sentiram. Estas primeiras massagens devem excluir todas as partes do corpo que estejam estreitamente associadas ao comportamento sexual, e portanto com um sentimento de fracasso anterior. Neste estádio, diz-se ao casal que evite tocar os seios, o clítoris, a vagina, o pénis e os testículos. Os pacientes são, por outro lado, aconselhados a entregar-se completamente às sensações e a evitar esforçar-se por senti-las. São também encorajados a pensar nos seus exercícios como coisas agradáveis e a divertir-se com eles.

Primeiro tem de se chegar a um acordo sobre quem vai iniciar a massagem e o terapeuta escolherá provavelmente o indivíduo mais seguro, mas isso não tem uma importância vital, já que os papéis se inverterão em cada sessão. Normalmente pede-se a um membro do casal que assuma a responsabilidade de convidar o outro para participar na actividade, e na sessão seguinte invertem-se os papéis. Compartilhar a iniciativa neste tipo de actividade é muito importante, ainda que seja difícil para um companheiro tímido, caso contrário um dos membros do casal ficará vinculado a uma atitude dominante.

A técnica real deverá ser explicada pormenorizadamente, dado que o terapeuta não pode depender da imaginação do casal. O terapeuta deve então explicar que, a qualquer momento, enquanto um está activo, o outro está passivo. O parceiro A pode massajar as costas, o pescoço, as nádegas e as pernas do parceiro B, enquanto B permanece de cara voltada para baixo. Isto pode durar dez minutos, após o que o parceiro B assume o papel activo para criar a mesma magia.

Tem de se fazer algumas sugestões sobre a técnica das massagens, mas também há alguns óptimos livros no mercado. A massagem deve ser dada com as mãos e os dedos. Uma maneira de demonstrar como se faz pode ter por base uma profunda e calmante massagem das partes mais suaves do corpo. Deve usar-se então um batimento lento mas rítmico, dado que a regularidade exerce um efeito repousante. O indivíduo que recebe a massagem deve corresponder com sugestões indicando o que gosta mais — batimentos mais suaves, um ritmo mais lento ou mais vagaroso. Algumas pessoas preferem uma massagem profunda com os dedos, enquanto outras apreciam muito mais uma massagem dada com a ponta dos dedos. Deve recomendar-se aos pacientes que mantenham as unhas curtas, o que não implica que as não utilizem adicionalmente para umas pressões suaves e estimulantes. O companheiro passivo tratará sempre de corresponder, quer verbalmente, quer de outro modo, porque isso não deixará de se reflectir imediatamente no parceiro activo: os gemidos, os murmúrios e a vista podem veicular mensagens tão perfeitamente como os outros meios. Esta resposta é um elemento fundamental da focagem das sensações, já que cada indivíduo deve aprender o mais rapidamente possível quais as técnicas que dão um máximo de prazer ao seu companheiro. Faz parte da terapia encorajar respostas verbais e não verbais, especialmente porque muitas das pessoas que se apresentam para tratamento estão profundamente inibidas no que toca à sua própria auto-expressão em quaisquer encontros sexuais e portanto sentir-se-ão felizes por aprender esta nova descontracção, que pode ser extremamente excitante.

Depois de A dar uma massagem a B nas costas e vice-versa, A deita-se relaxadamente de costas e B massaja a sua frente. Esta área inclui o pescoço, os ombros, o peito, os braços, as mãos, o estômago, as pernas, e os pés. Também é necessário massajar a face muito delicadamente com as pontas dos dedos, à volta dos lábios, dos olhos, depois a testa e o nariz, com uma atenção especial à zona dos lábios, porque é aí que se localizarão as áreas mais sensíveis. Uma massagem firme da testa e das têmporas pode ser bastante tranquilizante. Depois de se inverterem os papéis, pede-se aos dois parceiros do casal que se deitem lado a lado e se afaguem um ao outro.

Há muitos terapeutas que defendem a utilização de óleo na massagem porque a torna mais suave e sensual. A única desvantagem de tais óleos é a sua sujidade; contudo, para a relação sexual florescer, há que aceitar um certo grau de sujidade, e neste caso uma grande toalha de banho pode evitar o pior.

Os pacientes podem perguntar quantas vezes hão-de praticar a focagem das sensações. O casal deve ser aconselhado a ter várias sessões por semana se isso for possível; contudo devem evitá-las quando se sentem fatigados ou sob tensão. Assim, basta ir para a cama um pouco mais cedo, ou quiçá durante o dia.

Durante estas sessões recomenda-se a nudez, e só se um companheiro se revelar muito envergonhado é que se pode permitir o uso de roupa. Uma profunda vergonha da nudez exige um tratamento escalonado para a superar e talvez se possa arranjar um ambiente pouco iluminado para os primeiros contactos.

Durante a primeira sessão de tratamento o terapeuta pode já ter concluído que a focagem das sensações irá provocar, por si só, um profundo estado de ansiedade. Para se certificar, pode pedir às pessoas que toquem uma na outra durante a sessão inicial. O casal continua vestido e pede-se-lhes para se descontraírem, depois para darem a mão um ao outro, em seguida para se tocarem no braço. Quando é evidente que estes contactos produzem demasiada ansiedade, o terapeuta pode ensinar o casal a relaxar-se profundamente através do relaxamento muscular profundo. Pode aconselhar-se depois o casal a ter uma sessão de relaxamento acompanhada por uma certa dessensibilização auto--administrada antes de cada sessão de massagem. (O relaxamento muscular e a dessensibilização estão explicados no subtítulo «Fundamentos», no ponto 2 deste capítulo). Muitas vezes o companheiro que se encontra mais relaxado pode ajudar o mais contraído a relaxar-se, fazendo sugestões adequadas e encorajando o companheiro com palavras calmantes.

Quando este contacto é realizado na presença do terapeuta, cria uma oportunidade para este aconselhar e apoiar. Muitas vezes o parceiro masculino revela-se demasiado brusco e muito pouco subtil para dar prazer à mulher e o terapeuta deve adverti-lo para que seja mais gentil. Por outro lado, a mulher pode até quase não tocar o seu companheiro, que talvez preferisse uma pressão mais forte. Também aqui o terapeuta está em posição de dar um conselho.

Muitos casais, pouco depois de um período incrivelmente pequeno de prática, acham a focagem de sensações um exercício extremamente agradável. Pouco lhes é pedido em termos de resposta sexual, mas eles experimentam ao mesmo tempo o prazer de dar e receber um influxo sensual. Este prazer, que na maior parte dos casos já não é sentido desde há muito tempo, vai desaparecendo porque o casal concentra-se no acto sexual em si mesmo, que antes se associou a uma sensação de fracasso e ansiedade. Muita gente fica contente por sentir excitação sexual durante as sessões de focagem das sensações, exactamente num momento em que tinham começado a pensar ter perdido as sensações sexuais para sempre.

Sempre que esta actividade tem sucesso ela leva normalmente também a um maior grau de afeição, o que por seu turno reforça a nova esperança de êxito. Alguns indivíduos declaram que ganharam inclusivamente um novo e maior respeito pelo seu companheiro. A focagem das sensações é o fundamento de quase todas as outras sessões que o casal deve realizar em casa. As sessões que envolvem os dois indivíduos devem começar sempre pela focagem das sensações, que ajuda o casal a relaxar-se, antes de este continuar com tarefas mais exigentes.

Pede-se ainda ao casal que mantenha um registo cuidado das suas experiências, a fim de que as suas dificuldades sejam discutidas na sessão seguinte com o terapeuta. Estas notas clarificam também muitas vezes o problema para o terapeuta, que a partir daí pode elaborar estratégias para resolver as dificuldades com a ajuda do casal — que deveria aderir entusiasticamente ao jogo do tratamento que se lhes aplica conjuntamente. Quando o terapeuta considera que o casal já fez progressos e explora adequadamente a focagem de sensações, o que acontece normalmente depois de duas sessões de tratamento, pode passar a explicar-lhes a nova fase de focagem.

Se os pacientes não tiveram ou tiveram pouca experiência de masturbação, pede-se-lhes que passem à autofocagem, que é realizada pelo próprio paciente sem a presença do companheiro, até ao momento em que o deseje convidar para observar. Se o terapeuta verificar que um indivíduo tem sentimentos negativos relativamente ao outro, então recomenda-se a autofocagem com condicionamento positivo e modelagem de fantasias. Os pacientes que gostam de se masturbar podem passar imediatamente à fase da focagem das sensações genitais.

Autofocagem

Há pessoas que nunca se masturbaram — pessoas que, por uma ou outra razão, nunca aprenderam a estimular-se sexualmente, quer para atingir o orgasmo, quer para outras finalidades. Podem ter achado a masturbação pouco saudável ou indecente e até evitar pensar nela. Podem quiçá ignorar essa possibilidade. Outros podem ter tentado a auto-estimulação, mas talvez a achassem pouco satisfatória, e abandonaram a prática.

Os pacientes que nunca se masturbaram devem aprender a fazê-lo sozinhos antes de ter a masturbação com o companheiro.

Então tornar-se-á possível orientar o parceiro e estar mais seguro de atingir o orgasmo por esta via.

AUTOFOCAGEM MASCULINA. A maioria dos homens aprendeu a masturbar-se. Porém, para aqueles que não sabem, o terapeuta terá de dizer como é. O paciente deve explorar os seus genitais em privado e descobrir quais os pontos onde experimenta sensações sexuais, sejam elas quais forem. A apalpação deve incluir os testículos e todo o pénis. Também deve tocar a parte debaixo do pénis, ao longo da uretra, em direcção à sua base de inserção adjacente no ânus. O freio e a glande são geralmente as partes mais sensíveis e o melhor é estimulá-las suavemente até que se atinja um certo grau de excitação. O terapeuta tem de dizer ao paciente como se move a pele para trás e para a frente. Para atingir o clímax, o homem pode excitar-se do modo que achar mais estimulante. O método mais comum é agarrar firmemente o pénis erecto com os quatro dedos e o polegar e depois esfregar para cima e para baixo no sentido do seu comprimento, tentando imitar o movimento de vaivém do pénis na vagina. Se o pénis estiver lubrificado, artificial ou naturalmente, a mão pode escorregar para cima e para baixo sobre a glande, o que para muitos homens se revela particularmente excitante. Ou então o indicador e o polegar podem rodear o sulco circuncoronal entre a glande e a verga, que é uma área muito sensível, com uma parte da mão pressionando o freio ou a área à sua volta. O grau de força e vigor só se pode descobrir experimentalmente em cada caso.

Enquanto se masturba do modo mais excitante, o homem deve ser encorajado a usar qualquer fantasia que ache estimulante; então, no momento em que a ejaculação é inevitável, ele deve associar a sua imaginação a uma imagem da sua companheira, tentando imaginá-la tão vividamente quanto possível durante o tempo do orgasmo.

AUTOFOCAGEM FEMININA. É muito mais frequente o terapeuta encontrar mulheres que nunca se masturbaram. Algumas das mulheres que nunca o fizeram podem oferecer uma forte resistência a esta ideia. O terapeuta tem de usar muito tacto e uma persuasão simpática para levar a mulher a tentar esta prática, até aí inaceitável. Aprender a masturbar-se é particularmente útil para as mulheres que nunca experimentaram o orgasmo ou que só raramente o atingem. Se conseguirem aprender a obter orgasmos durante a automasturbação podem, por conseguinte, consegui-los durante a masturbação mútua e mais tarde nas relações sexuais.

Os terapeutas sexuais americanos Lobitz e LoPiccolo aconselham uma linha terapêutica que foi principalmente elaborada para as mulheres anorgásmicas. Como muitas das mulheres que têm dificuldades com o orgasmo também não estão familiarizadas com o seu corpo e as suas funções, começam então com algumas sessões de auto-exame físico.

A mulher deverá isolar-se num momento em que não esteja a ser observada e em que não se sinta distraída, assegurando-se de que está perfeitamente calma e relaxada. O primeiro passo é despir-se em frente do espelho e examinar o seu corpo cuidadosamente a partir do maior número de ângulos possível. Deste modo pode familiarizar-se com o seu próprio corpo e aparência e imaginar-se tal como é vista pelo seu companheiro. Esta actividade é especialmente útil para as mulheres que não gostam de se despir em frente dos seus companheiros e que fazem amor no escuro. Em seguida, arranja um pequeno espelho e, ainda tão relaxada quanto possível, começa a estudar vagarosamente os seus genitais em pormenor, prestando especial atenção às partes mais importantes: os lábios da vagina, o clítoris, a cabeça clitoridiana, a abertura da uretra, a entrada da vagina e o ânus. Agora pode ir buscar um qualquer lubrificante — óleo de bebé, óleos para massagem, vaselina ou qualquer um dos muitos lubrificantes que se vendem no mercado para finalidades sexuais — e aplicá-lo na área do clítoris, da uretra e da vagina. Deve neste momento deitar-se de costas numa posição confortável e começar a esfregar suavemente os genitais, tentando descobrir se há alguma área especialmente estimulante. Ela pode preferir começar por estimular os mamilos ou nádegas e passar depois aos genitais. Quando descobrir alguns meios de dar prazer a si mesma, ainda que reduzido, pela estimulação da zona genital, deve persistir na sua acção, tentando ao mesmo tempo permanecer relaxada e abandonar-se às sensações. As áreas mais sensíveis costumam encontrar-se à volta do clítoris e da abertura da uretra. A estimulação pode deslocar-se de uma área para outra para intensificar e explorar a variedade.

Os movimentos a empregar variam de uma mulher para outra. Grande parte das mulheres usa o indicador, o dedo médio ou ambos. O movimento pode ser de vaivém ao longo da verga do clítoris, incluindo a cabeça e a glande. Normalmente, as sensações são melhores quando a estimulação se faz ao longo do clítoris. Por outro lado, também pode esfregar a área num movimento circular com o indicador e o dedo médio unidos para criar uma superfície actuadora. Não levará muito tempo a descobrir qual o método mais eficaz.

Durante a primeira tentativa pouco se consegue obter, e a mulher não tem de ficar desapontada se não atingir o orgasmo depois de meia hora de auto-estimulação. Se está cansada ou não tem grande prazer, deve parar e tentar novamente noutra sessão. O progresso na aprendizagem da automasturbação para o orgasmo pode ser avaliado do mesmo modo que qualquer coisa que se aprenda por uma série de lições. O terapeuta dirá à mulher para se esforçar e praticar várias sessões por semana se isso for possível.

Se a mulher tiver dificuldade em obter prazer, pode necessitar de ajuda para aprender a relaxar-se. O terapeuta pode também sugerir que ela tente algumas fantasias sexuais para apoiar a sua excitação, e, se ela quiser, ler histórias eróticas ou ver filmes do mesmo género.

Durante as suas sessões práticas, a mulher tem de exercitar o músculo pubiococcígeo ritmicamente, o que ajudará a condicionar a resposta muscular ao próprio orgasmo. Estes exercícios foram descritos sob o título de «Relaxamento e treino muscular».

Para as mulheres que tenham dificuldades em excitar-se a resposta é o vibrador. O terapeuta pode sugerir o tipo que se deve comprar e dizer-lhe onde o adquirir ou, se ela for muito tímida, dizer-lhe como se pode mandar vir um pelo correio. O vibrador deve ser utilizado nas partes em que agrada mais à mulher, o que ela descobrirá por tentativas. Se o vibrador for muito forte, ela pode fazê-lo vibrar contra uma coxa ou um dedo que proteja a área do clítoris. Alguns vibradores têm uma forma que lhes permite entrar na vagina como um falo e algumas mulheres gostam, embora outras achem este processo menos satisfatório do que a estimulação do clítoris. Se o vibrador produzir excitação sexual, ela deve alternar a vibração com a estimulação a dedo da mesma área; o nível de excitação mudará e a verdade é que o movimento dos dedos também pode ser de tipo vibratório, imitando a máquina. As mulheres que usam o vibrador devem ser avisadas para o não utilizarem no banho por razões de segurança pessoal, ainda que seja boa ideia praticar a estimulação manual no banho ou no estado de relaxamento que se segue ao banho.

A mulher pode ser distraída por pensamentos de culpabilidade ou outros pensamentos que interferem com o prazer sexual. O melhor é enfrentar esses pensamentos e tentar pensar clara e vagarosamente sobre eles. Se persistirem, os pensamentos devem ser cuidadosamente registados e discutidos com o terapeuta.

Algumas mulheres verificam que são capazes de atingir um alto nível de excitação, mas que contudo não podem ir um pouco mais adiante, passar o limiar e ter um orgasmo. Parecem capacitadas para atingir o limiar, mas aí há qualquer coisa que as paralisa. A maior parte dos terapeutas pensa que esta incapacidade final é devida a uma falta de relaxamento e à inabilidade para se abandonarem totalmente ao orgasmo. O terapeuta deve tentar descobrir a causa. Se for necessário ensinar técnicas de relaxamento, não há que hesitar. Talvez algumas mulheres estejam a forçar demasiado esse objectivo. Devem ser aconselhadas a desistir por algum tempo e então começar de novo, e tantas vezes quantas as necessárias. Outras mulheres que são muito inibidas serão capazes de atingir o orgasmo pondo deliberadamente em prática certos grupos de músculos: respirando pesadamente, suspirando, chorando, mexendo-se espasmodicamente, levando a um grande nível de tensão todo o corpo ou submetendo a contracções ritmadas o músculo pubiococcígeo. Às mulheres que se deixam «ir» neste processo pode suceder que na próxima ocasião, quando atingirem o *plateau* da excitação sexual, consigam lançar-se imediatamente no orgasmo.

A ideia fundamental de toda esta parte do tratamento é que a aprendizagem do orgasmo é um processo gradual que exige paciência, relaxamento, técnica, a vontade de experimentar as suas possibilidades com um vibrador e também o desejo de aprender a abandonar-se às sensações sexuais.

INCLUINDO O COMPANHEIRO — CONDICIONAMENTO POSITIVO. Os casais que tiveram dificuldades sexuais por algum tempo podem chegar a uma fase em que o companheiro já não os consegue excitar adequadamente. Isto deve-se normalmente ao facto de que há uma acumulação de sensações e sentimentos negativos a seu respeito: ressentimento, ira, angústia, que acompanharam os seus encontros sexuais. Este é um caso de condicionamento negativo. A fase da autofocagem é uma óptima oportunidade para mudar a situação. O homem e a mulher foram entretanto encorajados a utilizar a fantasia durante a automasturbação e a masturbação mútua. Lobitz e LoPiccolo sugeriram um método muito útil para intensificar a excitação e as ligações entre os membros do casal. Ao princípio, o paciente é encorajado a fantasiar durante a masturbação, utilizando qualquer pensamento ou cena que ache particularmente estimulante. No momento em que o orgasmo está iminente, os pacientes devem associar as fantasias que estiverem a imaginar com fantasias em que entre o seu companheiro. Devem imaginar o companheiro tão clara e vividamente quanto possível. Estabelece-se assim uma associação entre os prazeres sexuais e o parceiro. O paciente é instruído no sentido de continuar a masturbar-se para ter orgasmo, mas em futuras ocasiões terá de relacionar a fantasia ao parceiro em estádios cada vez mais próximos do início da sua actividade sexual. Deste modo, consegue-se que se gaste cada vez mais tempo a fantasiar o companheiro durante a excitação sexual e, por conseguinte, o método também fortifica a associação entre os membros do casal. Ora, o método pode ser utilizado quer por homens, quer por mulheres, e ainda durante a focagem mútua das sensações genitais.

Quando o homem ou a mulher registam certos progressos na autofocagem, a próxima fase é convidar o companheiro para observar. A fase seguinte consiste em sessões que exigem a participação activa do parceiro num programa de mútua focagem de sensações genitais.

Focagem de sensações genitais

Basicamente esta fase segue o programa delineado por Masters e Johnson, mas a maior parte dos médicos tem variações da sua própria lavra. Compete ao especialista sexual decidir se a manipulação genital deve principiar como focagem mútua de sensações genitais ou como autofocagem individual; isso dependerá em última análise da experiência dos pacientes em matéria de masturbação.

Partindo do principio de que tal sessão irá envolver os dois membros do casal, o ambiente e a ocasião terão de ser preparados com o máximo de cuidado. A sessão deve começar com um período de focagem de sensações e depois prosseguir para a fase genital. A mulher pode começar por estimular os mamilos e peitos do homem. Alguns homens ficam surpreendidos e até embaraçados com isto, mas a verdade é que cinquenta por cento dos indivíduos do sexo masculino respondem sexualmente a uma estimulação desta natureza. Pode consistir numa ligeira pressão, em apertos ou beliscões suaves ou então optar-se por esfregar firmemente toda a área do peito. O homem, entretanto, estimula os seios e mamilos da companheira, que lhe pode dizer como deseja que as coisas sejam feitas; o melhor é ser muito suave ao princípio e depois aumentar a estimulação à medida que cresce a excitação sexual. Cada um dos indivíduos pode dedicar entre cinco e dez minutos a esta tarefa.

Quando se começa a explicar o próximo passo da estimulação genital o terapeuta tem de estar certo de que a anatomia do sexo é perfeitamente compreendida pelos pacientes. Neste momento, são bastante úteis os modelos e os diagramas. Normalmente é aconselhável mostrar ao casal o modelo ou diagrama dos genitais da mulher numa situação de repouso, e depois os mesmos genitais numa situação de excitação sexual.

A estimulação pode começar por qualquer um deles, mas, é o casal que deve decidir quem deve ser estimulado em primeiro lugar; a estimulação não é simultânea, cabendo a cada parceiro, sucessivamente, a vez de a provocar e de a receber. Este método permite que cada um se concentre completamente em gozar ou dar prazer ao companheiro, que portanto está aliviado da pressão e da responsabilidade da actuação sexual. Não tem nenhuma tarefa, excepto a de gozar a estimulação e fornecer algumas orientações para melhorar a sua realização.

Vamos supor que seria a mulher a ser estimulada em primeiro lugar. O homem adopta uma posição com as costas apoiadas nalgum suporte, por exemplo a cabeceira da cama. Abre as pernas, curvando-as ligeiramente por altura dos joelhos, e a mulher senta-se entre elas, apoiando as suas costas no peito dele, com as pernas também abertas. O homem pode por conseguinte tocar com facilidade os seus seios e os seus genitais e a mulher pode olhar para baixo e observar a estimulação, guiando as mãos do companheiro tal como deseja. Pode indicar por onde se principia, os movimentos mais adequados, a velocidade e a força a empregar. O homem pode começar por estimular os seios, os mamilos, o estômago e as coxas. Deve fazê-lo com movimentos suaves, pressionando, batendo ou acariciando no sentido do comprimento ou com batimentos rítmicos. Quando se atingir um certo grau de relaxamento e excitação ele pode, com a ajuda de um lubrificante, começar a explorar a região genital. Uma introdução gradual mas persistente poderia ser a técnica mais adequada para levar as suas mãos a explorar a abertura vaginal, a região dos lábios, e as áreas da uretra e do clítoris. Ao princípio é aconselhável afagar suavemente com um movimento circular ou de vaivém, mas com pouca força. A glande clitoral é a área mais sensível e não deve ser atacada directamente, mas antes deixada para uma fase de excitação considerável, sendo entretanto apenas levemente aflorada. A verga e a ponta do clítoris podem ser ritmicamente tocadas e esfregadas. Para que se domine a técnica correctamente, a mulher deve guiar a mão do homem de vez em quando e dizer-lhe em certos momentos como proceder e onde tocar. A outra mão encontra-se livre para acariciar a sua companheira onde ela desejar.

A estimulação genital pode variar consoante a disposição do casal. O homem não deve ter receio de interromper para descansar, especialmente quando a mulher se manteve durante muito tempo numa fase de *plateau*, ou quando o orgasmo não está iminente. Uma recomendação terapêutica fundamental numa das sessões de focagem genital das sensações é que o homem deve fazer variar o nível de excitação demonstrado pela mulher. Ele pode conduzi-la perto do orgasmo e depois fazer com que a excitação diminua, para depois a levar outra vez perto do clímax e assim por diante. Este controle é muito importante. Em tal situação, é admissível que a mulher assuma o papel que lhe corresponde — de excitação orgásmica — já que ao fazê-lo talvez se liberte de uma inibição importante. Pode surgir uma fase em que pareça apropriado parar antes de chegar ao orgasmo; quanto a isto, é o casal que tem de decidir. Seja como for, eles devem continuar com a focagem genital de sensações da mulher no mínimo durante meia hora, a não ser que a estimulação provoque ansiedade ou cansaço. O terapeuta deve sublinhar que o orgasmo não é o objectivo da sessão de tratamento, mas que é um bónus valioso sempre que se consegue atingir.

A seguir é a vez do homem. Neste caso a mulher senta-se numa posição semelhante à do homem, apoiada na cabeceira da cama. O homem fica virado para a companheira, põe as pernas à volta dela, deita-se de costas com a sua região genital entre as suas pernas e numa posição muito acessível a ela.

A mulher pode começar a acariciar as coxas e as partes mais acessíveis das nádegas e da região anal. Pode principiar com uma pressão suave, afagando, beliscando, arranhando. Logo que se mostre uma certa excitação, as manipulações podem tornar-se mais vigorosas com apertos e massagens. Logo que esteja preparada, a mulher pode começar a explorar a zona dos testículos. Pode perguntar que partes ele gosta mais que sejam palpadas e como. A seguir deve segurar a verga do pénis, apertá-la e depois submetê-la a um suave movimento de vaivém. A glande não deve ser ainda tocada directamente, mas, se o homem a tem coberta com pele, a glande pode ser apertada e esfregada através da pele. A junção entre a glande e a verga pode ser tocada nesta fase, mas também com pouca força. A outra mão pode segurar a verga do pénis ou agarrar a base de inserção do órgão. A massagem pode ser feita, quer na junção do pénis com o escroto, ou atrás. A parte de baixo do pénis, que surge como uma das três colunas que compõem o órgão, continua para o interior do corpo e pode sentir-se até quase ao ânus antes de desaparecer. Toda a extensão desta coluna é sensível, especialmente perto do freio e da base do pénis. A mulher deve palpar todas estas regiões e perguntar onde é melhor.

Para o homem que tenha tido dificuldades em relaxar durante o acto sexual, este é um momento óptimo para tentar descontrair-se. Deve-se-lhe pedir que tente, que relaxe os seus músculos e se entregue às sensações que está a experimentar. Para alguns homens é muito excitante fantasiar neste momento — fantasiar evidentemente qualquer coisa sexualmente excitante. Contudo, se o orgasmo se aproximar, ele deve associar a sua fantasia à sua companheira, para que o prazer orgásmico fique associado à sua imagem. A fantasia sexual pode ser utilizada, quer pelos homens, quer pelas mulheres, enquanto envolvidos na focagem das sensações. Durante esta estimulação, deve dar-se parte do tempo à fantasia e outra parte ao puro prazer sensual. É cada pessoa em particular que tem de decidir o melhor para ela.

Quando a excitação se torna mais intensa, a glande, o freio e o sulco circuncoronal podem ser directamente estimulados. Alguns homens produzem por si próprios um lubrificante e ele pode ser usado vantajosamente, mas, se não for suficiente, a mulher pode utilizar um lubrificante artificial para proteger estas partes sensíveis. Se o homem tem pele sobre a glande, ela tem de ser puxada para trás, e o acto de a puxar para trás e depois voltar a puxá-la para a frente exige uma certa habilidade. O melhor método é segurar o pénis num anel feito com os dedos e o polegar, e tudo será mais fácil com uma boa lubrificação. O acto de puxar para trás e para diante a pele que cobre a glande é em si mesmo um meio de excitar a glande e pode levar alguns homens ao orgasmo.

Mais uma vez se terá de sublinhar que o objectivo da focagem sensorial genital não é o orgasmo nem a erecção. A única intenção é dar prazer. Se o homem foi capaz de relaxar e desfrutar desta focagem sensorial, é muito provável que tenha ocorrido alguma excitação e a correspondente erecção. Neste caso, a mulher pode continuar masturbando o pénis manualmente, esfregando num movimento de vaivém a verga e a glande. Os seus dedos e o polegar podem rodear a verga, apertando-a tão fortemente quanto ele desejar. O movimento para cima e para baixo pode incluir a glande, como se estivesse a entrar e a sair da abertura vaginal. Um dedo e o polegar podem aninhar-se no sulco circuncoronal fazendo movimentos de vaivém contra a área de junção da glande com a verga. Muitos homens acham isto extremamente excitante. Tal como acontece com a automasturbação, o vigor e a velocidade da masturbação dependem de alguns factores. Durante todo este período de contacto genital, o homem deve manter a mulher continuamente informada das melhores técnicas e do seu estado de excitação.

No homem que teve impotência, a mulher pode empregar mais outra técnica. A focagem sensorial genital produz uma erecção; ora ela pode estimulá-la por um momento e depois deixá-la morrer. Pode novamente estimular o pénis para a erecção e repetir todo o ciclo várias vezes seguidas. Esta sucessão de erecção e quebra pode tranquilizar o homem quanto à sua capacidade: mesmo que a erecção se desvaneça durante a fase de preparação para o acto sexual, pode ser novamente suscitada. Portanto, ele pode deixar de se preocupar com isso.

Esta técnica tem um paralelo com o procedimento aplicado à mulher que foi explicado na secção anterior, quando ela é o sujeito. Ora este procedimento também se deve aplicar ao homem para descobrir o que ele gosta. Podem também fazer-se pausas de dez ou quinze minutos para descansar, e durante esse tempo o casal pode relaxar-se e afagar-se um pouco — não se exige entretanto um comportamento sexual activo. Tais pausas para descanso são muito boas sempre que haja um grau considerável de ansiedade. A ansiedade contínua pode ser muito cansativa.

Quando a focagem sensorial genital não dá como resultado o orgasmo, os membros do casal não se devem preocupar; esta fase tem como finalidade dar, receber e experimentar, relaxadamente, o prazer sexual. Se se puder aprender este facto e se se conseguir de momento pôr de lado os objectivos gerais de actuação sexual, o prazer ver-se-á bastante ampliado. As erecções e os orgasmos aparecerão de seguida. Não têm de aparecer nas primeiras sessões.

Sexo oral

Esta é uma importante fase do tratamento da disfunção sexual, quer na mulher, quer no homem. É especialmente útil no tratamento da ejaculação prematura, impotência e disfunção orgásmica.

Há muita gente que acha repugnante a ideia do sexo oral. São pessoas simultaneamente ignorantes e tímidas, que não querem experimentar essa variante. O terapeuta deverá abordar o assunto com muito cuidado e abandoná-lo se verificar que há uma grande resistência. O casal pode ser tranquilizado no que toca a vários pontos. Para principiar, trata-se de uma prática muito difundida em ambos os sexos e aqueles que o praticam não são de forma alguma depravados ou diferentes das outras pessoas. O sexo oral tem vindo a ser praticado desde os tempos mais remotos, em que era recomendado para tratar os problemas de impotência. Para as pessoas que estejam interessadas na história da conduta sexual, Vatsayana, o autor de *Kama Sutra*, refere aprovadoramente os prazeres do sexo oral. Houve contudo sociedades, normalmente cristãs e puritanas, que proibiram o contacto oral. Em alguns Estados dos EUA continua ainda a ser um crime. Mas hoje em dia estas atitudes extremistas são mais raras e desde o relatório de Kinsey o sexo oral tornou-se um dos passatempos sexuais mais vulgares.

Também existe a ideia de que o sexo oral é indecente e anti-higiénico. Esta ideia é apenas a racionalização de uma repugnância mais profunda e deve-se sublinhar que a boca é neste caso semelhante à região genital — as duas áreas têm normalmente muitas bactérias e organismos, mas o facto é que estes organismos não fazem mal nenhum, pois corpos saudáveis têm defesas muito adequadas.

Se o casal nunca teve sexo oral é uma boa ideia sugerir que se lavem primeiro, já que a lavagem diminui os fortes gostos genitais que eles podem achar desagradáveis. Quando um casal está habituado ao contacto oral e gosta dele, a lavagem prévia não é necessária, salvo se não se lavam regularmente. Não tem sentido eliminar odores que são sexualmente excitantes.

Para as mulheres que alimentam dúvidas a respeito do sexo oral, há ainda uma outra razão de ansiedade, que é o homem ejacular na boca delas. Na verdade há muitas mulheres que não gostam do sabor do sémen. Para as mulheres que têm esta ansiedade há muitas maneiras de resolver o problema. Pode pedir ao seu homem que retire o órgão quando o orgasmo estiver iminente ou avaliar ela própria quando deve retirar a boca. Se tirar a glande da boca no momento em que a ejaculação começa, pouco material entrará na cavidade bucal, e o que entrar pode ser limpo com um pano sem ferir os sentimentos do companheiro. Quando o sexo oral se tornar num prazer e a mulher estiver mais familiarizada com o gosto do sémen, ela pode querer experimentar uma ejaculação na boca e inclusive engolir o sémen. Isso não faz mal nenhum e o sémen é até nutritivo.

Os homens que se sentem envergonhados ou acanhados por ejacular durante a felação podem retirar o pénis um pouco antes e consentir uma pequena estimulação manual.

Os pacientes que acharem o sabor e o cheiro das regiões genitais desagradáveis devem ser encorajados a mudar de opinião. O terapeuta pode explicar que tais cheiros podem parecer desagradáveis às pessoas quando se encontram num estado de excitação inicial, mas tornam-se estimulantes e agradáveis quando os indivíduos estão num elevado estado de excitação sexual. Por este motivo, o casal deve ser aconselhado a só tentar um contacto oral quando bem estimulado. Outro método de dessensibilização é sugerir que eles devem cheirar as mãos depois de períodos de intensa focagem sensorial genital. Uma repugnância muito profunda pode também ser superada por meio de brincadeira frívola. Espalha-se então doce, geleia ou mel na região genital de cada um dos parceiros e eles tentarão lamber sucessivamente esse material. Isto não é mais que um pequeno passo para continuar a lamber. Também existem agora algumas loções com sabor a fruta que podem ser usadas para a mesma finalidade.

As mulheres receiam muitas vezes que a glande não entre na cavidade bucal ou que, quando estiver dentro, pressione na garganta, sufocando-as. A resposta para esta dificuldade é que a maior parte das mulheres está habilitada a fazer este acto sem problema algum; primeiramente devem tentar com muita suavidade e com a cooperação segura do seu companheiro. A sufocação é uma possibilidade, mas é possível aprender a controlar a entrada do pénis. No fim de contas, a mulher está numa posição que lhe permite retirar a boca logo que a penetração se revele perigosa.

Tendo abordado estas ansiedades, pode passar-se à análise das técnicas que se utilizam. Vamos supor que o homem vai fazer sexo oral com a sua companheira, isto é, *cunilingus*. O casal deve começar pela focagem sensorial e genital até alcançar um elevado grau de excitação sexual. A mulher pode então encontrar-se em várias posições possíveis, mas a seguinte é excelente. A mulher deve estar deitada de costas e com as pernas abertas. Pode voltar-se de lado até que uma coxa descanse na cama formando uma espécie de almofada para o ombro e cabeça do homem. Este pode baixar-se, abrir os lábios da vagina para expor a região do clítoris, que fica então ao alcance da boca e da língua. Depois deve beijar e lamber esta parte, passando a língua suavemente no clítoris, o que é muito mais excitante e agradável para uma mulher sensível que o contacto com os dedos secos e as unhas rijas. Se a mulher estiver agradavelmente excitada, o homem pode apoiar a sua cabeça na almofada formada pela sua coxa inferior e aumentar a pressão e velocidade da estimulação com a língua e os lábios. O *cunilingus* pode levar ao orgasmo se a mulher for capaz de se relaxar entregando-se completamente às sensações, mas deve sublinhar-se sempre que o orgasmo não é o objectivo da prática preliminar. Enquanto o homem estiver a actuar, a mulher não faz nada; o seu papel é gozar o estímulo.

O *cunilingus* é excelente para as mulheres anorgásmicas e para as mulheres com vaginismo. Ele deve seguir as duas fases da focagem sensorial.

Depois, é a vez de a mulher dar sexo oral ao homem. Tal acto denomina-se felação ou felácio. O homem pode deitar-se de costas com a mulher ajoelhada ou sentada a seu lado; ela pode então curvar-se e meter o pénis na boca. Tal como na posição descrita para o *cunilingus*, o homem pode voltar-se de lado, permitindo à mulher apoiar a cabeça se o desejar. Para principiar, é melhor que a mulher se debruce sobre a região genital do homem, ficando portanto com a cabeça livre, o que aumenta a sua sensação de controle.

O pénis pode ser levado suavemente à boca aberta, ainda que seja muito agradável deixá-lo deslizar entre os lábios húmidos. É normalmente possível para a mulher deixar entrar toda a glande. Ela pode depois sugar e lamber a ponta, fazendo-a entrar e sair da boca, rodeando-a entretanto com os lábios. Deve dar uma atenção especial ao sulco circuncoronal e ao *freio*. Tem de ter cuidado com os dentes, mas eles podem ser utilizado quando aumentar a excitação sexual esfregando-os levemente contra o pénis. A glande pode entrar tanto quanto a mulher possa tolerar; as mulheres que têm uma certa prática fazem-no ir até à parte posterior da garganta. Nas fases iniciais da aprendizagem da felação a vantagem de ter a cabeça livre é evidente. Se o pénis entrar demasiado para dentro, a mulher pode imediatamente retirar a boca. Quando um homem está muito excitado pode sentir a tentação de fazer um rápido movimento de penetração provocando sufocação.

Enquanto o pénis está na boca, a verga pode ser mantida numa mão e tornar-se numa fonte adicional de estimulação quando os movimentos de vaivém fazem com que a glande deslize para fora da boca. O pénis que não esteja totalmente erecto pode também ser aguentado desta maneira.

Novamente aqui, também o orgasmo não constitui a finalidade das primeiras sessões.

Por outro lado, o problema da ejaculação coloca a necessidade de se chegar a um acordo prévio. Ora, o material expelido pode ser tratado como já anteriormente se descreveu.

Enquanto o homem está a receber a felação, não necessita fazer nada excepto relaxar-se e gozar. Pode fantasiar se quiser, ou observar a actividade da companheira, que pode ser muito estimulante para ele.

Depois de alguma prática, não há razões para que o casal não tente o sexo oral mútuo. É possível realizá-lo numa posição denominada *sessenta e nove*, 69 (que de facto descreve a posição que os corpos adoptam). O homem e a mulher estão lado a lado mas com as cabeças viradas para os pés do companheiro. A cabeça do homem está perto da vulva e a cabeça da mulher perto dos genitais do homem. Cada um dos companheiros pode deitar--se de lado, mas têm de se fazer certos ajustamentos para que o homem possa alcançar a zona genital da mulher. Isto implica a maior parte das vezes que a mulher fique ligeiramente de costas e abra mais as pernas.

Há também uma posição em que um dos parceiros fica deitado de costas enquanto o outro se apoia nas mãos e joelhos, mas também com a cabeça para os pés. A dificuldade que esta posição apresenta é que a pessoa que fica por baixo tem de fazer pressão para cima para manter o contacto sexual, forçando por conseguinte o pescoço, e à medida que a excitação aumenta o que está em cima pode ter os músculos dos braços prestes a ceder.

O êxito do sexo oral permite que o tratamento prossiga para o estádio final. Contudo, o facto de o sexo oral se utilizar como um passo para as relações sexuais não o invalida como um meio excitante de obter orgasmos ou como meio de obter prazer sexual regular depois da cura.

Posições

MULHER EM CIMA. A posição mais conhecida e utilizada nas relações sexuais é a denominada posição de «missionário», que é com o homem deitado em cima da mulher. É uma posição que dá pouca liberdade de movimentos à mulher, o que justifica a sua popularidade numa sociedade dominada pelos homens. As mulheres revelam uma certa confusão a respeito desta posição, e ela tem algumas desvantagens. O desejo natural da mulher de mover o pélvis durante a relação sexual torna-

-se difícil de realizar e, além disso, o peso de certos homens é difícil de suportar.

Todas estas desvantagens desaparecem na posição em que a mulher se monta no homem, e que os homens também podem achar muito agradável. Masters e Johnson denominaram esta posição «posição superior da mulher», o que é bastante formal, e recomendavam-na como a primeira posição a tentar depois de se atingir a fase das relações sexuais. Também recomendavam que ela se seguisse à focagem sensorial genital, mas a sequência descrita neste livro funciona do mesmo modo, salvo que ela pode ser experimentada depois do sexo oral e também a seguir à focagem sensorial genital se o casal se mostrou extremamente resistente à ideia do sexo oral.

Nesta posição, a mulher ajoelha ou senta-se escarranchada no companheiro, que se deita de costas. Ela é instruída para o montar apoiando os joelhos na cama numa linha aproximadamente coincidente com os mamilos dele e paralela ao seu tronco. Ficam assim de cara voltada um para o outro. A mulher pode tentar qualquer posição, desde uma em que esteja perfeitamente direita até outra em que esteja inclinada, apoiando-se em cima do peito do homem. O contacto genital pode ser mantido continuamente. Inicialmente diz-se ao casal para treinar esta posição e para não tentar a inserção. O treino pode também ser combinado com uma certa dose de estimulação genital. Se um parceiro tiver um orgasmo enquanto estiver a praticar esta posição e a desfrutar da estimulação genital mútua, isso é um bónus, mas também se deve ter presente que o orgasmo não é o objectivo. A finalidade é relaxar e gozar com as sensações obtidas na prática da posição de «mulher por cima».

Por outro lado, esta posição é muito íntima dado que o casal se pode beijar com muita facilidade. A mulher pode beijar os lábios do companheiro, a garganta, as orelhas ou as pálpebras. O homem também pode beijar a companheira, acariciar os seus seios, a parte posterior do pescoço e as nádegas. Além disso, qualquer um deles pode apreciar as expressões faciais do companheiro e isto pode ser excitante. A única desvantagem é que às vezes os movimentos do homem são restringidos, ainda que, se a mulher se inclinar para a frente e levantar ligeiramente as nádegas, o homem pode penetrar pressionando de baixo para cima, especialmente se apoiar os pés firmemente na cama com os joelhos flectidos no ar.

O homem deve estar deitado e não se espera que faça seja o que for. Deve tentar relaxar-se e gozar. Acima de tudo não deve preocupar-se com a erecção. A mulher avaliará o momento em que a erecção é suficiente e então guiará o pénis para dentro dela. Uma vez introduzido, o pénis pode descansar no interior enquanto o homem desfruta o prazer de se sentir dentro da mulher. Se a erecção for suficiente, a mulher pode começar a fazer movimentos de vaivém com o tronco, fazendo com que o pénis deslize para dentro e para fora. Ela pode principiar com pequenos movimentos, especialmente se o pénis não estiver completamente erecto, mas os movimentos podem aumentar de amplitude à medida que a excitação crescer. O casal não deve apontar de modo algum para o orgasmo, mas sim para o prazer.

Diz-se à mulher para pensar no pénis como seu e para brincar com ele, senti-lo, explorá-lo e gozar. Diz-se-lhe também que esta é uma posição particularmente boa para a estimulação do clítoris, e se ela não conseguir obter uma estimulação adequada ela ou o companheiro podem tentar a estimulação manual do clítoris. Como para ele o ângulo de ataque é bastante difícil, cedo verificará que a melhor maneira é usar o polegar. Mas é muito fácil para a mulher auto-estimular-se nesta posição, e o homem pode gozar observando-a. Ela é aconselhada antes de mais a mover-se, depois a manter-se calma e a gozar com os movimentos do seu companheiro. Inicialmente, pede-se a ambos que alternem os seus movimentos segundo esta linha. Mais tarde aconselha-se-lhes que se movam ao mesmo tempo. Muitas mulheres conseguiram o seu primeiro orgasmo nesta posição, com ou sem estimulação do clítoris.

A profundidade da penetração pode ser controlada pela mulher. Quando ela se senta rigidamente direita, a penetração atinge a sua maior profundidade e quando descansa sobre o peito do homem a penetração atinge o nível mais baixo. Há pacientes que não gostam da ideia de uma penetração profunda e sentirem-se capazes de controlar o acto dá-lhes uma nova segurança. Mas quando é a mulher que está a controlar o movimento de entrada e saída, deve adoptar uma posição que seja confortável para assegurar o êxito da operação. Achará mais difícil o controlo quando estiver direita e mais fácil quando se inclinar ligeiramente para a frente.

Tal como acontece com o sexo oral, a posição de «mulher em cima» pode ser incorporada na vida sexual quotidiana do casal.

A POSIÇÃO «SINTA-SE LIVRE». Na posição «sinta-se livre» a mulher deita-se de costas com as pernas dobradas nos quadris e joelhos e ligeiramente afastadas. O homem deita-se de lado com o eixo do seu corpo fazendo um ângulo recto com o eixo do corpo da companheira. Põe o seu corpo debaixo das pernas levantadas da mulher, que podem depois apoiar-se nele com os calcanhares contra as nádegas. A sua região genital está portanto contra a dela, e ele pode dobrar os joelhos e quadris para seu maior conforto.

Esta posição é muito importante para a terapia da disfunção orgásmica. Nesta posição, a mulher está livre para gozar alguma estimulação manual, accionada por ela própria ou pelo companheiro, e além disso pode pôr-se em prática algumas instruções terapêuticas relativas à disfunção orgásmica.

Quando a mulher foi estimulada ou se estimulou até um ponto próximo do orgasmo, o homem pode inserir o pénis e penetrar vigorosamente enquanto ela caminha para o orgasmo. Nas fases posteriores do tratamento, o homem vai fazendo a sua entrada em menos tempo e a masturbação é progressivamente interrompida cada vez mais cedo.

O outro método de tratamento é igualmente fácil de executar nesta posição e consiste inicialmente na entrada do pénis, seguida imediatamente da estimulação manual até ao orgasmo. Pouco a pouco a estimulação manual vai sendo interrompida cada vez mais cedo, inicialmente pouco antes do orgasmo, e depois um pouco menos, e em seguida muito antes, até que a estimulação manual seja desnecessária.

Se o casal desejar combinar a inserção do pénis com a estimulação manual do clítoris, esta é uma posição fácil e conveniente para levar a cabo ambos os tipos de estimulação.

POSIÇÃO LATERAL DE CARA VOLTADA PARA AS COSTAS. Esta é uma posição fácil para fazer a penetração e é preferida por muitos pacientes. A mulher fica deitada de lado de costas voltadas para o companheiro. O homem deita-se também de lado voltado para as suas costas. Quando os indivíduos estão em posição a mulher pode levantar ligeiramente a sua coxa superior, meter a mão por entre as pernas o agarrar o pénis para o guiar para uma posição de penetração, dando ao homem a iniciativa. O modo de dobrar as pernas nos quadris e nos joelhos é uma questão que tem de ser resolvida no momento. A penetração é boa e há uma certa quantidade de estimulação do clítoris, mas se se revelar insuficiente é possível a qualquer um dos parceiros activar o clítoris, ainda que isso seja mais fácil para a mulher. Ambos se podem mover livremente e esta é uma boa posição para praticar as contracções do músculo pubiococcígeo.

POSIÇÃO LATERAL DE FACE A FACE. Homem e mulher estão deitados de lado, virados um para o outro, e com as pernas esticadas. A penetração é pequena e a posição é adequada para dar carícias e beijos. A estimulação do clítoris também é reduzida e a estimulação manual é difícil. Esta pode ser uma posição confortável para uma mulher que teve vaginismo ou dispareunia. Não é contudo particularmente boa para uma mulher anorgásmica. Provavelmente também não é terrivelmente excitante para os pacientes que sofrem de impotência, dado que a penetração não é fácil.

POSIÇÃO DE PENETRAÇÃO POR TRÁS. Esta posição é de facto muito semelhante à posição lateral de cara voltada para as costas, salvo que em vez de estar deitado o casal põe-se de joelhos. Para adoptar esta posição a mulher ajoelha-se apoiando-se também nas mãos com as nádegas no ar; as pernas ligeiramente afastadas e o tronco suavemente inclinado para a frente — a sua cabeça e os ombros podem repousar na cama. O homem ajoelha e pode ficar direito ou então curvar-se sobre o dorso da mulher, embora esta última variante diminua a penetração. O melhor é começar a penetração quando o homem está direito, já que os ângulos formados pelo pénis e pela vagina estão perfeitamente alinhados. A partir desta posição o homem pode ver o pénis entrar e sair, o que é bastante excitante para ele. É uma posição que permite uma penetração profunda e que sublinha o controle masculino.

No entanto, a estimulação do clítoris pelo pénis e púbis do homem não é boa. A estimulação manual do clítoris pode ser feita tanto pelo homem como pela mulher, embora não seja fácil. O homem tem possibilidade de acariciar o corpo, nádegas, seios e coxas da companheira com muita facilidade. A posição, todavia, não permite a intimidade face a face.

Há muitos casais que gostam da penetração profunda que possibilita esta posição. Também esta posição de joelhos com penetração por detrás é frequentemente recomendada durante a gravidez, dado que a mulher fica assim livre de qualquer peso e o útero desliza mais para dentro, ficando portanto longe do contacto do pénis. A profundidade da penetração pode ser controlada pelo homem, que tem possibilidade de evitar a penetração total se a companheira não gostar.

Quando o terapeuta sugere esta posição, alguns pacientes ficam chocados por terem de adoptar uma posição usada pelos animais. Têm a ideia de que é uma indecência ou uma corrupção. Tais pessoas precisam que se lhes diga que esta posição é normal e natural e o facto de os animais a empregarem só pode ser considerada uma recomendação para a sua prática. Para os casais que parecem preparados para a levar a cabo, também se pode dizer que na terapia sexual se tenta, de certo modo, encorajar as nossas atitudes animais, especialmente nas pessoas que são inclinadas a refinamentos e a delicadezas. Tais tendências podem constituir uma barreira positiva ao prazer sexual, que, de qualquer modo, tem uma qualidade bem terrena.

Esta posição é provavelmente melhor para os homens com problemas de impotência ou de pulsão sexual baixa. Os homens sob tratamento por ejaculação prematura só podem empregar esta posição quando tenham adquirido algum controle na posição de «mulher em cima». Quando um homem com este problema principia com esta posição, pode controlar a sua penetração, e por conseguinte a sua estimulação, utilizando a técnica de contracção. A posição não é aconselhável nos primeiros estádios do tratamento da anorgasmia feminina ou do vaginismo. Quanto aos casais que a começaram a experimentar em busca só de prazer, esta posição é extremamente compensadora.

A posição pode converter-se noutra em que o homem monta por cima do dorso da sua companheira, que entretanto está deitada e de face voltada para baixo. Entra nela por detrás, ainda que o alinhamento pénis/vagina possa ser melhorado se se puser uma almofada ou almofadas debaixo dela para levantar as nádegas.

POSIÇÕES DE CADEIRA. Muitos casais são profundamente convencionais quando se trata de relações sexuais. Os limites do comportamento sexual são estreitos e só umas poucas posições são aceites como normais. Esta é uma atitude que o terapeuta tem de combater. A terapia e o próprio sexo têm de se tornar numa actividade divertida, mesmo numa aventura. Por esta razão é que o terapeuta deve recomendar as posições de cadeira aos que se mostram razoavelmente ágeis. Estas posições são para os últimos estádios do tratamento, mas podem ser sexualmente excitantes. Há fundamentalmente duas conjunções básicas.

A MULHER VOLTADA PARA O HOMEM. O homem senta-se direito numa cadeira sem braços. A mulher escarrancha--se voltada para ele, deixando-se cair sobre o seu pénis logo que este esteja preparado. A cadeira deve ser suficientemente baixa para que a mulher ponha os pés no chão, porque ela é que é a responsável pelos movimentos de penetração. Quando se baixa, o seu peso é sustentado pelas coxas do homem. Os movimentos do homem ficam limitados, mas ele pode estreitar as suas nádegas e ajudá-la a subir e a descer sobre o pénis. Pode também acariciar o seu corpo e seios.

Esta é uma posição muito amorosa, já que o casal se pode beijar e falar face a face. Por outro lado, pode ser uma posição muito agradável com uma penetração de cerca de dois terços. Se a mulher se inclinar ligeiramente para trás, a penetração pode ser mais profunda.

O contacto clitoral é moderado nesta posição de cadeira, mas a mulher tem possibilidade de se estimular a si mesma.

Esta posição pode ser utilizada em todos os desarranjos durante a última parte do tratamento. É especialmente adequada para a impotência e o vaginismo. As sensações aventurosas e invulgares que esta posição pode despertar são estupendas nos casais que têm uma pulsão sexual reduzida associada a uma variação muito pequena de conduta sexual.

A MULHER VOLTADA PARA A FRENTE. Esta posição pode ser considerada como uma variante da posição de penetração por detrás. O homem senta-se na cadeira como anteriormente. A mulher volta o dorso para ele e senta-se em cima do seu pénis erecto, guiando-o com as suas mãos por entre as pernas ligeiramente afastadas. Ela está portanto sentada em cima dos seus joelhos, as suas costas apoiadas no peito dele. A posição é menos íntima que a de face a face e a penetração é apenas de metade, embora possa ser melhorada se a mulher se inclinar para a frente.

A estimulação do clítoris é bastante pobre, ainda que a estimulação manual, quer pelo homem, quer pela mulher, seja muito fácil. O homem encontra-se bem situado para lhe acariciar o corpo e os seios. A mulher, por seu lado, põe a mão por baixo e pode estimular os testículos, o pénis e a área à volta da base do pénis e a sua parte inferior. A mulher tem de realizar os movimentos de vaivém, que na posição de face a face podem tornar-se cansativos se continuados durante algum tempo.

Esta segunda posição de cadeira tem quase as mesmas vantagens que a primeira, embora seja menos íntima e o contacto clitoral e a penetração muito mais pobres. Apesar de tudo, deve ser tentada, já que muitos casais a acham agradável e a estimulação manual é fácil.

POSIÇÃO «HOMEM EM CIMA». Esta é normalmente uma das últimas posições que o terapeuta recomendará aos pacientes. Os que fracassaram em desfrutar o sexo ou que fracassaram na actuação sexual, falharam nesta posição também. A posição está por conseguinte associada com os fracassos do passado. A mulher que teve vaginismo pensa nesta posição como a posição em que se encontra mais desarmada. A maioria dos homens que tiveram impotência ou ejaculação bloqueada experimentaram estes fracassos nessa posição. As mulheres com anorgasmia são incapazes de obter qualquer estimulação manual nesta posição. Portanto, não tem grande valor para elas..

Para as mulheres que sentem as novas correntes de emancipação que surgem na sociedade, esta posição reflecte as atitudes passivas e desamparadas que os homens esperam que elas tomem. É a posição em que o homem «toma» a mulher e conquista o seu próprio prazer em cima dela. Para as mulheres que querem ganhar um certo controle sobre o acto sexual, é evidente que se tem de passar a novas posições. Esta posição, conhecida como «posição de missionário», tem também a desvantagem de aborrecer as pessoas que a praticam frequentemente.

Contudo, apesar de todas as desvantagens, a posição é pelo menos íntima. O casal pode facilmente beijar-se, falar, dar dentadinhas, mordiscar. A orelha fica muito acessível para os que gostam de a lamber, beijar, mordiscar ou soprar nesta zona. Há contacto íntimo ao longo de todo o tronco e que se estende até ao contacto estimulante entre o púbis masculino e a região clitoral feminina. O roçar entre o homem e a mulher nesta posição pode oferecer uma estimulação clitoral suficiente para algumas mulheres.

A penetração atinge cerca de metade, embora isso não constitua uma séria desvantagem. Se o homem levantar um pouco o tronco e seus quadris, pode observar, se quiser, a inserção e os seus movimentos. O homem que seja muito pesado e pouco atento à mulher pode vir a ser um pesado fardo em relações sexuais prolongadas. Parte desta pressão pode ser aliviada se o homem se apoiar nos cotovelos e nos joelhos.

Existem algumas variantes desta posição que dizem meramente respeito à posição das pernas à mulher.

a) COM AS PERNAS DA MULHER ESTICADAS. Nesta posição, o homem pode ficar entre as pernas ou colocar os joelhos para fora. A estimulação do clítoris não é satisfatória mas ainda é suficiente. A profundidade da penetração é reduzida. Em todas estas posições, o melhor é colocar por baixo das nádegas da mulher uma ou duas almofadas.

b) A MULHER COM OS JOELHOS DOBRADOS QUASE EM ÂNGULO RECTO. A estimulação do clítoris é boa. É uma posição um pouco mais fácil que a adoptada com as pernas esticadas.

c) A MULHER COM OS JOELHOS AFASTADOS. Neste caso, a penetração atinge o seu máximo e esta é a posição em que o peso é mais facilmente suportado. A estimulação do clítoris é excelente por contacto directo. A posição tem a reputação de assegurar a gravidez.

d) OS JOELHOS DA MULHER LEVANTADOS E AFASTADOS E OS PÉS LEVANTADOS TAMBÉM OU CRUZADOS SOBRE AS COSTAS DO HOMEM. Esta posição é um tanto mais acrobática mas tem as mesmas vantagens que a terceira variante.

OUTRAS POSIÇÕES. Há muitas outras posições que podem ser adaptadas nas relações sexuais, mas nenhuma delas se revela particularmente útil para a terapia. Quando o casal chegar ao ponto de tentar outras posições por prazer, a terapia está no fim. Os pacientes, como é evidente, farão perguntas sobre as outras posições e não há razão para que não sejam tentadas se o casal estiver interessado.

Alguns casais mencionam que viram filmes em que o par tinha relações sexuais em pé e que gostariam também de o tentar. Ora, esta posição é muito difícil para a inserção e ainda mais inadequada se o homem é mais alto do que a mulher — ela teria de se apoiar na ponta dos dedos ou então usar sapatos com solas muito altas, e isto não tem nenhum ar de coisa agradável.

Há outras posições em que a mulher se deita de costas com as pernas penduradas na beira da cama. O homem ajoelha-se direito no chão entre as pernas dela e tem possibilidade de a penetrar com bastante facilidade, e a penetração é boa. É uma posição que revela o controle masculino, mas também aqui é fácil a estimulação manual do clítoris por parte da mulher. A grande dificuldade desta posição é que as camas costumam ser demasiado altas.

Há também a posição em que a mulher se deita de costas com as pernas abertas numa mesa ou secretária, com as pernas afastadas e com as nádegas expostas à borda da mesa. O homem aproxima-se em pé e penetra-a. As pernas da mulher podem então enroscar-se à volta das costas do homem. Aqui surgem novamente as dificuldades da altura; seja como for, tais posições são aventurosas e agradáveis.

Por outro lado, a posição de «mulher em cima», tem uma variante em que a mulher se vira para os pés do homem e não para a cabeça. A posição pode ser inconfortável para o homem e não oferece as mesmas vantagens que a posição de face a face.

Os casais que desejarem experimentar outras posições devem comprar um dos vários manuais que existem no mercado, alguns dos quais estão excelentemente ilustrados e com comentários sobre os méritos e deméritos de cada posição.

6. Tratamento adicional para disfunções específicas

Vaginismo

Antes de se sugerir a focagem sensorial à mulher que sofre de vaginismo, deve-se-lhe ensinar o relaxamento profundo e pedir-lhe que prossiga com o processo de dessensibilização, que pode envolver dilatadores graduais. Este método foi primeiramente introduzido por Halsam em 1965. Ao princípio, pede-se-lhe que relaxe no quarto de dormir e, quando estiver preparada, ela ou o marido podem inserir o dilatador mais pequeno, bem lubrificado, na vagina. Os dilatadores formam um conjunto em que os mais pequenos são finos e parecidos com uma vara, mas vão-se tornando mais grossos e mais parecidos com o pénis à medida que se distanciam dos primeiros.

Masters e Johnson incluíam a participação do companheiro na inserção gradual do dilatador. A paciente pede ao companheiro que lhe meta o dilatador mais pequeno na vagina e o deixe aí por um par de horas antes de o tirar. À medida que aumenta o tamanho do dilatador ela começa a estar segura de que poderia transferir a tolerância para o pénis. Ao longo de todo o processo parte-se do princípio de que a mulher tem um controle completo sobre o ritmo e as fases do tratamento. Ela acaba com o maior dilatador dentro da vagina por várias horas, enquanto descansa relaxadamente deitada na cama. Repete esta inserção numa segunda noite.

Na fase seguinte, a mulher é aconselhada a tentar a autofocagem no clítoris quando estiver sozinha. Depois, a tentar a focagem sensorial e a focagem sensorial genital com o seu companheiro, continuando depois com o sexo oral. Em cada uma destas fases deve inserir-se o maior dilatador no fim da sessão.

Finalmente, atinge-se a posição de «mulher em cima». Pode usar-se em primeiro lugar o dilatador e depois a mulher pode removê-lo para tentar a inserção do pénis. É ela que mantém o controle da penetração, guiando a inserção e dominando o seu ritmo. Não deve ser pressionada pelo companheiro. É ela que deve controlar a velocidade e profundidade da penetração. Justamente por causa da sua posição «em cima» é que se pode retirar em qualquer momento, o que representa uma grande segurança para ela. De facto, não está constrangida e goza de uma ampla liberdade de movimentos. Por este motivo, a posição da mulher em cima é realmente a melhor posição coital para o vaginismo, dispareunia e para um matrimónio não consumado. Reduz a ansiedade da mulher, e quando se realiza a relação sexual sem dificuldade nesta posição isso é sinal de que se pode avançar para outras.

Este método gradual produz bons resultados e é mais eficaz e humano do que o método cirúrgico empregue no passado, em que a mulher era anestesiada, acordando depois com o maior dilatador inserido na vagina. Este método traumático leva a maior parte das vezes a uma intensificação do desarranjo sexual. A dilatação gradual pode combinar-se com uma dessensibilização sistemática inicial à base de imagens, em que a paciente imagina o processo, tentando depois reproduzi-lo em casa.

Helen Kaplan sugeriu que o método a usar deveria ser adequado a cada caso: em vez de dilatadores, poder-se-á utilizar inicialmente um tampão ou os dedos da mulher ou do marido, tudo combinado com o relaxamento.

A maior parte dos terapeutas confirma que há uma elevada percentagem de casos resolvidos pelo método do dilatador gradual, que pode ser ou não precedido por sessões de dessensibilização à base da imaginação. Masters e Johnson, usando dilatadores graduais combinados com o seu método padrão, reivindicam cem por cento de êxito. O processo de dilatação deve ser combinado com qualquer tratamento de apoio que o paciente necessitar.

Disfunção orgásmica

O programa para a disfunção orgásmica difere um pouco do tratamento básico. Muitas mulheres anorgásmicas estão condicionadas para desempenhar o papel passivo e servil característico da condição feminina no passado mais recente. O tratamento deve apontar para a sua emancipação, instituindo uma nova atitude sexual. Até aí poderiam ter sido passivas no sexo; agora devem tomar alguma iniciativa e descobrir o que lhes agrada, que manipulações são mais excitantes, e ser capazes de pedir e receber essas atenções. A autofocagem sensorial ajudará a mulher a identificar os centros de prazer do seu corpo.

A mulher com disfunção orgásmica terá de aprender a masturbar-se, se é que já não o faz. Tem também de assumir alguma responsabilidade a respeito da sua própria experiência. Já não pode mais deitar-se de costas e esperar que tudo corra bem. Muitas das abordagens clínicas ao problema integram a «reestruturação de atitude» e a aprendizagem de técnicas de masturbação. O programa de masturbação de Lobitz e LoPiccolo é especialmente eficaz no estádio em que se aprendem as técnicas masturbatórias e a percentagem de sucesso para as mulheres anorgásmicas primárias é de cem por cento. O programa inclui a modelagem de fantasias e, se necessário, o uso de vibradores. O companheiro é incluído gradualmente no programa e a mulher pode pedir-lhe para a ver masturbar-se logo que estiver preparada para dar este passo. No caso de mulheres muito ansiosas, pode começar-se com a dessensibilização sistemática, usando a imaginação antes de elas irem para casa praticar uma nova tarefa ao vivo.

Durante os debates, o terapeuta deve ensinar estas coisas à mulher e recomendar-lhe livros para ler. Tem de se lhe desenvolver a capacidade de fantasiar e ela deve ser encorajada a usar a fantasia durante a focagem sensorial genital. O livro de Nancy Friday familiarizá-la-á com uma imensa variedade de fantasias femininas. O terapeuta deve também sugerir alguns filmes eróticos ou pornográficos. Lobitz e LoPiccolo relatam que três das suas pacientes anorgásmicas primárias tiveram os seus primeiros orgasmos depois de terem visto um filme pornográfico no cinema do seu bairro.

Ocasionalmente encontram-se mulheres que são incapazes de ter orgasmo durante a autofocagem ou focagem genital. Um método que pode ser aplicado consiste em exagerar, ou pondo em cena os elementos mais desejados. A mulher é aconselhada a chegar tão perto do orgasmo quanto possível e depois a arquejar, suspirar, gritar, contrair o músculo pubiococcígeo convulsivamente e a tentar perder o controlo. O método pode dar resultado ao desencadear respostas que estavam à espera de ser libertadas mas que por qualquer razão se encontravam inibidas. Muitas vezes, pela primeira vez, estas mulheres abandonam anos e anos de autocontrole.

O treino do músculo pubiococcígeo por meio de contrações e relaxamentos rápidos e sucessivos tem fama de ser útil para a maior parte das pacientes. O relaxamento profundo também é de grande utilidade quando as pacientes se queixam de que estão sobreexcitadas ou ansiosas.

Durante as primeiras fases do tratamento, o terapeuta espera que a paciente aprenda a atingir o orgasmo por meio da auto-estimulação genital e clitoridiana. Ela fica então na mesma posição que uma mulher que se queixa que consegue o orgasmo na masturbação mas que não é capaz de o ter durante as relações sexuais. Os orgasmos devem agora ser obtidos durante a focagem sensorial genital, originando-se um orgasmo induzido pelo companheiro. Isto faz parte do programa de Masters e Johnson e foi introduzido há alguns decénios por Helena Wright. O orgasmo pode ser induzido manualmente ou por meio de um vibrador. Podem agora utilizar-se dois métodos para produzir o orgasmo durante as relações sexuais.

MÉTODO I. Nas primeiras ocasiões o orgasmo, provocado por estimulação do clítoris, pode começar antes da inserção. Na próxima vez, a inserção é programada um pouco antes. Há várias posições adequadas a este método, como por exemplo a «mulher em cima», posições laterais e a posição «sinta-se livre». Quando o orgasmo surgir, o homem deve dar umas vigorosas arremetidas. A penetração, na melhor das hipóteses pode provocar o orgasmo. Ao interromper a estimulação clitoral e substituindo-a pela inserção do pénis e a sua fricção nas paredes da vagina cada vez mais cedo, a mulher pode tornar o orgasmo apenas dependente das sensações vaginais.

MÉTODO II. Segundo este método, o pénis é inserido muito cedo. A estimulação do clítoris consegue-se quer com o dedo, quer com o vibrador, e tanto o homem como a mulher estão capacitados para a desencadear. Nas primeiras sessões a estimulação do clítoris continua até ao orgasmo. A seguir, a estimulação é interrompida quase em cima do orgasmo, que deve ocorrer com a movimentação do pénis. O processo continua com a interrupção da estimulação do clítoris cada vez mais cedo. Sempre que se parar a estimulação demasiado cedo e não resultar um orgasmo, deve retomar-se a estimulação do clítoris para apenas a interromper quando o orgasmo vaginal provocado pelo pénis pareça novamente iminente. Com uma certa prática consegue-se o orgasmo pela estimulação vaginal com o pénis. É evidente que a estimulação do clítoris durante as relações sexuais pode continuar como um meio de obter prazer sexual. A melhor posição para aplicar este método são as posições de «mulher em cima», «penetração por detrás», as laterais, a posição «sinta-se livre» e quiçá as posições «em cadeira».

A maioria dos terapeutas relatam melhores resultados em mulheres com disfunção orgásmica primária do que em casos de anorgasmia secundária. Masters e Johnson indicam uma taxa de oitenta e três por cento de êxito para a anorgasmia primária, e para a secundária a taxa desce para setenta e sete por cento. Lobitz e LoPiccolo confirmam esta diferença. Na sua «abordagem terapêutica da estimulação e masturbação», todas as suas mulheres anorgásmicas primárias melhoraram, mas só um terço das mulheres anorgásmicas secundárias responderam adequadamente ao tratamento. Muitas destas últimas mulheres tinham uma relação marital pobre e isso talvez ajude a explicar os resultados.

Por causa da grande variedade das abordagens terapêuticas disponíveis, o terapeuta pode alimentar certas dúvidas quanto ao método a aplicar a determinado paciente. Ora, para os pacientes ansiosos, deve recomendar-se o método do relaxamento de alívio da ansiedade e a dessensibilização sistemática com a imaginação na clínica, antes de o paciente praticar os exercícios ao vivo em casa.

Vários terapeutas utilizaram com êxito a dessensibilização sistemática durante o tratamento. Um estudo holandês feito por Walter Everard mostrou que este método é muito mais eficaz se a mulher for acompanhada pelo seu marido durante as sessões de tratamento. Então ambos se sentam, ambos relaxam, imaginam e levam os trabalhos para casa. Masters e Johnson verificaram também que a presença do companheiro é uma parte essencial do seu método de tratamento, quer durante as sessões na clínica, quer durante as fases de dessensibilização *in vivo* treinadas em casa.

Outra estudo feito pela irlandesa Ethna O'Gorman demonstra que a dessensibilização sistemática pode ser operada em «grupo»: todas as mulheres participam na mesma hierarquia de cenas sexuais a respeito das quais sentem ansiedade, enquanto os companheiros formam outro grupo para discutir problemas.

Os métodos *in vivo* de dessensibilização estão a tornar-se cada vez mais populares, ainda que Everard não ache qualquer diferença entre a terapia de Masters e Johnson e a dessensibilização sistemática no tratamento da disfunção orgásmica. Nos Estados Unidos, Betty Dodson e outros utilizam métodos de grupo *in vivo* para ensinar a emancipação sexual às mulheres que frequentam o grupo sem os seus companheiros. Nestes grupos aprendem a comparar e a apreciar os seus genitais: uma vez isto alcançado, procedem a um treino de masturbação em grupo. Tais métodos de grupo deveriam estender-se à Europa.

A dessensibilização sistemática pode ser incrementada com o emprego de filmes ou cassetes de vídeo que mostrem cenas de preparação para o acto sexual e as relações sexuais. Os terapeutas americanos descobriram que este material ajuda a melhorar as relações pessoais dos pacientes com os seus companheiros.

A abordagem da «terapia de estimulação» seria apropriada para as mulheres com uma pequena pulsão sexual. Quando se mostram filmes ou *slides,* estes têm um efeito modelar sobre a mulher, que vê outra mulher fazer e desfrutar com uma tarefa que lhe mete medo. Começa a dessensibilizar-se, a ter mais segurança e poderá desfrutar também da actividade filmada, permitindo que a estimulem adequadamente.

Há poucos estudos que avaliem os efeitos da «terapia de estimulação». Lobitz e LoPiccolo combinaram este método com outros e conseguiram bons resultados. Um estudo controlado, feito pelo americano Rabinson, sem contacto com terapeutas, mostrou que as mulheres que viram cassetes de vídeo de actividade sexual aumentaram a sua própria actividade sexual e mudaram as suas atitudes iniciais, que eram desfavoráveis às actividades específicas passadas no vídeo.

Um outro estudo feito pela britânica Patricia Gilian demonstrou que os filmes e histórias eróticas, as fitas magnéticas com «o som do sexo», apresentadas às mulheres durante o tratamento, as ajudaram a apreciar melhor o sexo e a desenvolver uma relação sexual mais agradável com os companheiros. Utilizou para a investigação um grupo de controle que recebeu treino de relaxamento e «pseudoterapia» falando apenas de temas não sexuais. A maior parte destas mulheres só se tornaram «orgásmicas», depois de seguirem um tratamento adicional segundo a linha Masters e Johnson, combinado com o programa Lobitz e LoPiccolo de masturbação.

Há cada vez mais provas de que os estímulos eróticos podem ser empregues no tratamento para ajudar a desinibir os pacientes, reduzir a sua ansiedade e mudar as suas atitudes.

Impotência

A escolha do tratamento para a impotência deve ser baseada nos sintomas relatados pelo paciente. Queixa-se de uma grande ansiedade nas suas interacções sexuais ou antes de pequena pulsão sexual, que nada parece excitá-lo? Pode também sofrer de uma combinação destes dois problemas. Se o homem tem ansiedade, o tratamento deve concentrar-se nos métodos de alívio da ansiedade. Se a sua pulsão sexual é baixa, o tratamento tem de se basear no aumento da sua pulsão sexual, estimulando para isso os sentidos. Esta última forma de tratamento é «terapia de estimulação» e pode ser combinada com métodos de alívio da ansiedade no tratamento do homem que sofre simultaneamente de ansiedade e de pulsão sexual baixa. Os métodos que se vão descrever são utilizados para complementar o tratamento básico da disfunção sexual, seja qual for o tipo de impotência que o homem apresente.

Um método de alívio da ansiedade para tratar a impotência pode chamar-se «técnica de distracção». Consiste em distrair a atenção do homem da erecção e concentrá-la no prazer que pode ser obtido pelos toques na região genital. Esta distracção não se consegue por nenhuma habilidade, mas apenas sugerindo que ele deve concentrar a sua atenção noutra parte. Pode ser utilizada quando outras técnicas de estimulação estiverem a ser aplicadas na região genital. Nestas, a erecção é provocada pela estimulação manual da companheira; depois de uma boa erecção, a estimulação deve parar — segue-se a quebra da erecção — segue-se uma pausa para relaxamento — reactiva-se a estimulação — a erecção volta, e assim por diante, durante mais alguns ciclos. Deste modo o homem vê que perder a erecção não é um desastre enorme e que ela pode voltar. Outro meio para focar a atenção para outro lado é conseguir que o homem utilize os seus dedos, lábios, boca ou língua para dar prazer à companheira. O prazer dela pode ser um factor desencadeante para ele. Se a sua atenção está concentrada em dar e receber prazer em áreas fora do pénis, então ele acabará por esquecê-lo durante algum tempo.

A estimulação genital também se pode aplicar a um homem em circunstâncias tais que tornem impossível a relação sexual e em que a sua atenção se encontre parcialmente ocupada noutras coisas. Jack Annon sugeriu algumas ideias: a mulher pode estimular o pénis do companheiro no automóvel quando regressam a casa; sob uma manta na praia; num concerto, num filme ou no teatro. O homem sabe que nessa altura nada se pode esperar dele e que isso não passa de um jogo. Se for capaz de ter uma erecção nestas condições isso ajudá-lo-á a perceber que é capaz de ter erecções logo que eliminar a sua ansiedade quanto à actuação sexual e desviar a sua atenção do pénis. À primeira vista, estas sugestões podem parecer um pouco bizarras, especialmente para as pessoas convencionais e bem comportadas, mas elas também ilustram a ideia de que o sexo não se deve limitar a certas horas e lugares.

O relaxamento é outra técnica de distracção bem conhecida. Diz-se para o homem se relaxar profundamente durante a focagem sensorial genital e outras tarefas sexuais. Ele deve concentrar-se para respirar profundamente, na descontracção dos músculos, e não focar a sua atenção no pénis.

Um ruído de fundo também se pode empregar como técnica de distracção: sons bruscos ou então um constante fluxo de som monótono, como o das ondas na praia, de uma ventoinha eléctrica ou um zumbido constante. Há um disco americano chamado «Environments», que tem ondas, numa faixa, e aves cantando, numa outra. Pode também utilizar-se música para estimular o casal quando este está empenhado na criação de prazer sexual; o homem com pequena pulsão sexual pode ser excitado por música ambiente de tipo indiano, como as *ragas*, o som dos tambores africanos, *reggae* e madrigais.

As fantasias podem ser empregues, quer para aliviar a ansiedade, quer para estimulação. O homem pensa em qualquer imagem que escolher e concentra-se nela durante todo o tempo em que estiver a ser genitalmente estimulado. O terapeuta deve dar--lhe autorização para desfrutar de qualquer fantasia que ele queira e, se necessário, tranquilizá-lo ou dessensibilizá-lo de qualquer sentimento de culpa, de vergonha, que experimente relativamente à fantasia. Se preferirem, a companheira pode ler-lhe algumas histórias eróticas ou cartas das revistas. Se o homem se sentir mais excitado pelos estímulos visuais pode olhar para algumas fotografias que ache particularmente estimulantes. Alguns destes estímulos eróticos devem apoiar a excitação sexual e cada indivíduo deve ser encorajado a explorar todo o leque das suas preferências eróticas.

A posição de «mulher em cima» é um passo importante no tratamento da impotência associada à ansiedade e/ou baixa pulsão sexual. Só se deve tentar quando a prática do sexo oral e da focagem sensorial genital já conduziram a boas erecções.

Agora a mulher pode adoptar a posição correcta e dar ao homem alguma estimulação masturbatória, que deve durar algum tempo. Pode usar as técnicas de interrupção e retoma fazendo com que a erecção apareça e decaia. Deve dedicar-se duas sessões às práticas masturbatórias antes de tentar a inserção. O homem deve experimentar nesta posição o máximo de segurança e de excitação antes da inserção. A ejaculação, se ocorrer, deve consentir-se, embora também aqui ela não constitua o objectivo principal.

Tem de haver um acordo prévio em que a mulher é a pessoa que avaliará o momento adequado para a inserção. Quando ela considerar o homem preparado, guiará então o pénis para a posição correcta deixando-se cair sobre ele, ajudando na penetração. Não é necessário que o pénis esteja completamente erecto para fazer a inserção. Jack Annon recomenda até que o pénis seja acomodado na vagina logo que o homem esteja ligeiramente excitado. Isto elimina a ansiedade relacionada com a entrada na vagina. Uma vez dentro, os movimentos podem fazer com que a erecção aumente. O homem deve ignorar o estado da sua erecção e apenas pensar nas suas sensações. Às vezes, quando a erecção é pequena, seria melhor para o casal ficar imóvel e assegurar-se de que ele continua lá dentro enquanto se relaxa juntamente. A erecção voltará, desde que o homem consiga evitar a preocupação, relaxar e pensar em algumas fantasias excitantes. Seja como for, sempre que a sequência de focagem sensorial genital e sexo oral tenha tido êxito, o fracasso na erecção não é muito provável.

Se depois de algumas arremetidas com uma erecção razoável o homem sente que ela começa a ceder, pode deixar-se o pénis sair, e em seguida estimulá-lo oral ou manualmente para novamente o inserir quando voltar a erecção.

Mesmo quando a inserção e a penetração são um êxito, o terapeuta deve exigir aos pacientes que não se empenhem na obtenção do orgasmo, nem na sua actuação sexual. O objectivo da penetração inicial é criar o hábito de uma agradável erecção livre de pressão e ansiedade. Quando esta finalidade é atingida, o orgasmo segue-se naturalmente.

A técnica da «vagina calma» pode ser recomendada durante a posição de «mulher em cima». O casal permanece imóvel por um espaço de vinte ou trinta minutos, fazendo apenas os movimentos necessários para manter a erecção. É um passo intermédio muito importante entre a fase da inserção e a relação sexual. Eliminam-se assim as exigências normais de penetração e acção, e por conseguinte não há pressão sobre o homem; ele só precisa de desfrutar das sensações sexuais.

Recomendam-se ainda outras posições que já foram descritas no tratamento básico. Deve, no entanto, sublinhar-se que a posição do homem em cima deve ser normalmente a última, porque se encontra frequentemente associada a uma alta ansiedade e a maus hábitos.

Os resultados do tratamento da impotência têm-se revelado prometedores. Em homens com impotência secundária, Masters e Johnson tiveram uma taxa de êxito da ordem dos setenta e três por cento. Nos casos de impotência primária, a taxa desceu para os cinquenta e nove por cento.

O sucesso dos métodos de alívio da ansiedade no tratamento da impotência é bastante elevado. O método tradicional da dessensibilização sistemática utilizando a imaginação seguida por práticas *in vivo*, tais como as desenvolvidas por Wolpe e Lazarus, alcançaram uma taxa de êxito da ordem dos oitenta por cento. Friedman usou uma forma de dessensibilização sistemática em que o relaxamento era produzido por medicamentos ministrados por via intravenosa e a sua taxa de êxito elevou-se a setenta e três por cento dos casos tratados.

O emprego de terapia de estimulação é relativamente novo. As técnicas de Lobitz e de LoPiccolo de modelagem de fantasias e de condicionamento positivo davam resultado em quatro de cada seis homens impotentes. Patricia Gillan utilizou terapia de estimulação sem integrar a abordagem de Masters e Johnson e verificou que sessenta e seis por cento dos seus pacientes melhoraram. Hartman e Fithian, dois terapeutas sexuais da Califórnia, mostraram aos casais filmes de relações sexuais e utilizaram o que eles denominam uma abordagem «biopsicossocial» baseada em algumas das técnicas de Masters e Johnson e relataram um sucesso muito semelhante ao alcançado por Masters e Johnson.

Todos estes métodos devem ser cuidadosamente estudados. É importante separar os pacientes com baixa pulsão sexual dos que manifestam ansiedade, para oferecer uma terapia mais eficaz e mais rápida.

Ejaculação prematura

Há várias maneiras de tratar a ejaculação prematura. Há muitos terapeutas que usam hoje em dia a «técnica do apertão». Aplica-se normalmente durante a focagem sensorial genital. Logo que o homem consegue uns cinquenta por cento de erecção, a sua companheira tem de lhe agarrar e «apertar» o pénis, colocando firmemente o polegar no freio e os seus primeiros dois dedos em ambos os lados do sulco circuncoronal. Se a mulher achar que a sua mão direita não tem força suficiente, pode usar as duas mãos para manter firme o pénis. Tem de estar segura de que não fará mal ao pénis quando aplica o «apertão». Pode-se-lhe mostrar um diagrama ou um modelo de borracha do pénis para que ela pratique o «apertão» na presença do terapeuta. Se o homem não tem companheira no tratamento, pode-se-lhe ensinar a técnica a ele mesmo.

Depois de se ter apertado firmemente o pénis por alguns segundos, o homem perde o seu desejo de ejacular e sente uma perda parcial da erecção. Depois de quinze ou trinta segundos, a companheira volta a estimular-lhe o pénis e quando ele fica erecto «aperta» novamente. Quando o homem sentir que está perto de uma fase de ejaculação inevitável deve indicá-lo à companheira para que ela o aperte imediatamente. Pode assim aprender a avaliar a sua excitação e indicar à companheira quando quer o «apertão». A companheira também pode aprender a avaliar por ela própria o momento em que ele começa a estar excitado e aplicar o apertão quando julgar adequado sem necessitar que lho peça.

O casal pode desfrutar assim de quinze ou vinte minutos de jogo sexual sem ejaculação, usando esta técnica na fase da focagem sensorial genital. No fim de uma sessão, o casal pode praticar a masturbação recíproca até atingirem o orgasmo, com estimulação manual auto-induzida.

Na fase seguinte, faz-se variar a técnica de estimulação passando a companheira a estimular o pénis oralmente e usando os dedos e o polegar para aplicar o apertão tal como antes. Este é um estádio intermédio bastante útil entre a estimulação manual e a vaginal.

A posição da «mulher em cima» é imediatamente recomendada, usando-se entretanto a «técnica do apertão» tal como se segue. Inicialmente aconselha-se o casal a tentar estimular o pénis sem fazer a inserção e a usar o apertão sempre que necessário. Depois desta prática, o pénis pode ser inserido. Ambos os parceiros são aconselhados a permanecerem imóveis para evitar a sobre-estimulação do pénis.

O apertão pode ser aplicado, sempre que necessário, pela mulher, que para o efeito se levanta suave e ligeiramente e que depois do apertão volta a encaixar-se. Esta acção pode ser repetida várias vezes. Esta posição é às vezes melindrosa porque a ejaculação pode ocorrer quando a mulher se retira. O segredo consiste numa boa prática e numa boa comunicação.

Na fase seguinte permite-se que o homem meta e tire o pénis durante algum tempo, já que adquiriu nos estádios anteriores um certo controle da sua excitação sexual. Se sentir que vai perder o controle a qualquer momento deve pedir o apertão. A mulher, por seu lado, deve estar preparada para a qualquer momento sair suavemente e apertar firmemente. Se a mulher notar que o companheiro está a ficar excessivamente excitado pode aplicar o apertão sem esperar pelo sinal verbal.

O casal pode então continuar a praticar o apertão na posição da mulher em cima e normalmente conseguem relações sexuais completas com o orgasmo adequado após um mês de prática. Todas as vezes que tiverem relações sexuais são aconselhados a praticar o apertão pelo menos duas ou três vezes antes da penetração. Depois de o tratamento ter acabado são aconselhados a praticar o apertão pelo menos uma vez por semana durante os seis meses que se seguirem ao tratamento. Masters e Johnson afirmavam que uma excelente oportunidade para praticar o apertão é quando a mulher está menstruada. O casal deve então ter uma sessão de quinze ou vinte minutos especificamente devotada à estimulação manual do pénis, aplicando o apertão várias vezes.

A técnica do apertão também pode ser aprendida pelo homem que não possui uma companheira regular, e quando a relação sexual se torna possível a melhor posição é a de «animal», com a mulher nas quatro «patas» e penetração por detrás. Esta posição deixa as mãos livres para manipular o pénis e o apertão tanto pode ser aplicado antes da penetração como no meio da relação sexual, com uma rápida retirada seguida de apertão e reinserção.

Outra técnica utilizada no tratamento da ejaculação prematura é baseada no método de Semans de parar e começar, que é recomendado por Helen Kaplan. A mulher interrompe a estimulação do pénis do companheiro quando ele lhe dá um sinal convencionado. Kaplan aconselha o homem a focar a sua atenção nas sensações eróticas que sente quando o seu pénis está a ser estimulado e diz à sua companheira que pare quando acha que está a chegar à ejaculação. Ele então verifica que a sensação desaparece em poucos segundos. Quando a excitação tiver desaparecido, a estimulação pode recomeçar. Pode ejacular depois de quatro períodos de estimulação. Entretanto, já aprendeu a reconhecer a intensa sensação que surge mesmo antes da ejaculação e também aprendeu a comunicar à companheira que pare a estimulação neste preciso ponto. Depois de aprender um certo controle, o procedimento pode ser repetido, aumentando a intensidade da sensação com a lubrificação do pénis, que reproduz, de certo modo, as sensações oferecidas pela vagina. Este método é aplicado em três ou seis sessões. O paciente nesta altura diz espontaneamente que o seu controle ejaculatório aumentou. Ao fim da cada sessão, a mulher deve desfrutar de estimulação oral ou clitoral para o orgasmo.

A posição de «mulher em cima» é então aconselhada. É uma posição boa, dado que permite à mulher sair enquanto o homem controla os movimentos pélvicos dela com as mãos. Emprega-se aqui novamente o método de parar e começar. Durante a paragem, a mulher fica imóvel e o pénis permanece parado na vagina. Se se utilizar o método de Kaplan, o orgasmo coital pode ser permitido após quatro sessões práticas.

Jack Annon ainda sugere um terceiro método. Segundo ele, o homem ejacula tão rapidamente como está habituado. Então descansa um pouco e retoma a estimulação sexual. Muitos homens com ejaculação prematura têm uma fase refractária muito curta e podem retomar rapidamente o jogo sexual com uma boa erecção. E a segunda ejaculação será um pouco mais demorada se se comparar com a primeira. Esta demora permite uma relação sexual normal.

Não há testes experimentais capazes de provar a superioridade de um método relativamente ao outro. Masters e Johnson conseguiram uma taxa de êxito da ordem dos noventa e sete por cento para a técnica do apertão (com uma observação de cinco anos). Kaplan prefere o método de paragem e recomeço e também afirma que consegue uma elevada percentagem de êxitos. É muito provável que os três métodos sejam eficazes: na verdade, a ejaculação prematura é uma disfunção muito fácil de tratar. O método de Annon só se deve utilizar quando se sabe que uma boa erecção volta pouco depois da primeira ejaculação. É um método que só se pode aplicar a homens com uma pulsão sexual muito grande.

Ejaculação bloqueada

A ejaculação bloqueada é uma disfunção bastante difícil de tratar, dado que o homem chegou, a maior parte das vezes, a este ponto depois de anos e anos de estimulação crescente. Ele é como um viciado que exige cada vez maiores doses de estimulação. E é muitas vezes um homem que encara o sexo de uma maneira mecânica e fria. O orgasmo é como uma concessão insípida. Este homem necessita ser ensinado a «ceder» ao seu corpo em vez de o dominar. Deve portanto começar-se com sessões de relaxamento em que ele se entregue às sensações, e, quando ele tiver aprendido isto, pode do mesmo modo entregar-se às sensações de focagem sensorial genital. Tal como no tratamento básico, o orgasmo não é o primeiro objectivo e deve ser firmemente evitado. O relaxamento e a entrega às sensações é a primeira coisa a aprender. A intensidade da estimulação pode ir sendo elaborada à medida que prossegue o relaxamento e o predomínio das sensações corporais. O orgasmo deve ser esquecido. Aparecerá no momento oportuno. Nestas condições, a fase de focagem sensorial genital pode revelar-se um longo estádio para o paciente. Deve utilizar-se então técnicas de estimulação bastante elaboradas. Um lubrificante é essencial. O homem deve-se abster da automasturbação entre as sessões e tem de dar entre estas bastante tempo ao desenvolvimento da excitação para que este atinja um nível elevado em cada uma delas. Quando uma sessão não leva ao orgasmo, a próxima deve iniciar-se pouco depois. A terapia de estimulação sob a forma de fotografias eróticas ou histórias costuma ser de grande ajuda nestas primeiras fases do tratamento.

O modo de estimular o pénis é importante. Em cada ocasião deverá haver longos períodos de estimulação suave antes de uma masturbação vigorosa, quer na verga, quer na glande. O último tipo de estimulação produz uma resposta tensa se aplicado demasiado cedo ou sem ritmo. É um tipo de estimulação que esteve associado no passado a um esforço frenético. É melhor deixá-lo para mais tarde no fim do tratamento, para quando o homem aprendeu a eliminar o seu desejo dominante de controlo.

Pode usar-se um vibrador na fase de focagem sensorial genital, já que um novo tipo de estimulação pode apressar a ejaculação. Pode abandonar-se pouco depois, se se verificar que não dá grandes resultados.

Quando o orgasmo se começar a obter com mais facilidade, o casal pode seguir para as relações sexuais usando a posição de «mulher em cima». O homem deita-se de costas, numa boa posição para descansar, enquanto a mulher se ocupa da estimulação oral ou manual. Isto, como é evidente, já foi anteriormente praticado e deveria ter atingido um ponto em que se produz uma excelente excitação e orgasmo fora da vagina. Enquanto dá a estimulação, a mulher ajoelha ao lado do companheiro em qualquer posição que gostar e encosta-se à sua região genital.

Vamos supor que se tomou a decisão de permitir as relações sexuais. Por esta altura o homem já terá uma boa ideia sobre o momento em que o orgasmo está iminente. Quando achar que está perto, assinala o momento à companheira, que, ajoelhando ao seu lado, fica numa boa posição para lançar uma perna por cima dele para o outro lado, assumindo a posição de «mulher em cima», escarranchando-se e deixando-se cair em cima do pénis, permitindo assim a penetração. Deve então começar com movimentos vigorosos, estimulando-o o mais possível. Esta estimulação pode levar o homem já excitado ao orgasmo, que na realidade constitui a finalidade deste estádio. Se se tiver êxito, o casal pode continuar com esta posição, mas a mulher deve montar um pouco mais cedo em cada sessão subsequente. Há muitas possibilidades de que o homem aprenda a superar a sua ejaculação retardada deste modo. Depois podem tentar outras posições ou adoptar a posição de «mulher em cima» como parte do seu repertório normal.

Se a tentativa inicial, apesar do vigor empregue pela mulher, não conseguir levar o homem ao orgasmo, ela deve desmontar e por meio de estimulação oral ou manual fazer chegar novamente o homem perto do clímax; quando o orgasmo estiver quase iminente, ela deve montar novamente e arremeter vigorosamente. Se o momento for bem avaliado, deve seguir-se o orgasmo.

A vantagem deste método é a facilidade com que a mulher passa da estimulação manual para a estimulação oral, e daí directa e rapidamente para o coito.

Este método tem sucesso, segundo vemos pelas estatísticas de Masters e Johnson sobre o seu programa. Algumas clínicas declaram, não oficialmente, ter alcançado uma mais alta percentagem de êxito quando incluem no programa terapêutico sexo oral e/ou vibrador. Deve, entretanto, sublinhar-se que a ejaculação bloqueada é uma coisa rara.

7. Como se avalia o êxito? Quais são os resultados?

O principal problema para medir o êxito do tratamento é estabelecer o critério a usar. O critério vulgar é a frequência das relações sexuais, antes e depois do tratamento. Entretanto, se este é um critério válido para os homens, já não o é para as mulheres. Na verdade, enquanto um pequeno grau de impotência é uma profunda barreira às relações sexuais, um grau bastante profundo de medo e disfunção na mulher não impede as relações sexuais, quer antes, quer depois do tratamento.

Atingir o orgasmo é uma forma de avaliar a mudança nas mulheres, mas falha nos homens, dado que há alguns que podem ejacular mesmo com o pénis flácido. E também se sabe que nem todas as mulheres querem um orgasmo durante as relações sexuais; algumas preferem masturbar-se antes ou depois da relação sexual, especialmente se a estimulação vaginal da relação sexual se revelou insuficiente.

Um dos estudos mais rigorosos da mudança durante a terapia sexual foi levado a cabo por Lobitz e LoPiccolo. O seu Sexual Interaction Inventory (Inventário de Interacção Sexual) mede o comportamento sexual relativamente a níveis referidos pelos próprios pacientes antes e depois do tratamento, de modo que se pode estabelecer uma comparação. Antes do tratamento, perguntam-se duas coisas aos pacientes. Que é que gostaria que acontecesse nas suas vidas sexuais? Que é que sucede agora? Como parte destas duas questões, pede-se-lhes que avaliem a conveniência de certas actividades, apreciadas do seu ponto de vista e também do do parceiro. As actividades são postas sob a forma de perguntas escritas num questionário que cobre vários temas, tais como beijar, sexo oral, relações sexuais, «aquecimento» e orgasmo. Pode então fazer-se, para cada indivíduo, uma comparação entre o que acontece e o que se deseja, antes e depois do tratamento. Há ainda a possibilidade de estudar a congruência dos seus objectivos.

Um questionário pressupõe que se vai cobrir toda a área sexual que se desejar. Tanto quanto se saiba, nenhum questionário o pode fazer e o método está longe de ser perfeito. Infelizmente, para fazer as perguntas, torna-se necessário utilizar um método estandardizado, dado que doutro modo a avaliação não deixaria de ser excessivamente subjectiva.

Também é desejável poder comparar os resultados de diferentes clínicas e de diferentes métodos. Actualmente, muitas clínicas utilizam os seus próprios questionários e as suas escalas de avaliação. Deste modo, a avaliação difere de clínica para clínica, tornando a comparação difícil. Há uma tendência na Europa para a padronização dos métodos de avaliação. Foi inventado em Amesterdão um questionário chamado General Assessment Scale (Escala Geral de Avaliação) com esse objectivo. O questionário mede o comportamento sexual e a satisfação e deve ser respondido antes e depois do tratamento. Uma parte da escala mede a interacção não sexual entre o casal, que também é muito importante. Actualmente, a escala está a ser utilizada em centros de tratamento do Reino Unido, da Holanda e da Alemanha.

De facto, é necessário estabelecer as condições mínimas para uma adequada avaliação de resultados. A clínica tem de dizer como são seleccionados os pacientes. Se se rejeitaram algumas pessoas por serem inadequadas, porque é que se procedeu desse modo. E isto porque, se a clínica só selecciona os casos mais prometedores, a percentagem de êxito do seu tratamento será necessariamente muito elevada. Os leitores de qualquer relatório devem também conhecer o que aconteceria aos pacientes se não tivessem sido tratados. Melhorariam espontaneamente ou encontrariam outro parceiro? Um modo de lidar com esta dificuldade é ter um grupo não tratado para servir de controle. Outro processo é fornecer ao grupo de controle outro tipo de tratamento cuja eficácia em relação à ausência de tratamento é bem conhecida. À falta de grupos de controle, não se pode ter a certeza de que o tratamento seja melhor que o não tratamento, que umas férias, por exemplo.

A clínica deve ter uma boa medida da situação sexual antes e depois do tratamento, que é a mesma para todos os pacientes. A clínica deve descrever pormenorizadamente a natureza e grau das disfunções sexuais que estão a ser tratadas. Acompanhar o caso é muito importante: avaliar a situação alguns meses ou anos depois de o tratamento ter acabado e investigar se houve alguma regressão nos resultados. Finalmente, o próprio tratamento deve ser descrito muito detalhadamente, como também se deve fazer a lista dos fracassos a meio do tratamento. Estes devem ser contados como fracassos efectivos, senão as clínicas darão uma imagem muito melhorada dos seus êxitos reais.

A maioria dos resultados conhecidos da terapia sexual não se adequam a estes padrões. Isto não quer dizer que careçam de valor, mas simplesmente que não são tão úteis como poderiam ser. Alguns resultados publicados são pouco melhores que anúncios publicitários, outros aproximam-se à moderada excelência dos relatórios de consumidores. Portanto, tem de se adoptar uma atitude crítica. O problema consiste em dar crédito aos resultados. Para esta finalidade, é fundamental saber o número de regras que se seguiram, e as percentagens de êxito tão-só podem ser consideradas como uma orientação aproximada a não ser que a maior parte dessas regras tenham sido seguidas. A comparação entre métodos e clínicas só se poderá fazer quando os investigadores seguirem a mesma bitola.

Clarificado este assunto, também importa afirmar que a terapia sexual está na sua infância, mas não passará muito tempo até se definirem mais exactamente, para os processos de comparação e avaliação, os melhores métodos a aplicar em cada disfunção. Até este momento teremos de nos contentar com resultados aproximados.

O método «puro» de Masters e Johnson, tal como foi definido pelos dois, deu uma alta percentagem de êxito para os doentes que eles trataram. É eficaz na maior parte das disfunções. Entretanto, sabe-se que não se utilizaram grupos de controle e que os que fracassaram (que não conseguiram completar o tratamento completo) não foram contados. Masters e Johnson foram muito exigentes na sua selecção de pacientes, evitando aceitar os casos psiquiátricos muito severos. Também descobriram que os pacientes que vinham de outras cidades melhoravam mais rapidamente que os pacientes que provinham da sua própria cidade de Saint Louis. Lorna e Philip Sarrel, de Yale, Estados Unidos, chegaram a resultados parecidos utilizando a abordagem «pura» de Masters e Johnson. A sua terapia inclui tratamento intensivo durante uma semana, dado por dois co-terapeutas, e também um tratamento curto modificado.

É encorajante que outras clínicas sexuais, mesmo utilizando técnicas Masters e Johnson drasticamente modificadas, estejam a obter bons resultados. Às vezes é só um terapeuta que trata o casal; frequentemente, o espaço de tempo entre sessões terapêuticas chega a duas semanas; muitas vezes, a «clínica psicossexual» não é mais do que uma parte de um departamento para externos do Serviço Nacional de Saúde, onde há uma permanente falta de tempo; assim, cada sessão terapêutica não ultrapassará quiçá a meia hora. Também neste caso, os pacientes das clínicas europeias não têm um contrato temporal para a sua terapia, enquanto os pacientes de Masters e Johnson contam com o espaço de quinze dias, ficando portanto muito motivados para melhorar em pouco tempo.

Algumas clínicas combinaram uma abordagem Masters e Johnson modificada com a psicoterapia tradicional. Kaplan, nos Estados Unidos, tem bons resultados, mas é pouco clara a respeito do seu critério de avaliação do êxito. As clínicas britânicas de Sheffield e Bradford obtêm bons resultados com a combinação de técnicas.

O Maudsley Hospital e as clínicas psicossexuais do Rochford General Hospital também utilizam uma técnica Masters e Johnson modificada, combinada com o método de tratamento delineado neste livro: atmosfera permissiva; uso de dessensibilização em profundidade; insistência nos estímulos do mundo erótico. Entrega-se aos pacientes listas de prazer, que contêm listas de literatura erótica, arte erótica, filmes e revistas eróticas. No Maudsley, se se omitirem os fracassos a meio do tratamento, a taxa de êxito alcança os setenta e três por cento e em Rochford atinge os setenta e um por cento.

Em ambos os centros o tratamento em grupo, com os dois companheiros na sessão, de problemas ejaculatórios e pulsão sexual feminina baixa tem-se revelado ainda mais eficaz.

Actualmente, mantêm-se grupos de controle em Londres e Rochford para medir a eficácia da combinação entre a terapia modificada de Masters e Johnson e a educação sexual e terapia de estimulação. A investigação em Rochford também tenta elucidar se é necessário apresentar as tarefas e exercícios para casa numa sequência gradual. Que é que acontecerá se a posição de mulher em cima for sugerida logo ao princípio do tratamento? Mantém-se ainda um outro grupo de controle no Hospital de Maudsley para verificar se um terapeuta é tão eficaz como dois co-terapeutas. No decénio seguinte, esta e outras questões estarão clarificadas, ainda que persista alguma variação na abordagem dos problemas.

As técnicas behaviouristas continuarão provavelmente a ser altamente importantes na terapia sexual e espera-se que os terapeutas sejam ajudados por esta abordagem no melhoramento da vida sexual das pessoas e para uma maior felicidade humana.

Livros Recomendados

1. Terapia

ANNON, JACK — *The Behavioural Treatment of Sexual Problems* (Honolulu, 1975: Serviços de Saúde de Kapiolani, Honolulu, Havai 96814). Boas descrições de terapia sexual, especialmente «técnicas distractivas» no tratamento da impotência. Capítulos úteis sobre a teoria de aprendizagem, embora haja demasiadas referências citadas e isto possa ser confuso. Boa bibliografia sobre as técnicas de conselho matrimonial e entrevistas, e também sobre os princípios comportamentais e sua aplicação.

BELLIVEAU, FRED e RICHTER, LIN — *Understanding Human Sexual Inadequacy* (Londres, 1971, Hodder [não cartonado]. Uma explicação fácil e muito simples do método de terapia de Masters e Johnson. Contém igualmente um quadro histórico de sexologia.

CHARTHAM, ROBERT — *The Sensuous Couple* (Londres, 1971: Ballantine). Sugestões úteis para casais tentarem actividades sensuais em diferentes condições com exercícios de sensibilidade. Boas ideias sobre técnicas, sexo oral e fantasias compartilhadas. Tratamento directo da matéria, um livro de fácil leitura.

DOWNING, GEORGE — *The Massage Book* (Nova Iorque, 1972: Random House). Excelentes e completas instruções de como se massajar a si mesmo, aos seus animais e ao seu amante. O livro inclui as técnicas de massagem Essalen e avança com outros tipos de massagem e meditação. Recomendado para terapeutas e seus pacientes.

HARTMAN, W. E. e FITHMAN, M. A. — *Treatment of Sexual Dysfunction* (Long Beach, 1972. Centro de Estudos Maritais e Sexuais 5199 East Pacific Coast Highway, Long Beach, Califórnia 90804). Este é um dos poucos livros que incluem uma perspectiva terapêutica baseada na estimulação, como o uso de vídeos nas relações sexuais. A terapia também tem uma base biopsicossocial. Desenhos maus, mas fácil de ler.

KAPLAN, HELEN — *The New Sex Therapy* (Nova Iorque, 1974: Quadrangle). Para leitura mais complexa, muito longo e académico. Há especialmente uma boa secção sobre o tratamento da anorgasmia. Não existe um controle sistemático do tratamento, que é uma combinação de terapia do comportamento e psicoterapia. Boas ilustrações.

KNOX, D. — *Marriage Happiness. A Behavioural Approach to Counselling* (Champaign, Illinois, 1971: Research Press). Uma análise completa dos princípios behaviouristas e de reforço numa relação matrimonial.

LIBERMAN, R. P., KING, L. W., DERISI, W. J. e McCANN, M. — *Personal Effectiveness* (Nova Iorque, 1975. Research Press). Mostra a importância do treino social e comunicação no contexto das relações sociais. Exemplos práticos.

MASTERS, WILLIAM H. e JOHNSON, VIRGINIA E. — *Human Sexual Inadequacy* (Londres, 1970: Churchill Livingstone). Para leitura mais complexa. Este clássico inclui boas descrições de terapia básica com referências úteis a casos. Desenhos maus que incluem uma demonstração mal feita da «técnica do apertão». (Edição portuguesa: *A Inadequação Sexual*, Editora Meridiano).

2. Educação Sexual

BANCROFT, JOHN — *Deviant Sexual Behaviour* (Oxford, 1975: Oxford University Press). Livro muito bem escrito, para os leitores mais adiantados, da autoria de um psiquiatra britânico. Há uma análise clara do tratamento e investigação no campo dos desviacionismos, que inclui: pedofilia, fetichismo, exibicionismo, sadismo e homossexualidade.

BELL, ROBERT e GORDON, MICHAEL — *Social Dimensions of Human Sexuality* (Boston, 1972: Little, Brown). Uma análise inteligente dos aspectos sociais e comportamentalistas da sexualidade pré-marital, marital e extramarital.

BRECHER, RUTH e EDWARD — *An Analysis of Human Sexual Response* (Londres, 1969: Panther). É uma explicação simples das *Respostas Sexuais Humanas*, por Masters e Johnson, e muito fácil de ler. Contém secções adicionais com uma análise clara da controvérsia sobre o «orgasmo clitoral contra o orgasmo vaginal», e também aplicações práticas da investigação sexual. Dá-se uma visão equilibrada destes problemas, já que o livro acaba com um texto de um psicanalista que ataca este tipo de investigação. A tese de que Masters e Johnson mecanizaram e desumanizaram o sexo, ainda que sublinhando enfaticamente a importância do orgasmo da mulher, não tem fundamento.

CAUTHERY, PHILIP e COLE, MARTIN — *The Fundamentals of Sex* (Londres, 1971: W. H. Allen). Muito claro, e provavelmente o melhor manual sobre educação sexual na Inglaterra. Sobretudo virado para uma perspectiva biológica. A sua análise do homem e da mulher está completa. O capítulo sobre as relações sexuais é excelente e inclui algumas fotografias bem escolhidas. Um capítulo que discute a normalidade começa com uma divertida descrição do que é exactamente legal; segue-se uma boa descrição dos desvios.

COMFORT, ALEX — *The Joy of Sex* (Nova Iorque, 1972: Simon e Schuster). Um soberbo meio de orientação no caminho para um comportamento sexual normal nos anos 70. O melhor livro para encorajar o homem comum a gozar e a experimentar o sexo. Ilustrações agradáveis e úteis; bom para a terapia de estimulação. Altamente recomendável para toda a gente, incluindo pacientes. (Edição portuguesa: *Os Prazeres do Sexo*, Edições Sérgio Guimarães.)

FORD, C. S. e BEACH, F. A. — *Patterns of Sexual Behaviour* (Nova Iorque, 1951: Harper & Row). Este livro é a fonte de informação mais conveniente a respeito dos hábitos sexuais dos diferentes homens e de outras espécies animais. Coloca o comportamento sexual do homem no contexto do comportamento sexual do reino animal. Fácil de ler.

MASTERS, WILLIAM H. e JOHNSON, VIRGINIA E. — *Human Sexual Response* (Boston, 1966: Little, Brown). Para leitura mais complexa. Este clássico é um relato de uma excelente investigação sobre as fases da resposta sexual. Boa descrição da função do clítoris. Inclui alguns capítulos úteis sobre o envelhecimento de homens e mulheres e as suas respostas sexuais.

3. Sexualidade Feminina

BARBACH, LONNIE GARFIELD — *For Yourself. The Fulfilment of Female Sexuality* (Nova Iorque, 1975: Doubleday). Provavelmente o melhor livro sobre a sexualidade feminina. Contém capítulos inteligentes sobre o sexo e o orgasmo, parceiras, ambiente sexual para a criança, sexo e gravidez, menopausa e envelhecimento. Secções, vivamente descritas, sobre a oportunidade da mulher para experimentar e desfrutar da masturbação e pornografia. Este é um livro de emancipação que vale a pena e seria útil a todas as mulheres europeias anorgásmicas (Barbach refere-se a estas como pre-anorgásmicas) assim como às suas irmãs americanas.

BOSTON WOMEN'S COLLECTIVE — *Our Bodies, Ourselves* (Nova Iorque, 1973: Simon e Schuster). Um clássico livro feminista sobre a saúde, para as mulheres. Fácil de seguir, abarcando os assuntos de contracepção, reprodução, homossexualidade, nutrição, autodefesa e violação. Um bom livro de referência para a família, directo, sem embelezamentos.

CHARTHAM, ROBERT — *What Turns Women On* (Nova Iorque, 1974: Ballantine Books). Um franco relato feito por um escritor britânico sobre as experiências sensoriais da mulher. São fáceis de ler as secções a respeito de literatura erótica, estimulação visual, as primeiras reacções da mulher à pornografia, música e fantasias sexuais. O capítulo sobre as carícias e a excitação sexual é sensual e bem descrito.

FRIDAY, NANCY — *My Secret Garden* (Londres, 1975: Virago/ Quartet). As mulheres americanas respondem aos anúncios colocados em várias revistas para enviarem as suas fantasias sexuais a Nancy Friday. O resultado é uma colecção altamente recomendável de material erótico que é útil para a terapia de estimulação. Ampla gama de fantasias excitantes, desde actividades lésbicas até à violação.

HOLLANDER, XAVIERA — *The Happy Hooker* (Londres, 1975: Tandem). Esta autobiografia de uma gerente de uma rede de prostituição é honesta e divertida, e parece-se muito com uma versão moderna de *Fanny Hill*. Inclui descrições eróticas de bissexualidade, orgias, sado-masoquismo, inclusive dominação; de facto, quase nada fica de fora.

"J" — *The Sensuous Woman* (Londres, 1971; Mayflower). Uma tímida abordagem à realização sexual da mulher, mas alguns dos exercícios recomendados podem servir de ajuda a certos pacientes. Algumas das suas sugestões podem agradar mais ao homem do que à mulher.

KINSEY, A. C., POMEROY, W. B., MARTIN, C. E. e GEBHARD, P. H. — *Sexual Behaviour in the Human Female* (Filadélfia, 1953: W. B. Saunders). Este estudo clássico do comportamento sexual da mulher america-

na é bom factualmente, mas difícil de ler. Inclui informação sobre as atitudes do homem e da mulher perante a pornografia, estimulação visual, etc. (Edição portuguesa: O *Comportamento Sexual da Mulher*, Editora Meridiano).
MARTIN, DELL e LYNN, PHYLLIS — *Lesbian Women* (Nova Iorque, 1972: Bantam). Este é um livro escrito por lésbicas a respeito de si mesmas e de outras mulheres lésbicas que conheceram. Directo e de fácil leitura. Há vinte anos que vêm a trabalhar, activamente, no movimento lésbico.

4. Sexualidade Masculina

ANÓNIMO — *My secret Life* (Nova Iorque, 1966: Grove Press) Uma descrição erótica das aventuras sexuais de um homem na Inglaterra vitoriana. Obscena e erótica, com uma quase inacreditável quantidade de energia bissexual despendida. Bom para os pacientes lerem como parte da terapia de estimulação.
HOFFMAN, MARTINS — *The Gay World* (Nova Iorque, 1968: Basic Books). Um dos melhores e mais legíveis livros acerca das vidas dos homossexuais masculinos. Muito bem descrito por um psiquiatra americano que participou neste estudo científico sobre os homossexuais numa comunidade de São Francisco. Faz uma descrição equilibrada das atitudes sociais dominantes.
KINSEY, A. C., POMEROY, W. B. e MARTIN, C. E. — *Sexual Behaviour in the Human Male* (Filadélfia, 1948: W. B. Saunders). Este clássico sobre o comportamento sexual do homem americano deveria apenas ser utilizado como um livro de consulta e não precisa de ser "lido". (Edição portuguesa: *O Comportamento Sexual do Homem*, Editora Meridiano).
LEWIS, STEPHEN — *Male Sexual Fantasies* (Nova Iorque, 1974: Ace Books, 1120 Avenue of the Americas, Nova Iorque 10036). Colecção erótica sobre as fantasias masculinas, boa leitura para a terapia de estimulação, recomendado para os pacientes.
"M" — *The Sensuous Man* (Nova Iorque, 1971: Lyle Stuart). Bom para pacientes masculinos ou homens que precisem de autorização para se divertirem. Às vezes um pouco jocoso, tem, no seu conjunto, sugestões úteis e práticas.
SCOTT, VALERIE X. — *Surrogate Wife* (Nova Iorque, 1971: Dell). Escrito por uma companheira profissional que alegadamente esteve a trabalhar em casos referidos por MASTERS e JOHNSON, quando foi aceite para tratamento sem uma mulher como companheira. Uma boa relação de nove homens com disfunções sexuais, incluindo um corcunda homossexual, que a princípio se recusava a lavar-se.

Índice

I. Introdução

O problema da disfunção sexual 9
   Terapia contra Medicina — terapeutas contra médicos 9
   Disfunção sexual — um problema e não uma doença 10
   Problemas sexuais — soluções pessoais 11
   Emoções 12

Novas atitudes e novos comportamentos 13
   Sociedade e indivíduos 13
   Ajustamento individual 16
   O sexo como parte da vida — comportamento sexual
      contra comportamento normal 16
   Sexo e relações pessoais 17

Tratamento 19
   Análise do problema 19
   Indivíduos e casais 20
   O plano de tratamento 20
   Terapeutas sexuais — quem são? 21
   Recrutamento dos terapeutas sexuais 22
   Qualidades pessoais 23
   O treino dos terapeutas 23
   Ajudar-se a si próprio 24
   A qualidade da ajuda exterior 25

A gama de problemas sexuais 25
   Perversão contra desvio 26
   Disfunções do comportamento normal 27

O leque de tratamentos 28
   Psicoterapia – Freud 28
   Outros tipos de psicoterapia 29
   Terapia conjunta 30
   Behaviourismo – a teoria da aprendizagem – Masters
      e Johnson 30
   Novas ideias em terapia sexual 32
   Reestruturação da Atitude Sexual (RAS) 33
   Parceiros profissionais 33
   Dessensibilização da imaginação 34
   Assistência por telefone 35
   Terapia de estimulação – pornografia 35

Fantasia 36
As vantagens da perspectiva behaviourista 37

O objectivo terapêutico 38

II. Factos e Falácias

Os órgãos sexuais 41
    Os órgãos sexuais da mulher 41
    Os órgãos sexuais do homem 45

A resposta sexual 52
    Orgasmo do clítoris contra orgasmo vaginal 57

A menstruação 59

As drogas 61
    Os chamados afrodisíacos 61
    Drogas que podem diminuir a função sexual 63

Instrumentos estimulantes 64
    Instrumentos especialmente para mulheres 65
    Instrumentos para homens 66

A educação sexual 67

Pornografia 69
    É perigosa a pornografia? 70
    É útil a pornografia? 72
    Reacções semelhantes de homens e mulheres à pornografia 74

Variedades de comportamento sexual – o que é normal? 75

Frequência das relações sexuais 79
    Satisfação/fadiga 80

Masturbação 81

Sexo oral 82

Dor 83

Sexo anal 85

Fantasias 86

III. Por que é que algumas pessoas têm problemas sexuais

Sexo – é possível uma medida? 93

O desenvolvimento do comportamento sexual 95

Sexo – aprender a comportar-se 95

A teoria da aprendizagem – inato contra aprendido 96
    Erecção espontânea e orgasmo 97
    Educação e ignorância 97
    Preconceito 98
    Maus hábitos 99
    Recompensas e castigos 100
    Castigo 101
    Medo e ansiedade 102
    Pulsão sexual 104

Sexo e desenvolvimento da criança – como se estabelece o
comportamento 106
    Os genes 107
    A criança e os pais 107
    O papel dos géneros 108
    Educação sexual 109
    Personalidade 110
    O programa sexual da sociedade 110
    A realidade 111
    Desajeitadamente em direcção à estabilidade 113

Harmonia alcançada – problemas passados? 115
    O corpo 115
    Tempo para dois 116
    Controlar a ansiedade e a excitação 117
    Fantasia 119

Comunicação e constrangimento 120
    Realidade e romance 121
    Aprender a falar sobre sexo 121

Parceiros iguais? Dificuldades maritais 123
    O sexo como vítima 125
    A medida que se envelhece 125
    Sexo também para os idosos 127

IV. Quem é que precisa de Terapia Sexual?

1. Pulsão sexual baixa 130

2. Relações sexuais dolorosas 132

3. Vaginismo 135

4. Disfunção orgásmica 137

5. Impotência 142

6. Ejaculação prematura 149

7. Ejaculação bloqueada 155

8. *Causas maritais da disfunção sexual* 158
9. *Sintomas neuróticos e psicossomáticos* 161

V. Avaliação de problemas individuais

1. *A entrevista inicial de avaliação* 167
   O desenvolvimento sexual 172
   O companheiro 175
   Os sentidos 179

2. *O exame físico* 182
   O exame da mulher 184
   O exame do homem 185
   Atitudes 186

3. *A avaliação das atitudes* 186

VI. Tratamento

1. *Prática* 189
   A clínica 189
   Os terapeutas 190
   Entrevistas 191
   O contrato para a terapia 193

2. *Fundamentos* 195
   Alívio da ansiedade 195
   Educação e aprendizagem sexual 197
   Terapia de estimulação 198
   Terapia marital 199

3. *Reorientação* 201
   Comprometimento igual 201
   Segurança e vergonha 203
   Ansiedade 205
   Afirmação 206
   Um novo estilo de vida 208
   Fantasia 209

4. *Relaxamento e treino muscular* 210
   Treino de relaxamento 210
   O músculo pubiococcígeo 212

5. *Os passos básicos do tratamento de qualquer disfunção* 214
   Focagem das sensações 214
   Autofocagem 218
   Focagem de sensações genitais 223
   Sexo oral 228
   Posições 232

6. Tratamento adicional para disfunções específicas 241
   Vaginismo 241
   Disfunção orgásmica 243
   Impotência 247
   Ejaculação prematura 252
   Ejaculação bloqueada 255

7. Como se avalia o êxito? Quais são os resultados? 257

Livros Recomendados

1. Terapia 263

2. Educação Sexual 264

3. Sexualidade feminina 265

4. Sexualidade masculina 266

Paginação, impressão e acabamento
Papelmunde - SMG, Lda.
para
EDIÇÕES 70, Lda.
Junho 2001